图像

一部人类信息史

A History of Data Visualization and
Graphic Communication

〔美〕迈克尔·弗兰德利（Michael Friendly） 〔美〕霍华德·韦纳（Howard Wainer） 著

牟立群 译

中国出版集团
中译出版社

A HISTORY OF DATA VISUALIZATION AND GRAPHIC COMMUNICATION
by Michael Friendly and Howard Wainer
Copyright © 2021 by the President and Fellows of Harvard College
Published by arrangement with Harvard University Press
through Bardon-Chinese Media Agency
Simplified Chinese translation copyright © 2024 by China Translation and Publishing House
ALL RIGHTS RESERVED.

著作权合同登记号：图字 01-2022-3278 号
审图号：GS（2024）2241 号

图书在版编目（CIP）数据

图像：一部人类信息史 /（美）迈克尔·弗兰德利
(Michael Friendly)，（美）霍华德·韦纳
(Howard Wainer) 著；牟立群译. -- 北京：中译出版
社，2024.9
书名原文：A History of Data Visualization and
Graphic Communication
ISBN 978-7-5001-7680-0

Ⅰ.①图… Ⅱ.①迈…②霍…③牟… Ⅲ.①统计学
－历史－世界 Ⅳ.①C8-091

中国国家版本馆CIP数据核字(2024)第085462号

图像：一部人类信息史
TUXIANG: YI BU RENLEI XINXISHI

出版发行	中译出版社	
地　　址	北京市西城区新街口外大街 28 号普天德胜大厦主楼 4 层	
电　　话	（010）68005858，68359827（发行部）68357328（编辑部）	
邮　　编	100088	
电子邮箱	book@ctph.com.cn	
网　　址	http://www.ctph.com.cn	

出 版 人	乔卫兵
总 策 划	刘永淳
策划编辑	赵 青　朱安琪　张 巨
责任编辑	黄亚超　邓 薇
文字编辑	邓 薇　赵 青　朱安琪
封面设计	潘 峰

排　　版	北京竹页文化传媒有限公司
印　　刷	北京新华印刷有限公司
经　　销	新华书店

规　　格	710 毫米 ×1000 毫米　1/16
印　　张	23.5
字　　数	227 千字
版　　次	2024 年 9 月第 1 版
印　　次	2024 年 9 月第 1 次印刷

ISBN 978-7-5001-7680-0　定价：79.80 元

版权所有　侵权必究
中 译 出 版 社

谨献给

玛莎、阿比盖尔、古斯塔沃、伊桑、吕卡和奥利弗

谨献给

琳达、萨姆、劳伦特、林恩、科阿和索菲

本书插图系原文插附地图

引 言

世界上唯一的新鲜事就是不为人知的历史。
——哈里·杜鲁门（Harry S. Truman），
大卫·麦卡洛克（David McCulloch）引用

我们生活在被数据"海洋"（有人称之为"大数据"）所包围的岛屿上。这些"海洋"中有着各类"物种"，是我们可以观察到的现象。想法、假设、解释和图形也在数据的"海洋"中漫游，它们可以澄清"水域"，也可以让不受支持的"物种"消亡。这些"生物"靠直观的解释和科学的证明才能茁壮成长。时代不断发展，新的图形物种也随之出现，而这是由数据"海洋"中"渔民"的新问题和内在洞察力所引发。

无论我们是否意识到这一点，数据几乎都是我们生活中每个领域的一部分。作为个人，健身追踪器和血糖仪可以让我们监测自己的健康状况。我们可以用网上银行仪表板查看我们的支出模式并跟踪财务目标。作为社会的一员，我们读到了美国加州爆发野火或极端天气事件的报道，并想知道这些仅仅是异常现象，还是气候变化的确凿证据。2018 年的一项研究称，即使每天喝一杯酒也会增加健康风险。[1] 关于绿茶降低胆固醇、维生素 C 缓解普通感冒、大麻缓解慢性疼痛，以及（可悲的是）儿童疫苗接种的健康益处或风险的问题，均存在相当大的争议。但所有这些例子意味着什么呢？正如一件流行 T 恤上印上的宣言："我们被数据淹没，却渴望知识。"[2]

这些插图实际上反映的是理解一些系统性的东西或一项主张的证据强度。如果我不参加晨跑或吃卡卡圈坊①的甜甜圈，我的血糖会升高多少？近年来，是加州确实发生了更多的野火，还是世界范围内发生了更多的极端天气事件？与完全戒酒相比，像其他人一直所建议的那样，每天喝一两杯葡萄酒，到底会增加多少健康风险？

对这类问题，证据可以用文字、数字或图片来呈现，而且我们可以尝试使用这些来评估主张或论点的力度。科学研究的目的是收集有关某个主题的信息，将其转化为我们可以视为证据的某种标准形式，并推理得出结论或解释。图形通常是实现这一目标的最有力手段，这是因为它为所呈现的事实提供了可视化框架。它可以回答"与什么相比"这一重要（尽管往往含蓄）的问题。它可以传达一种对主张有效性证据的不确定感。然而，它也使观众能够更深入地思考所提出的问题，并对结论质疑。图表可以为问题提供直观的答案，而图形显示可以加强沟通和说服力。

---

① Krispy Kreme，于 1937 年成立于美国北卡罗来纳州的连锁甜品店。——编者注

正如我们在本书中所阐述的，图形和图表在理解复杂现象、发现规律和解释方面往往发挥了重要作用。要真正了解可视化框架的影响，我们不仅要看当代的例子，还必须了解它是如何改变科学和社会的。我们必须追根溯源。

悠久的历史

本书讲述了一段悠久的历史，广泛概述了今天如此普遍的数据可视化方法，是如何、在何处以及为什么被构思和发展的。你可以将其视为对这段历史的一次导览，专注于社会和科学问题，以及一种不断发展的图形语言，它为发现和交流提供了洞见。

本书的写作过程也很漫长。它始于1962年10月，当时我们都是伦斯勒理工学院的本科生。后来，我们成了数学专业的学生、室友和朋友。然后我们又在同一所大学（普林斯顿大学）攻读研究生学位，都获得了美国教育考试服务中心的心理测量学奖学金支持。在研究生院，我们接触了普林斯顿大学著名的博学家约翰·图基（John Tukey）。当时，他是统计学领域的革新学者，其理念是数据分析的目的是洞察，而不仅仅是数字，[3] 这种洞察更多的是通过画图，而不是证明定理或推导方程，让人们看到意想不到的事物。

事实证明，图基的指导很重要，也很有先见之明，这是因为我们发现，我们研究的任何实质性主题，我们理解和交流收集到的证据，几乎总是涉及以某种图形格式查看数据。我们的研究使我们两个人，都为数据可视化方法的使用和发展的各个方面所吸引。这种兴趣涵盖了在科学探索、解释、交流和推理方面的应用，以及创造阐明问题的新方法，以便更好地理解问题。

值得注意的是，对我们两个人来说，对图解法的研究使我们不断回顾历史，以促使我们更深入和更透彻地理解人类发展历史。今天看来司空见惯的事情，很多都有着深刻的历史根源。我们也花了很长时间研究、合作和写作，这些都为本书提供了信息，并促成了本书的出版。最初的尝试是 1976 年由魏纳负责的美国国家科学基金会（National Science Foundation，简称NSF）"图形社会报告项目"（Graphic Social Reporting Project）。

该项目的任务之一是召集一组国际学者，这些学者致力于使用图形来交流定量现象，并创建一个社交网络来促进信息共享。项目因此召开了几次会议，也出版了相当多的学术文章，例如，贝尼格和罗宾 1978 年的图形历史[4]，以及贝尔坦（Bertin）标志性的 1973 年版《图形符号学》（*Semiologie Graphique* 的英译本）[5]。一旦以英文重新出版，贝尔坦的思想传播得更广，并且对很多其他学者的工作有用，其中最突出的是，爱德华·塔夫特（Edward Tufte）写出具有变革意义的书籍①[6]。数据可视化作为一个研究领域，开始流行起来。

第二项关键事件是弗兰德利（Friendly）的"里程碑项目"（Milestones Project）。[7]它已经从 20 世纪 90 年代中期开始大幅修订，现在才在网站（http://www.datavis.ca/milestones/）上出现。在那个时候，有关现代数据可视化事件、思想和技术的以往历史记录很零散，分散在很多领域。[8]"里程碑项目"一开始只是试图将这些不同的贡献整理成一份汇总清单，按时间顺序排列，其中包括代表性的图片、原始来

---

① 这里应该指的是《定量信息的视觉展示》（*The Visual Display of Quantitative Information*）一书，这本书奠定了塔夫特作为现代可视化设计先驱者的地位。——编者注

源的引用，以及指向进一步讨论的链接。这是一个关于数据可视化历史"一站式购物"的来源。现在，它包含了近300个重要里程碑事件的交互式、可缩放时间表，近400张图片和350个原始来源的参考，以及相关重要人物生卒年月、所在地等信息。

在数据库中整理这段历史的一个愉快但出乎意料的结果，是产生了这样一种想法，即统计和图解法可以用来探索、研究和描述数据可视化本身历史中的历史问题和疑问。这种方法可以称为统计史学。[9] "里程碑项目"数据库中的每个项目都按日期、位置和内容属性（主题领域、发展形势）进行标记，因此，可以将该历史记录视为数据。[10]

例如，图0.1显示了按欧洲大陆分类的245个里程碑事件的频率分布。我们立即会注意到，大多数早期的创新都发生在欧洲，而1900

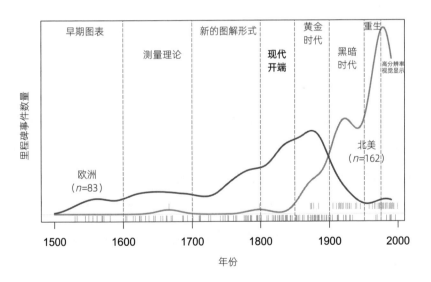

图0.1　里程碑事件的时间线

注：按发展地分类。底部的刻度线表示个别事件。平滑的曲线描绘了它们在欧洲和北美的相对频率。（本书作者提供。）

年以后的大部分创新都发生在北美。曲线的起伏反映了一些值得解释的全球历史趋势，标记的时间段提供了我们认为是推动数据可视化进展的主要主题框架。

概述

"里程碑项目"中记录的最早事件，是一张有着8000年历史的加泰罗尼亚小镇地图，靠近现在的土耳其城市科尼亚。可视化的史前史甚至可以追溯到更久远的时期，但是，如图0.1所示，大多数关键创新仅发生在过去400年中，并在过去100年间呈指数增长。

本书的核心问题是"数字的图形描述是如何产生的"，更重要的是"为什么"。是什么促成了今天常见图形和图表的关键创新？是什么样的环境或科学问题，使可视化描述比单纯的文字和数字更有用？最后，这些图形发明在理解自然和社会现象，以及传达这种理解方面有何不同？

纵观"里程碑项目"所描述的历史，我们可以清楚地发现，这些关键创新大多与重大的科学和社会问题有关：水手如何在海上准确导航？我们如何才能理解犯罪或贫困的普遍程度与诸如识字率等因素之间可能的因果关系？我们铁路和运河的客运和货运情况如何，哪里需要更多的运力？这些问题说明了我们对图0.1的时间段给出的描述性标签。

但是，数据可视化兴起的故事要比那些令人头疼的问题更加精彩。诸如此类的问题为数据可视化历史的很多图形发明，提供了背景和动机，但它们并没有完全回答"为什么"这个问题。过去400

年的主要创新与我们称之为"视觉思维"的认知革命相结合,即一些问题及其解决方案可以直接视觉显示,而不是靠文字或数字表格来传达。使爱因斯坦更出名的,是用文字和方程式表达的物理理论,他在他的陈述中谈到了这种视觉感受:"如果我不能描绘它,我就无法理解它。"

我们在本书讲述的历史,可以从科学史和图像传播史上一些关键问题的故事中得到例证,但它是作为对这段历史中一些主角的欣赏而讲述的,对他们来说,视觉洞察力至关重要。但这引出了一个更大的问题,即这种视觉思维本身是如何发展的。我们在最初的章节中为此提供了一些背景,但基本的想法是,这必然会伴随着"经验思维"的兴起,这种观点认为,通过收集相关数据比依赖抽象或理论思维,更能解决很多科学问题。

重新审视

我们在本书中描述的历史图表,是使用当时流行的数据、方法、技术和理解所创建的。我们可以通过尝试从现代视角重新分析,来更好地理解知识、科学和图形问题。

在这个过程中,我们可能会沮丧地发现,我们今天拥有的软件工具很难精确重现重要历史图表及其故事的基本思想或艺术美感。在这段历史中,我们主角们手工绘制的图表、专题地图和统计图常常表明,简单的笔比任何软件工具都要强大。

即使我们尽心尽力,有时也只能产生对原作的苍白模仿。换句话说,我们无法通过重新分析或重新绘制图表,来促进对问题的理解。

结果之一是，我们学会了欣赏前辈们深思熟虑、技艺精湛的作品，折服于他们对钢笔画或铜版雕刻的挑战。另一个结果是，我们可以从现代的成功和失败中，学会理解历史问题的背景，以及为呈现这些问题而绘制的图表。

我们把这些尝试称为"重新审视"，可能是从一个新的角度来看。我们不打算仅仅试图通过"现在"这一特殊"眼镜"来看过去。相反，我们希望阐明数据可视化发展中具有里程碑意义的优点和缺点，或是能在历史背景下更好地理解数据可视化。一个小例子说明了这一点：在第4章中，我们展示了约翰·斯诺（John Snow）如何为霍乱作为一种起源于英国伦敦宽街（Broad Street）水井的介水传染病，提出了更具说服力的生动论点。

年表与主题

这里需要对本书的结构稍加解释。在大多数非虚构类叙事中，按年表或主题叙述往往各有千秋，而年表通常是赢家。毕竟按时间顺序的叙述十分自然地从一个时刻线性地移动到另一个时刻，而分散在不同时代的主题有时需要按更大的主题进行汇总。因此，年表通常占主导地位，至少从叙事被记录在纸莎草卷轴上以来就一直如此。

在这本书中，年表占主导地位，但我们试图合理运用它，我们担心如果不这样做，读者会对主题茫然不知所措，仿佛下一个例子"在遥远的某个外国海岸"。认识论、科学发现、社会改革、技术和视觉感知等伟大主题随着时间而变化，但并不同步。因此，我们的大部分叙述都是围绕特定时间的关键问题和个人（我们的图形主角）进行的，他们的视觉洞察力和创新，促进了数据可视化和科学的进步。

以下是本书的概要。

第1章"刚开始的时候……"概述了较大问题和主题，为本书提供了背景。我们考虑了数字数据和论证证据与图形之间的关系，然后描述了数字视觉呈现的一些史前历史和可视化本身的早期兴起。故事延续到16世纪前后哲学和科学中经验思维的兴起，以及与之相伴随的用数字视觉呈现来传达定量现象的显著发展。

在此基础上，我们探讨了17世纪一个基本而又棘手的问题：海上经度的确定。在第2章"第一个图表是正确的"中，我们介绍了迈克尔·弗洛伦特·范·朗格伦（Michael Florent van Langren）是如何想到制作从托莱多①到罗马的经度距离历史测定图。这张图可以说是历史上第一张统计数据图表。

在第3章"数据的诞生"中，我们追溯了数据在19世纪初，图解法最初兴起时的作用。我们把注意力集中在这个故事的一个重要参与者身上：安德烈-米歇尔·盖里（André-Michel Guerry，1802—1866年）。他用"大量数据"和图解法促成了现代社会科学的发明。

不久之后，英国开始进行类似的广泛数据收集，但这是在处理社会福利、贫困、公共卫生和卫生设施的背景下进行的。在第4章"人口统计：威廉·法尔、约翰·斯诺与霍乱"中，我们看到了两位数据可视化的新主角，威廉·法尔（William Farr，1807—1883年）和约翰·斯诺，他们独立工作，试图了解几次霍乱流行的原因，以及如何减缓这种疾病的流行。

---

① 西班牙古城。——编者注。

第 5 章 "大爆炸：现代图形之父威廉·普莱费尔"详细介绍了在 19 世纪初，几乎所有现代形式的数据图表（如饼图、时间序列折线图和条形图）是如何被发明的。这些关键的发展都要归功于威廉·普莱费尔（William Playfair），一个"狡猾"的苏格兰人。他可以称得上是现代图解法之父，不过将他的贡献视为数据图形的大爆炸有点言过其实。

在统计图形的所有现代形式中，散点图可以被认为是整个统计图形历史中最通用且最有效的发明。由于它并非威廉·普莱费尔的发明，因此这一点也值得注意。第 6 章 "散点图的起源和发展"讨论了为什么普莱费尔无法思考这些事情，并将散点图的发明追溯到著名天文学家约翰·弗里德里希·威廉·赫歇尔（John F. W. Herschel, 1792—1871 年）。散点图在弗朗西斯·高尔顿（Francis Galton, 1822—1911 年）关于性状遗传力的研究中发挥了重要作用。高尔顿的工作通过统计图表可视化，成为相关和回归统计思想的来源，因此也是大多数现代统计方法的来源。

在 19 世纪下半叶，对图解法的热情逐渐高涨，统计、数据收集和技术方面的各种发展结合在一起，产生了一场数据图形的"完美风暴"。其结果是，在那个各种技术水平完全比不上今天的时期，产生了在细致程度和广度上无与伦比的作品，且在今天都很难被复制。在第 7 章中，我们认为，正如本章标题所暗示的那样，这一时期值得被誉为"统计图形的黄金时代"。

第 8 章 "逃离平地（二维到三维）"讨论了创建数据显示的挑战。视觉呈现必须在二维表面——纸或屏幕上产生。然而，在最坏的情况下，这些方式往往会产生误导；在最好的情况下，这些方式呈现的内容不完整。在二维平面上表示多维现象，过去是，现在仍然是图形显示的最大挑战。我们在本章中讨论并说明在现有限制范围内，用于交流多维现象的一些方法。

第9章"将时间和空间可视化"探讨了数据可视化近代史上的两个一般主题。首先，图解法已经变得越来越具有动态性和交互性，能够通过动画显示随时间的变化，并且静态图像已扩展到观众可以直接操作、缩放或查询的图像。其次，人们继续"逃离平地"，以各种新方法来理解更多维的数据。

图形因能够以紧凑的方式准确地呈现现象，同时提供其情境而受到赞誉。如果这就是它们所做的一切，那么它们在科学史上的地位将十分明确并迅速隐去。而有了合适的数据和正确的设计，它们也能传达情感。的确，在某些情况下，图表会带来一种情感上的影响，可以与诗歌相提并论。在第10章"如诗般的图形"中，我们想象民权活动家威廉·爱德华·伯格哈特·杜波伊斯（W. E. B. DuBois）和被推崇的图形设计师查尔斯·约瑟夫·米纳德（Charles Joseph Minard, 1781—1870年）合作，描绘了600万非裔美国人逃离后邦联时代南方的种族主义和恐怖活动，前往北方工业区的大迁徙。这种想象中的合作提供了生动的例子，说明我们如何从历史研究中获益，以帮助解决未来的问题。

最后，"更多信息"一章为那些希望更深入了解某个主题的读者列出了其他资源。

本书虽然省略了一些丰富我们故事的材料，但也注重事实。此外，出版规定也限制了插图的数量。作为部分补偿，我们创建了一个相关网站（http://HistDataVis.datavis.ca），其中包含所有彩色图像、一些更广泛的讨论，以及这段历史中一些戏剧性人物的传记笔记。令人高兴的是，我们可以继续通过相关主题的其他文章来保持这个主题的活跃。

因此，本书带领各位读者以更宏大的视角来考虑数据可视化的历史——一段从最早的视觉铭文开始，发展到可以用图形和图表理解社会和科学问题的旅程——正如哈里·杜鲁门在开篇所言。在这一发展过程中，很多创新被遗忘或不被重视。下面，就让我们一起去膜拜那些对视觉思维和图像传播的发展必不可少的贡献。

目 录
CONTENTS

第 1 章　刚开始的时候……　　　　　　　　　001
第 2 章　第一个图表是正确的　　　　　　　　023
第 3 章　数据的诞生　　　　　　　　　　　　041
第 4 章　人口统计：威廉·法尔、约翰·斯诺与霍乱　067
第 5 章　大爆炸：现代图形之父威廉·普莱费尔　101
第 6 章　散点图的起源和发展　　　　　　　　133
第 7 章　统计图形的黄金时代　　　　　　　　177
第 8 章　逃离平地（二维到三维）　　　　　　207
第 9 章　将时间和空间可视化　　　　　　　　223
第 10 章　如诗般的图形　　　　　　　　　　　263

结　　语　　　　　　　　　　　　　　　　　　285
更多信息　　　　　　　　　　　　　　　　　　289
注　　释　　　　　　　　　　　　　　　　　　297
参考文献　　　　　　　　　　　　　　　　　　319
致　　谢　　　　　　　　　　　　　　　　　　337

第1章

刚开始的时候……

欲知其事，必察其开端和发展。
——《形而上学》，亚里士多德著

本书将带领我们探究图像传播和现代数据可视化的历史。现今，图表一类的可视化展示无处不在。我们每天都在大众媒体上浏览天气图，以及经济、政治选举或推特热门话题的解说图表。在科学论文和演示中，广泛使用图表能够直观地简述一项发现、一个结论或科学论证的辅助过程或算法。在应用科学领域，今天的研究者们常利用图解法探索复杂数据，进而排除背景干扰、突出重要信号。

目前来说，图形显示是对数字事实的可视化描述，常见且易懂，很难想象它并非一直如此。从开端看起，有助于我们充分了解这段历史。

纵观古今，观点和现象的表述有以下3种不同形式——言语、数字和图片。言语的出现可追溯到约10万年前，最初仅是早期人类对事物和行为名称的口语表达。发出和听到的声音意指某件实物，他人也能辨认和理解，这就是言语的关键特征。大胆想象一下，人类初期的语言传达可能是"这儿有果子""小心，有狮子！"，甚至是"我想要你当我的配偶"。但口头语言是短暂的，只会在听者脑海中一闪即逝。

历经岁月更迭，指代物品和概念的言语才借由刻印得以实体化表达。约公元前3100年，在美索不达米亚地区首次出现了泥板上的象形文字，古埃及、中国等其他国家也各有类似发现。它们都属于图画文字系统：一系列的象形文字，[1]诸如古埃及的圣书体可用来描述一次征战、一位法老的生平，甚至记录一次丰收或一项债务之类的日常事项。

书面语言源于图画，如后来的字母书写系统，关键特征在于它们的可生产性：有限的图像符号能够用来表达近乎无限的想法和观点。不过，实体铭刻并非首次出现在水源边发现狮子后的警示或是一次求婚现场，起初它们只用于记数。

事实上，数字是很古老的概念，古代记录数字的方法可追溯到旧石器时代的符木（约3万年前奥瑞纳文化）。骨片上的刻痕明显是对重要事物的计数，例如，跟踪家养动物的数量。羊倌每放出一只动物去牧场，便刻下一道标记。动物归来时，羊倌便用拇指沿着木棍的一道道标记向下顺移。如果最后归来的动物对应了最后一道刻痕，便可确信安然无事。从将计数托付于记忆来说，这已然是重大进步，但上述体系仍有改进空间。增加一只动物（新生）很容易——只需再添一道刻痕，但减去（被附近捕食者猎取或作为午餐食用）则较为麻烦，可能需要重新刻根木棍。使用不同的木棍，可以单独记录不同种类的动物（如山羊和绵羊）数量，但很快木棍一多就会不便于携带，也不利于记忆和区分。

时光流逝，计数木棍这一体系也得以发展，参见图 1.1。约公元前 3300 年，美索不达米亚地区的苏美尔人利用楔形文字符号，在泥

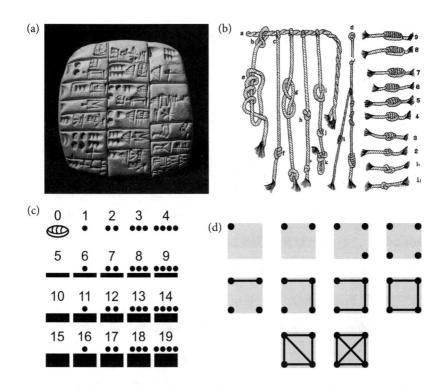

图 1.1 用来表示数字的一些图形形式：(a) 公元前 3300—前 3100 年，一块记录了大麦产量的楔形文字泥板；(b) 结绳记事，约公元前 1000 年，南美印加人使用的一种在绳子上打结的体系；(c) 约 500 年，玛雅文化使用的符号，代表数字 0—19；(d) 约翰·图基（1977 年）提出的一种手动记录所见数量的体系，利用 10 个一组的点与线

出自：(a) Britannica.com；(b) 华盛顿特区，《古代结绳记事》(The Ancient Quipu)，L. 利兰·洛克（L. Leland Locke），美国自然历史博物馆，1923 年；(c) Neuromancer2K4/Bryan Derksen/维基共享资源 / GNU 自由文档许可证；(d) Pinethicket /维基共享资源 / GNU 自由文档许可证。

板上记录了贸易和农业信息[图1.1(a)]。在前哥伦布时期的南美，印加人将计数木棍转换成结绳记事，绳子上打成的结头和刻痕一样承担计数功能。而可松开的绳结也便于减数[图1.1(b)]。并且两根或更多的绳子可分别表示不同种类的动物，也可将其绑在一起，轻松绕在腰上或扛于肩头。

约公元前100年，玛雅文化使用了当时堪称世界上最为先进的复杂数制[图1.1(c)]。以数字20为基础，很可能是从利用手指和脚趾计数发展而来。仅用3个符号代表数字0—19：0（贝形）、1（一点）以及5（横线）。数字19往后，则使用以20进位的纵行数值格式：1、20、400、8000等。因此，数字826的符号表示为（2 × 400）＋（1 × 20）＋ 6。这种方法使得加、减都相对简便。

玛雅人的天文观测结果也极为精确，他们测算出的太阳年长度为365.242天，和现代测算的365.242198天相比，这一数值高度准确。随后，计数木框也在不同的古代文化中出现，并演化为算盘。其中，像中国的算盘（公元前2000年），已经可以用来计算乘、除。在中国，算盘算术的教学一直延续到了20世纪80年代手持计算器的普及之前。

这些早期的数字视觉呈现形式，各自具备实体可见的指代。更为重要的是，像结绳记事和玛雅符号，都为人们思考、计算或展现数量情况提供了基本方法。例如，和去年相比，今年绵羊的数量是增是减？距离上次满月过去了多少天？它们都能给出准确答案。

尽管如此，我们很难从图表所示数字的视觉形式中发现规律，只有将数字826、765、919放在一起比较，才能看出最小的数字是中间的765。而罗伯托·巴希（Roberto Bachi）[2]创造了"图形理性模式"这一概念，该体系利用点和方形图案代表数字，视觉权重即反映数字本身。在与之相似的手动记数领域，约翰·图基[3]提出了 10 个一组的点、线计算体系［如图 1.1(d)］，而非通常 5 个一组的计数方法（图 1.2）。后者更易出错，比如：错用 ⅣⅣⅬ 表示五。

图 1.2　5 个一组的计数

图片的演变

拉斯科洞穴位于法国多尔多涅地区蒙蒂尼亚克村附近，洞穴中的遗迹可能是最著名的人类可视化早期例子。洞穴的墙壁上有近 2000 幅引人注目的动物图画、人形人物以及抽象几何符号，据碳测年估计，这些图画距今约 17300 年。这些洞穴居民是已知的最古老的现代人（智人），他们被称为克罗马农人（Cro-Magnon man）。

彩图 1 显示了现在称为"公牛厅"的一小部分。很难从这张照片中感受到它们的威严，但从任何角度来看，这些藏品都很壮观。亨利·埃杜阿尔·普罗斯珀·布勒伊[4]（Henri Édouard Prosper Breuil，1877—1961 年），是第一个观察洞穴的考古专家，他称"公牛厅"洞穴洞道中的图画为"史前人类的西斯廷教堂"。在拉斯科二号岩洞的参观区看到它们之后，现代观众会发现很难再把这些祖先想象成原始人。

对我们来说，如此早地开始这次可视化历史之旅似乎令人惊讶，而且图像虽然在艺术上令人印象深刻，却可能被认为太过久远。然而，这能让我们有更深层次的思考。当我们查看这段历史的图像时，我们的问题通常是：他们在想什么？他们为什么要画它们？我们今天能从他们身上学到什么？的确，这样的问题构成了本书的主旨。

我们只能推测这些早期的洞穴壁画的作用。有一种观点认为它们可能反映了对过去狩猎成功的庆祝。但这种观点不正确——其他证据表明，韦泽尔山谷的这些早期居民主要捕猎驯鹿，而洞穴墙上并没有驯鹿的图像。

很明显，它们具有某种象征意义：这些早期艺术家既没有书面语言，也没有数制，他们使用视觉语言向任何观看它的人讲述他们文化的故事或神话。除此之外，他们还在一系列图像中加入透视感、运动感，甚至动画感。这些法国西南部早期克罗马农洞穴居住者的遗产，足以让人惊叹。这些早期的人类艺术家根据他们脑海中的图像绘画，他们拥有相同的内在洞察力，那灵感的光芒延续几千年，产生了现代数据可视化。更笼统地说，这是一场认知革命的证据[5]：一个由意象、新思维和交流方式，以及现代人类思维组成的内在精神世界，发生在大约4万年前的早期智人身上。

历史车轮滚滚向前，可视化的下一个发展是我们现在所说的图表和早期地图——信息图形化的抽象的表示。德国研究人员迈克尔·拉彭格吕克（Michael Rappenglueck）声称，拉斯科洞穴墙壁上的圆点图案代表了夜空的星图，显示了夏季大三角最突出的3颗星星（织女星、天津四和牛郎星）及昴宿星团。[6] 显而易见的是，如果这些图像是任何类型的地图，那它们都是天上的，而非地球上的地图。这些早期的人类祖先可以看到夜空，却看不见接下来几座山丘和山谷之外的地球了。

在最早可识别的地理地图中，有一张外观非常现代的城市规划图（据信是世界上第一张），来自现在的土耳其科尼亚附近的恰塔霍裕克遗址（Catalhöyük），其历史可追溯至公元前6200年。因为它刻在被认为是某种神殿或神圣房间的墙上，所以它的目的更具象征意义，而不是为了寻路或作为地理知识的代表。

地图和图表后来有了更大和更崇高的目的——以可视化方式显示知识的状态，指导如何做某事，传达已知世界的具体表现，或者如何从你所在位置到达目的地。图 1.3 所示是一张可追溯到公元前 2000 年的早期图表。这是在贝尼哈桑墓群巴克特坟墓墙壁上发现的摔跤指导图，这座古埃及墓地位于现埃及明亚附近。它生动描绘了很多将对手摔倒在地的方式，动画方式可以与现代可视化或图画小说相媲美。我们可以想象，巴克特年轻时是一名摔跤手，后来成为一名教练，坟墓上的图解是他的最后一课。

图 1.3　摔跤指导：两个人摔跤比赛的连续瞬间，来自贝尼哈桑墓群（约公元前 2000 年）巴克特坟墓东墓壁上的一幅画
出自：维基共享资源。

早期希腊地图试图展示已知世界的范围,这是图像诞生的下一步,以传达有用和可用的信息。荷马的史诗《伊利亚特》和《奥德赛》是西方文学中现存最古老的作品,这两部作品反映了公元前1600—前1100年蓬勃发展的古希腊人的社会生活。它们讲述了围攻特洛伊的希腊英雄、伊萨卡国王奥德修斯[7],以及他在特洛伊沦陷后回归故土的故事。它们也是讲述古希腊人已知世界中已有的地理、地方及其特征知识的故事(只是文字上的),这个世界被爱琴海和伊奥尼亚海所包围。

关于那个世界的知识对于探索、贸易、征服或防御变得越来越重要。它被记录在第一张世界地图(见图1.4)中,作者是古希腊哲学家阿那克西曼德(Anaximander,约公元前610—前546年)。这位哲学家居住在伊奥尼亚的米利都(今属土耳其)。他的地图很快得到了改进——同样来自米利都的地理学家赫卡泰乌斯(Hecataeus)添加了更多细节。阿那克西曼德和赫卡泰乌斯展示了已知的有人居住的世界(the oikoumenè)是一个以爱琴海为中心,被海洋包围的圈,这个圈一分为三。该设计既反映了希腊人和谐与对称的理念,也反映了真实的地理环境,它正确地把握了相对位置的总体框架。

这种早期地图的关键创新在于,它是对已知世界范围的具体、直观的表现。商人可以利用它们来计划在另一个地区销售无花果及购买橄榄;国王可以利用它们来考虑开疆拓土或保护自己的领土:地图上城市等地名都清晰标记出,而河流、山脉和绿洲等自然地理也以图形符号形象表现其特征。因此,人们基本上可以在地图上测量距离,并估计从 A 点到 B 点需要多长时间。地图成为思考和规划的工具。

建立经纬度地理坐标系的想法要等到几个世纪后的埃拉托斯特

图 1.4 古希腊世界地图的再现：左，米利都的阿那克西曼德笔下的世界；右，赫卡泰乌斯绘制的更详细版本①

出自：比比圣 – 保罗 / 维基共享资源。

尼（Eratosthenes，约公元前 276—前 195 年）才能实现。但更准确的地图需要更好的数据。古希腊尼西亚的喜帕恰斯（Hipparchus，约公元前 190—前 125 年）迈出了重要一步。喜帕恰斯也许是最伟大的古代天文学家和地理学家，他开发了通过从天空确定经纬度的系统：使用恒星测量而非太阳高度确定纬度，通过月食计时确定经度。公元前 150 年左右，克罗狄斯·托勒密（Claudius Ptolemy）出版了他的《地理学》（*Geography*）。这是一本关于所有已知地点经纬度的汇编，从现在的大西洋加那利群岛到中国中部，经度为 180°，从苏格兰北部到非洲中部，纬度约为 80°。[8]

然而，坐标系的概念一直与地理和地图紧密相关，直到 17 世纪，勒内·笛卡尔（René Descartes, 1596—1650）颠覆了数学的作用，将其作为欧几里得几何和代数之间的纽带，通过方程式表示点、线和几

---

① 为尽可能保留原图观感，图中仅翻译重要节点处的地名、人名等，后同。——编者注

何图形，这些方程式可以在图表中可视化并用于解决问题。在他的解析几何中，一条线可以用方程式 $ax + by = c$ 表示，这可以绘制在 x, y 坐标轴上；圆的方程式为 $x^2+y^2=c^2$，这也可以在图中描述。直线和圆相交吗？如果相交，交点在哪？这个问题在代数中有解，但结果在图中则更为直观。两点之间的距离是多少？毕达哥拉斯早就给出了直角三角形斜边长度的数学答案；而现在则可以用卡尺直接在图上测量得到。抽象坐标系的概念是视觉思维发展的另一关键步骤。

用图片连接数据

正如我们所看到的，最初的可视化对象是世界上一些具体和具象的东西：一头健壮的野公牛在活动、摔跤动作的解说图，以及一座城市或整个已知世界的地图。但可视化的另一方面也在发展，描绘了一个抽象的理论世界。在笛卡尔正式公布以其名字命名的坐标的一个世纪之前，帕多瓦的尼科尔·奥雷姆（Nicole Oresme, 1323—1382 年）在《形态的幅度》(*Tractus de latitudunus forarum*)一书中阐明了一些可能的运动定律（见图2.2）。伽利略和牛顿后来使运动研究变得精确，但奥雷姆考虑用一些替代方案并用图表显示它们的想法。

当时还没有在经验观察（数字）与图片之间建立联系，以将它们传达给视觉。自然哲学，也就是我们如何认识世界，长期以来有两种截然不同的观点——理性主义和经验主义，而这至少可以追溯到柏拉图和亚里士多德。哲学辩论百家争鸣，但必要的对比是感官经验的作用：利用观察和数据获取知识、做出决定并总结自然定律。

理性主义者声称存在一些与生俱来的或直觉的概念（点或线，语言的概念），甚至更大的概念（三角形或正方形，表示事物的词与表示行动的词）可以通过人类的智力推断出来。笛卡尔是 17 世纪理性主义的奠基人之一，他的名言"我思故我在"体现了这一点。解析几何是数学推理应用于几何学的结果，但笛卡尔也将这种方法应用于身心问题（确定由物质组成的肉体自我与虚无的心灵和灵魂的区别）。宇宙的规律固定不变，可以通过理性来发现。观察和数据有用，但它们只起辅助作用。

经验主义者声称，知识和自然定律必须建立在经验证据，而非权威或抽象推理的基础上。基于观察的科学方法思想源于罗杰·培根（Roger Bacon, 1214—1292 年），他观察到"推理得出结论，但无法确定结论，除非它经过现实的经验"[培根，《大著作》（*Opus Majus*）约 1267 年；译自罗伯特·伯克（Robert Burke, 2002 年）所著《罗杰·培根的大作》（*The Opus Majus of Roger Bacon*）第二部分，第 583 页]。

在接下来的几个世纪里，科学领域出现了令人印象深刻、惊天动地的发现，其中大多数是基于经验观察；有些用图片来说明，并得到了数学的证实，但它们在很大程度上是个人贡献，尚未被当作一般经验主义哲学的例子。最明显的例子发生在天文学领域。一场基于观测的革命始于尼古拉斯·哥白尼（Nicolaus Copernicus, 1473—1543 年），他提出了以太阳为中心的太阳系理论，取代流行了 1500 多年以地球为中心的托勒密模型。第谷·布拉赫（Tycho Brahe, 1546—1601 年）对天文和行星观测进行了细致编目，其精确度远远超过了以往的任何观测。约翰尼斯·开普勒（Johannes Kepler, 1571—1630 年）后来使用布拉赫的数据将他的行星运动定律表述为椭圆轨道，可以解释所有已知的观测结果。接下来，在 1609 年，伽利略·伽利雷（Galileo

Galilei，1564—1642年）建造了最早的望远镜之一，在短短几个月内，他发现了月球上的陨石坑、木星的卫星、土星的光环和太阳表面的黑斑（太阳黑子）。他在《星座信使》（*Sidereus Nuncius,* 1610年）中的素描仍然被认为是视觉解释的杰作。

然而，是弗朗西斯·培根（Francis Bacon, 1561—1626年）使得证据的正式使用重又大行其道。这一思想随后被英国经验主义者约翰·洛克（John Locke, 1632—1704年）、乔治·伯克利（George Berkeley, 1685—1753年），尤其是大卫·休谟（David Hume, 1711—1776年）发扬光大。大卫·休谟1738年的《人性论》（*Treatise on Human Nature*）和1741年出版的《道德和政治论说文集》（*Essays, Moral and Political*）对其他思想家产生了深远的影响。

到18世纪中叶，英国经验主义者播下的认识论种子开始结出硕果。苏格兰启蒙运动是那个世纪的一个神奇时期，在数学、科学和医学方面产生了一股实践创新的洪流。詹姆斯·瓦特（James Watt）彻底改变了制造业；亚当·斯密（Adam Smith）的《国富论》（*The Wealth of Nations*）开创了现代经济学；数学家兼地质学家约翰·普莱费尔（John Playfair, 1748—1819年）支持赫顿（Hutton）基于证据的理论，开拓性地得出了对地球年龄的估计值，这与《圣经》中6000年的估计大相径庭。但我们故事中的主角并不是非常值得尊敬的约翰·普莱费尔，而是他名不见经传的弟弟威廉·普莱费尔（William Playfair, 1759—1823年）。

威廉·普莱费尔在他职业生涯的早期曾是詹姆斯·瓦特的绘图员。他后来成为一名小册子作者，通常专注于阐述政治论点。这些政治论点通过生动、独创的图形形式表现经济数据。因此，经验主义和可视化之间的结合始于很久以前的希腊黄金时代，并在18世纪后半叶完成。

看到意想不到的事情

1800年之前，即威廉·普莱费尔所处时代（见第5章）的图表，很大程度上源于产生了笛卡尔坐标几何的相同理性主义传统——根据先验数学表达式绘制曲线（例如，奥雷姆的"管道"曲率，如图2.2所示）。

真实数据的绘制有很大程度上未预料到的显著益处，它经常迫使观众看到他们没有预料到的东西。这种情况发生的频率之高催生了经验主义的现代科学方法，这种方法鼓励绘制观测数据值，其目的是调查暗示模式。

普莱费尔的图表尤其如此，其中大部分显示了一段时间内的日常经济数据：与其他国家的贸易差、国家债务等。但这些以前从未以一种可以呈现模式、趋势和解释的方式出现过。在这一时期，数字图表的概念诞生了，它支持基于证据的论点。

鉴于图表与证据和解释相关的价值，这一关键变化的历史比我们在这里所能讲述的更为微妙。然而，随着气压计和图形记录设备的发明，这场变革似乎始于1665年。这些设备使用由测量仪器驱动在纸上绘图的笔。[9]这种仪器以罗伯特·普洛特（Robert Plot）的名字命名，其读数启发了罗伯特记录1684年牛津每天的气压，并在一张引人注目的当代图表中总结了他的发现，他称之为"天气史"（见图1.5）。

这张图并非数据图的完美示例。它看起来更像是一台旧测谎仪或

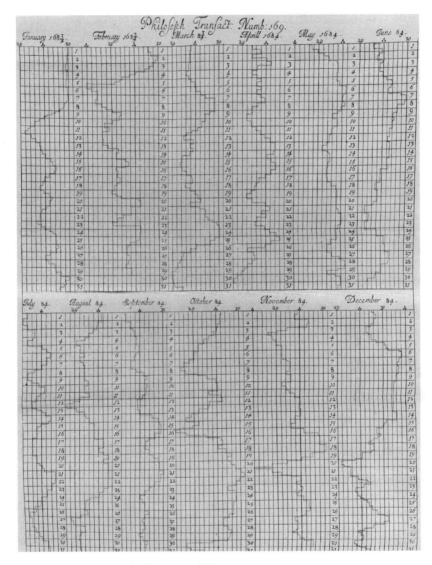

图 1.5 罗伯特·普洛特的天气史：记录了 1684 年牛津的每日气压

出自：罗伯特·普洛特，《1684 年全年对风、天气和气温的观察；记录于牛津阿什莫林博物馆》，《哲学汇刊》（*Philosophical Transactions*）第 15 卷，第 930–943 页。

心脏心电图监测器的记录——在深灰色的背景上有一串斑驳的线条，而规则的线条进一步模糊了数据。但他从中获得的视觉洞察力，以及他所看到的天气图最终得到更广泛的使用,十分重要。他记录天气史的想法,使得气压现象成为肉眼观察和科学思考的对象。[10]

同年,普洛特向英国皇家学会会员、博物学家马丁·利斯特(Martin Lister, 1639—1712年)寄去了一份图表的副本,并附上了这一预言性的描述,他要求利斯特提供更多数据,以便将他的"天气史"变为天气科学[11]:

> 因为一旦我们找到了足够合适的人,能够同时在很多国家和偏远地区对各地风的情况进行同样的观察,我们就有了一些根据,不仅能够研究风本身的运动、宽度和范围,而且能够研究它们带来的天气;并因此可能及时了解各种紧急情况(如高温、低温、干旱、瘟疫和其他流行病),建立预警机制。这些对我们来说并非不可能,而且如果根据它们的原因制定预防或补救措施,我们一定会……在几年内,而不是数百年内,获得更多真实有用的知识。

普洛特清楚地认识到了图表在通知、预警和寻找补救措施方面的力量。荷兰博学家克里斯蒂安·惠更斯(Christiaan Huygens, 1629—1695年)曾预测过他对数据图形显示的使用,尽管更简单。1662年,约翰·格朗特(John Graunt, 1620—1674年)在他的《基于伦敦死亡登记的自然和政治观察》(*Natural and Political Observations on the London Bills of Mortality*)中发表了关于预期寿命的第一批数据。1669年10月30日,克里斯蒂安的兄弟洛德维克(Lodewijk)给克里斯蒂安写了一封信,信中包含这些数据的插值,计算了格朗特数字表中没有显示的年龄的预期寿命。克里斯蒂安在1669年11月21日和28日的信中做出了回应,并附上了这些插值的图表。

图 1.6 所示是其中一张图表,横轴显示年龄,纵轴显示同一批出生者的存活人数。特定年龄在曲线上以点标出。克里斯蒂安绘制的曲线与他兄弟的插值相吻合,但它传达了更直观的结论:如图中线条上的字母所示,人们可以为任何特定年龄绘制一条垂直线并估计存活人数。克里斯蒂安认为,从科学的角度来看,这是最有趣的。事实上,他对插值的简单使用和平滑曲线的添加是数据和图表以及科学和实际应用之间形成联系的显著进步。预期寿命平滑曲线的图形概念很快被用作确定人寿保险和年金价格的方法。[12]

在惠更斯的信到 1786 年普莱费尔出版《商业与政治图解集》(*Commercial and Political Atlas*)之间的那个世纪,出现了少量其他基于经验的图表,但这些并不常见。阿尔伯特·比德曼(Albert Bider-

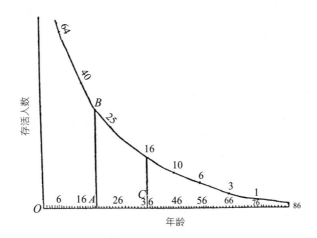

图 1.6 惠更斯的生存图:克里斯蒂安·惠更斯 1669 年的曲线显示了 100 个人中有多少人能在婴儿期和 86 岁之间存活下来

注:数据取自约翰·格朗特 1662 年《基于伦敦死亡登记的自然和政治观察》。

出自:克里斯蒂安·惠更斯,《作品全集》(*Oeuvres Complètes*)第 6 卷,La Haye: M. Nijhoff,1895 年。

man）[13]认为，这是因为对经验图表作为一种科学方法存在怀疑，甚至反感。在19世纪初，数据图形的使用出现了爆炸式增长，我们认为（第3章）这在很大程度上是由于数据可用性的指数增长，尤其是在社会科学领域。解决问题的经验方法是数据收集的关键驱动力，但起步缓慢。而数据图形在理解和解决问题方面开始显示出前所未有的成功。随着通信的发展，这些成功的消息以及相关图形工具开始迅速传播和普及。

我们习惯于知识是从自然和物理科学向社会科学传播，当然，在微积分和科学方法中的确如此。一般而言，统计数据，尤其是统计图形，却是反其道而行之。正如我们所发现的，尽管基于数据的图形在自然科学中有应用，但只是在普莱费尔将其应用于经济数据之后，它们才开始加速普及。普莱费尔应该被认为是第一本社会统计图表书籍的作者，他出版的图解集中没有一张地图，这表明了他对方法论的信仰（以及他的胆识）。普莱费尔的作品立即受到赞赏，但被模仿[14]则花了更长时间，至少在英国如此（图形在欧洲大陆开始使用要早一点）。

图解法在其来源，即自然科学中传播得相对较慢，这为自然科学不愿接受经验主义提供了额外的支持。较新的社会科学由于没有这样的传统，而且同时面临着需要解决的问题和相关数据，因此更快地看到了普莱费尔方法的潜力。

图解法和视觉思维的兴起

普莱费尔的图形发明——折线图、条形图和饼图，是当今最常用的图形形式。条形图的诞生有点特殊：由于缺乏绘制苏格兰贸易的时间线所需的时间序列数据，他用长度不同的矩形条来表示他所掌握的数据。普莱费尔（1765 年，1769 年）承认了约瑟夫·普里斯特利（Joseph Priestley）在这种形式上的优先权，普里斯特利使用细水平条来表示历史人物的寿命（见图 1.7）。这让普莱费尔十分感兴趣——将一段长时间的历史视觉化并显示一种分类（政治家与学者）的可能，所有这些都在单一的视图中实现。

普莱费尔的作用至关重要，不是因为他开发了数据的图形记录，其他人在这方面领先于他。实际上，他在 1805 年指出，当他还是个孩子的时候，他的兄弟约翰就让他做了一份温度读数的图表记录。可以说，普莱费尔所处的历史地位非同寻常，由于他与兄弟的密切关系及与瓦特的联系，因此他很早便踏入科学领域，并快速了解图解法的价值。此外，他又能够超然于自己的利益，将其应用于完全不同的领域，即经济和金融。当时和现在一样，这些领域往往比科学问题能吸引更多受众，而普莱费尔擅长自我推销。[15]

在《政治先驱报》（The Political Herald）上对他 1786 年发表的图

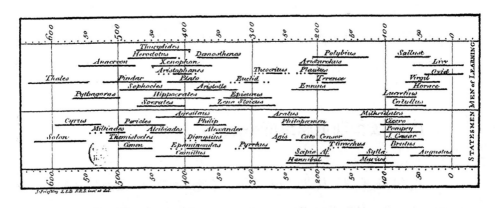

图 1.7 传记图表：在基督诞生之前的 6 个世纪里，59 位名人的寿命
出自：约瑟夫·普里斯特利，《传记图表》（A Chart of Biography），伦敦，1765 年。

解集的评论中，苏格兰历史学家吉尔伯特·斯图尔特（Gilbert Stuart）博士写道：

> 这部作品中说明账目的新方法引起了广泛注意。所有对国家层面问题感兴趣、了解我们商业一般情况和重大事实的人，其品行毋庸置疑。为了让大家能更直观了解国家政治和经济，这是迄今为止人们所想到的最方便、最准确的方式……作者在他的每一张图表都加上了观察结果……总体而言，公正且准确，有时也很深刻……他的发明无疑为他赢得了相当多的掌声，因为这是一种向政治家和商人传递信息的新方式，独特且容易。

斯图尔特欣赏辅以文字叙述的经济数据图解的力量：数据图十分直观地被传达给观众的眼睛；文本提供了可以根据图表中的证据进行评估的解释和结论。科学发展很少会遇到这种全心全意的赞许。普莱费尔将图解法应用于政治家和商人共同关心的问题，极大地促进了统计图形的普及。

到19世纪中期，一种关于可视化在科学发现和解释中作用的新观点已经深入人心。其中有很多参与者，他们的贡献构成了本书的主体。其中，我们发现法国生理学家艾蒂安–朱尔·马雷（Etienne-Jules Marey, 1830—1904年）于1878年撰写了《实验科学（主要是生理学和医学）中的图解法》（*La méthode graphique dans les sciences expérimentales et principalement en physiologie et en médecine*，简称《图解法》），试图通过直接将图形作为主要工具来找到问题的科学解决新方法（见第9章）。图1.8是个简单的例子，这是巴黎和里昂之间所有列车的时间表图解，

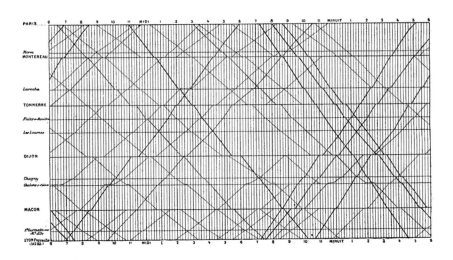

图1.8 列车时刻表图解：显示1878年每天巴黎和里昂之间的所有列车
出自：艾蒂安-朱尔·马雷，《图解法》Paris: G.Masson，1878年。

也是1878年的。主题平淡无奇，但图表阐明了视觉思维的新方面。

图中的每一条线都代表从起点到终点的不同列车，车站根据距离间隔，所以较陡的线表示更快的火车。这对旅行者是否有任何帮助尚不清楚，但它反映了马雷的深刻信念，即图解法几乎可以应用于任何问题。他断言（马雷，1878年，第3页）：

> 毫无疑问，只要你在处理一种运动或状态的变化，一言以蔽之，任何一种现象，图形表达很快就会取代所有其他的表达形式。语言诞生于科学之前，往往不适合表达精确测量或确定的关系。

科学现象的图示有两个目的。它的主要功能是使之前看不见的现象在图形显示中接受直接检查。马雷的《图解法》并不是这一观点的第一个或唯一的表述，但它在范围和视野上具有革命性。在这部作品和其他作品中，他提出了一些基本的想法，即使用一些巧妙的设备来记录血压、心率、鸟类和昆虫拍打翅膀的情况，以及短跑运动员的运动情况等，从而将经验观察的图形记录转化为科学研究的对象。和普莱费尔一样，马雷的动力来自对图形显示的内在洞察力。

图解法还有另一种功能，即与科学界和受过教育的读者进行交流。这些展示让复杂的现象变得明显而具体，它们保存了转瞬即逝的东西，并分发给所有愿意阅读图册的人，而不仅仅是那些在正确的地点、正确的时间并用正确的设备亲眼看到的人。它们易记难忘，这是因为图像比文字更生动，更不可磨灭。

图片已不仅仅是有用的工具，对马雷来说，它们是大自然自己的文字，只需记录下来，所有人便都能看到。

黄金时代

在19世纪后半叶发生了一件更引人注目的事情，很多力量结合在一起，产生了数据图形的完美风暴。这就是我们所说的图形的黄金时代（第7章）。到了19世纪中期，欧洲各国和美国已经获得了大量关于重要社会问题（商业、疾病、识字率、犯罪）的数据，以至于一位历史学家称之为"数字雪崩"[16]。在19世纪下半叶，一些统计理论有所发展，从而使它们的本质得到总结并做出合理的比较。印刷和复印方面的技术进步使彩色图形作品得以广泛传播，而且具有以前无法获得的图形样式。人们对图形表现出了极大的兴趣和热情。[17]读者虽然来自全球各地，但他们有着共同的视觉语言和视觉思维。

图形视觉的另一位主要开发者是法国土木工程师查尔斯·约瑟

夫·米纳德，他绘制了现在被誉为有史以来最伟大的基于数据的图形，一幅描绘1812年拿破仑对俄战争的灾难流动地图（见图10.3）。米纳德使用图解法设计了漂亮的专题地图和图表，展示了在国家关注贸易、商业和运输的初期，现代法国政府感兴趣的各种主题：在哪里修铁路？美国内战对英国棉纺厂的棉花进口有何影响？在这些以及其他图形中，他讲述了具有直接视觉冲击力的图形故事——信息给观众留下深刻印象。米纳德也受到内在洞察力的驱使。

到了19世纪末，来自美国［人口普查局的弗兰西斯·沃克（Francis Walker，1840—1897年）］、法国［公共工程部的埃米尔·谢松（Émile Cheysson，1836—1910年）］以及德国［赫尔曼·施瓦贝（Herman Schwabe）、奥古斯特·F. W. 克罗姆（August F. W. Crome）］、瑞典和其他地方的科学家们，开始制作并广泛传播精美详细的统计图册，记录并颂扬他们国家的成就和愿望。这些统计图册收录了一些迄今为止制作得最精美的图表。它们在色彩和样式上都非常出色，并揭示了创造性图形设计的洞察力。这些设计可以作为模板，并已成为当今图形语言的一部分。它们令人惊叹，就像拉斯科的洞穴壁画一样。

在本章中，我们对跨越1.7万多年的数据可视化进行了梳理，从早已灭绝的野公牛拉斯科洞穴壁画到米纳德对拿破仑战争恐怖惨烈程度的精确描绘。在拉斯科洞穴壁画和米纳德的图表，以及这两者跨越的历史长河的很多作品中，可视化都给那些看到它们的人留下了难忘的印象。几个世纪以来，视觉思维的兴起表现为图表、地图和图形。一种通用的可视化语言被用来传达定量和定性信息，揭示复杂的现象，支持或反驳科学主张。在本书的其他章节，我们将详细阐述并说明视觉传达的奇迹，并邀请各位读者一起踏上这段旅程。

第 2 章

第一个图表是正确的

第一个有绘制数据想法的人是谁？这个问题具有挑衅性和争议性。它之所以具有挑衅性，是因为你可能想知道或争论"绘制数据的想法"到底是什么意思：什么才算"数据"？什么才算"绘制"？说它是一个颇具争议性的问题，是因为图表就像很多其他科学发现和发明一样，很难界定"第一"的说法：在很多重要的发展之前还有其他成就，在某些更宽松、更宽泛的定义下，这些成就可以算作最初的贡献，相反，之后的追随者通常会以更广泛或更普遍的方式发展这一想法。[1]

例如，克罗狄斯·托勒密在 150 年左右的《地理学》中广泛应用了在地图上以经纬度来记录地理位置的想法。地理坐标系的较早描述可以追溯到公元前 3 世纪古希腊昔兰尼的埃拉托斯特尼。在最早的世界地图中，米利都的阿那克西曼德用一张圆形图描绘了已知的世界，显示欧洲、非洲和亚洲被水域分隔，并被（未知的）海洋包围（见图1.4）。在伊拉克南部锡帕尔的一块泥板上发现了更早的巴比伦人对所知世界的描绘,这可以追溯到公元前 5 世纪。

时光飞逝,从托勒密开始,地图信息变得越来越详细和精确,地图制作者开发了将立体地球投影到平面地图上的新方法。因此,"第一个有绘制数据想法的人是谁"这个问题可能没有明确的答案,但对这个话题的讨论可以提供信息。

我们看到了统计图兴起的类似轨迹,并从一个具体的例子开始,说明统计图最初出现的知识和科学背景。我们将绘制数据的想法归功于 1628—1644 年时期的荷兰制图师迈克尔·弗洛伦特·范·朗格伦。

迈克尔·弗洛伦特·范·朗格伦(1598—1675 年)是 16 世纪中期至 17 世纪末诞生杰出的荷兰制图师、地球仪制作者、天文学家和数学家家族的第三代成员。他的祖父雅各布·弗洛里斯·范·朗格伦(Jacob Floris van Langren, 约 1525—1610 年)从 1586 年左右开始制造了第一批地球仪。这些地球仪对荷兰航海贸易的发展具有重要意义。迈克尔的父亲阿诺德·范·朗格伦(Arnold van Langren, 1571—1644 年)学会了雕刻铜板和制作地球仪的手艺。大家都说,阿诺德是技巧娴熟的雕刻师,但有点一事无成。到 1607 年末或 1608 年初,他已经债台高筑,被迫从阿姆斯特丹逃到西班牙统治的南部省份。为了逃离法警,他匆忙中留下了自己的家庭用品和雕刻工具。

然而,尽管他缺乏商业头脑,但他有社交技巧,其中就包括吸引高层支持者的能力。1609 年 9 月,阿诺德成功被任命为奥地利阿尔贝大公(Archduke Albert)及其妻子,西班牙伊莎贝拉·克拉拉·尤金尼亚公主(Isabella Clara Eugenia,菲利普二世的女儿)的官方球面学家。阿诺德在地球仪和天体仪,以及海上水手所需相关手册方面的一些工作都是由他的儿子迈克尔·弗洛伦特·范·朗格伦(以下简称范·朗格伦）完成的。范·朗格伦此时发现自己有了一个强大的潜在赞助人。

范·朗格伦的贡献之一是确定经度。他努力以视觉形式展示问题的严重程度，从而产生了第一张统计数据图。最著名的版本，如图2.1所示，是简单的一维点图，显示了托莱多和罗马之间距离的12个估算值（经度）。这张图摘自1644年出版的《海洋和陆地的真实经度》（*La Verdadera Longitud por Mar y Tierra*），是数据可视化历史上的一个重要里程碑，它比单纯的文字或数字更好地传达了信息。

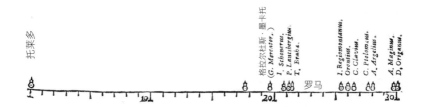

图2.1　第一张统计图：范·朗格伦1644年绘制的从托莱多到罗马的12个经度距离（正确的距离是16.5°）测定图

出自：范·朗格伦，《海洋和陆地的真实经度》，安特卫普，1644年。（经比利时皇家图书馆许可转载。）

范·朗格伦的故事在这里引起了人们的兴趣，因为它代表了：（1）一种解决这个时代关键问题（精确测定经度）的尝试；（2）赞助在早期科学发现中所起的作用；（3）一种狡猾的想法，即此时人们已意识到一张图片就能够比单纯的文字或数字更好地传达信息。

早期叫作"图表"的东西

要理解为什么范·朗格伦的图表很重要，不妨考虑一下之前的情况。第一个已知的可以被称为"图表"的图像是公元10世纪的匿名概念描述，展示了7个最突出的天体通过黄道星座的周期性运动，作者为霍华德·格雷·芬克豪泽（Howard Gray Funkhouser, 1936年），并由塔夫特在其书中再现（1983年，第28页）。它是一张图，这是因为它显示了带有（x, y）坐标的曲线，但它更适合被当作草图或示意图，原因是它不基于任何数据。

下一个里程碑发生在1360年左右，当时博学多才的哲学家尼科尔·奥雷姆设想的是可视化任何两个物理量（如时间、速度或行进距离）如何以有效的函数关系变化。在很久以后才出版的《形态的幅度》（奥雷姆，1482年）中，他使用"纬度"和"经度"的方式与我们现在使用**纵坐标**和**横坐标**的方式大致相同，比笛卡尔（1637年）早了250多年。他的图，如图2.2所示，是我们所知道的最早的抽象图。

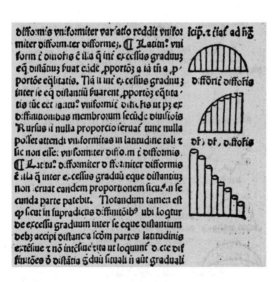

图2.2　函数形式的图表：奥雷姆《形态的幅度》中有一页显示了由物理变量之间的函数关系产生的3种图形形式

出自：尼科尔·奥雷姆，《形态的幅度》（*Padua: Matthaeus Cerdonis*），1482年。

他在书中举例说明了一个二次函数、一个接近渐近线的函数和一个线性递减函数。他甚至预见到微软的电子表格（Excel）和其他图表软件中现在已广泛弃用的条形图三维版本。唯一让人遗憾的是，它们也未基于任何数据，因此不能算作数据图。关于这一点，芬克豪泽说道："如果同时代的先驱向奥雷姆提供了实际数据，那么我们可能比普莱费尔早 400 年就有统计图表了。"[2] 但是，直到 1600 年左右，当范·朗格伦进入这一领域时，以图形方式显示的经验数据才相对为人所知。

为了帮助我们在历史背景下理解范·朗格伦的贡献，图 2.3 显示 1600—1850 年期间数据图基本形式主要发明的时间线，大多数著名的现代图解法是在这条时间线的最后 100 年才被发明的。200 多年前，范·朗格伦的图表作为早期的"异常值"脱颖而出。

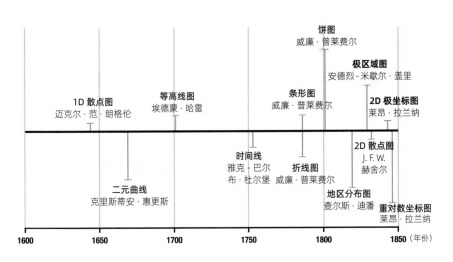

图 2.3　图形发明：统计图一些基本形式的发明时间线，1600—1850 年（本书作者提供）

经度问题

在范·朗格伦所处的时代，16世纪和17世纪最重要的科学问题涉及时间、距离和空间位置的物理测量。这些出现在天文学、测量学和制图学中，与海上航行、探索，以及欧洲国家之间寻求领土和贸易扩张的实际问题有关。

其中最令人烦恼的问题，是准确确定陆地和海上的经度。当时，海上航行面对诸多不确定，最理想的情况是，导航错误导致航行时间比预计的长得多、口粮短缺或海员挨饿；最糟糕的情况是，沉船无数和海上灾难。这些说明了我们的主题，即某些现象的可视化与适定问题的解释或解决方案之间的联系。

纬度是相对于赤道的南北位置，在地球球面上有一个物理0点，而两极的常规范围为±90°。这很容易通过六分仪及其他用于测量太阳、月亮或特定恒星角度（偏角）的设备，以及几个世纪以来常见的位置表找到。经度，即东西位置，没有自然的0点，也就没有自然的参考点。按照这个划分，任何纬线上0—360°内的经线与地球24小时的自转（即每小时15°）相对应。

经度需要一种准确的方法来确定从你所在位置到某个固定参考点的时间差。例如，如果航海家知道托莱多的时间是下午3点，同时太阳到达当地天顶（当地正午），则可根据当地正午和托莱多之间这3小时的时间差计算出二者的经度差，即当地在托莱多以西45°。但航海家怎么能在海上知道托莱多的时间呢？可借助时钟和记录天体观测的书籍这两种解决方案。

最终的解决方案将被证明是一台航海计时器，其精确度足以在一个月的旅程中将时间精确到几秒钟。早在1530年，雷吉那·吉玛-弗里西斯（Reginer Gemma-Frisius, 1508—1555年）就给出了通过两个时钟之间的差来确定经度的理论描述。但这种方法一直不够准确，直到自学成才的英国钟表匠约翰·哈里森（John Harrison, 1693—1776年）制造了他的第一台海钟（H1），并于1736年通过了横跨大西洋的海上试航。

经度奖金

经度问题是如此重要，以至于很多欧洲国家都为"经度发现者"提供了丰厚的奖金。第一笔奖金由西班牙国王菲利普二世（King Philip II）于1567年提供。菲利普三世（Philip III）于1598年登上西班牙王位后，提供了6000杜卡特³的奖金和2000杜卡特的终身退休金。荷兰和法国也提供了类似奖励。英国议会于1714年设立了"经度奖"，总奖金超过10万英镑（奥康纳和罗伯逊，1997年）。这一奖项的直接刺激因素是1707年10月22日发生了有史以来最严重的海难之一，当时由英国海军上将克劳斯雷·希弗尔（Cloudsley Shovel）指挥的5艘舰船因雾驶入了锡利群岛而触礁，导致2000名水手丧生。范·朗格伦也决定在这一领域一试身手，一大笔奖金就要唾手可得。

在范·朗格伦的时代，经度问题的第二类解决方案依赖于天体观测，即通过太阳、月亮或其他恒星和行星的位置，以及天文"星历"表来推测所在经度，该表给出了这些位置在特定地点的时间。早在1514年，约翰内斯·沃纳（Johannes Werner, 1468—1522年）就提出了后来被称为月球距离法的方法：通过测量月球与某一恒星或太阳之间的角度来确定经度,并使用航海历书记录特定日期的那些位置和固定位置的时间。例如,在 1628 年 4 月 27 日范·朗格伦 30 岁生日那天,一位水手可能会在午夜测量出月亮和北极星之间的角度为 30.0°,然后,他可以在他的"阿方索星表"(Alfonsine Tables,有时拼写为 Alphonsine Tables)中查找,并得知这个事件将于晚上 10:30 在托莱多发生。没错!他的经度是托莱多以西 2.5 小时 ×15=37.5°。

这个问题的解决方案在陆地上实施很难,在海上就更难了,这是因为在海上,天体观测受到不断变化的运动的影响,更不用说在确定当地恶劣天气或云层覆盖的时间和时段方面的困难了。因此,它往往很容易出错。在接下来的 200 年里,试图通过天体观测和参考表解决经度难题而产生的问题是那个时代最优秀的天文学家和数学家关注的焦点,从伽利略 1612 年的木星卫星轨道表到埃德蒙·哈雷(Edmund Halley)1683 年月球"凌"各种恒星的记录。1750 年,托比亚斯·迈耶(Tobias Mayer)提出需要考虑观测到的月球运动中的小摄动("天平动")。50 年后,法国的阿德里安–马勒·勒让德尔(Adrien-Marie Legendre)和德国的卡尔·弗里德里希·高斯(Carl Friedrich Gauss)几乎同时正式提出了最小二乘法中受误差影响的结合观测问题,这是现代统计方法的起源。迈耶和高斯都因为他们的工作获得了英国经度委员会的小额奖励。

范·朗格伦的图表

考虑到经度问题,我们现在来研究范·朗格伦 1644 年的图表,如图 2.1 所示。该图表的最早版本出现在 1628 年 3 月左右给伊莎贝拉公主的一封信中（稍后讨论）。

看看这张图，我们会发现什么？在横轴上方，范·朗格伦以 0°—30° 的刻度标出了从托莱多到罗马经度距离的 12 个估计值，每个估计值都有一个标签，即进行该测定的人的名字。其中有克罗狄斯·托勒密、格拉尔杜斯·墨卡托（Gerardus Mercator）和第谷·布拉赫，代表了当时天文学和大地测量学领域最杰出的学者。真实的距离是 16.5°，但在 100 多年里，人们对这一值的认识并不准确。由于几个原因，这张图在数据可视化的历史上值得注意。

首先，对范·朗格伦来说，以表格的形式向西班牙宫廷递交这份报告是最容易的，表格上会显示姓名、年份、经度距离和地点，如表 2.1 所示。事实上，表格是当时记录观测数据的常见形式。此外，可

表 2.1 范·朗格伦可能用过的两张表

（a）按经度距离排序				（b）按先后顺序排序			
经度距离	姓名	年份	地点	年份	姓名	经度距离	地点
17.7	G. 伊安索尼乌斯	1605	弗兰德斯	150	C. 普托洛穆斯	27.7	埃及
19.6	G. 墨卡托	1567	弗兰德斯	1463	I. 雷吉奥蒙塔努斯	25.4	德国
20.8	I. 舍内鲁斯	1536	德国	1530	P. 兰茨贝吉乌斯	21.1	比利时
21.1	P. 兰茨贝吉乌斯	1530	比利时	1536	I. 舍内鲁斯	20.8	德国
21.5	T. 布拉赫	1578	丹麦	1542	奥罗修斯	26.0	法国
25.4	I. 雷吉奥蒙塔努斯	1463	德国	1567	G. 墨卡托	19.6	弗兰德斯
26.0	奥罗修斯	1542	法国	1567	C. 克拉维于斯	26.5	德国
26.5	C. 克拉维于斯	1567	德国	1578	T. 布拉赫	21.5	丹麦
27.7	C. 普托洛穆斯	150	埃及	1582	A. 马吉努斯	29.8	意大利
28.0	A. 阿格里乌斯	1610	意大利	1601	D. 奥古努斯	30.1	德国
29.8	A. 马吉努斯	1582	意大利	1605	G. 伊安索尼乌斯	17.7	弗兰德斯
30.1	D. 奥古努斯	1601	德国	1610	A. 阿格里乌斯	28.0	意大利

以排表以突出显示权威性（按姓名排序）、先后顺序（按年份排序）或值的范围（按经度距离排序）。

大约在同一时间（1634年），英国天文学家亨利·盖利布兰德（Henry Gellibrand）提出了对同一数量多次测定取平均值的想法。[4] 如果范·朗格伦知道并考虑到这一点，他可能也会计算出某种测量值（中值或平均值）——对12个单独的估计值进行某种处理而得到一个"最佳"值。但这不是他的目的。

只有用一张图才能直接告诉人们估计值彼此之间的巨大差异。最突出的特征是，值的范围涵盖了比例尺长度的近一半。从图2.1中还可以看出，范·朗格伦把范围的中心作为他的结论（可能先于盖利布兰德就采取取平均值这一举措），那里正好有个足够大的空隙，他可以在上面刻上"罗马"。

其次，范·朗格伦的图表是现代系统误差概念一个引人注目的视觉示例，这被称为统计估计值中的偏差。在图2.1中，真实经度距离是16.5°，偏差是从该点（16.5°）到"罗马"（23.5°）处的距离，即7°。如图2.4所示，通过在现代地图上叠加范·朗格伦的图表，可以更好

图2.4 叠加：将范·朗格伦1644年的图表，线性缩放并叠加在现代欧洲地图上，地图上用记号标出了托莱多和罗马

出自：谷歌地图；迈克尔·弗洛伦特·范·朗格伦，《海洋和陆地的真实经度》，安特卫普，1644年。（经比利时皇家图书馆许可转载。）

地理解这种偏差的大小：几乎所有以前的经度距离估计都与正确值相差甚远。事实上，他们将罗马置于从亚得里亚海到希腊或土耳其的任一位置。

最后，范·朗格伦的图表也是一个里程碑，是数据显示效果排序原则的最早已知范例（弗兰德利和奎恩，2003 年）：当排列信息以突出显示主要特征时，图表和表格最有效。在这种情况下，很明显，范·朗格伦的主要演示目标是展示最著名的天文学家和地理学家之间的巨大差异。因此，这张图更值得注意的是它关注观测的不确定性或可变性，这一主题直到大约 100 年后才受到重视。[5] 第一个图表确实"是正确的"。

然而，也可以公平地说，范·朗格伦可能并不认为他的图像是一种新的插图，这种我们现在称之为"图表"的东西。由于他在制图学方面的家庭背景，图 2.1 本质上是一维地图，其中水平维度反映了纬度的平行线，而点则反映了罗马相对于托莱多可能的经度位置。事实上，约翰·德莱尼（John Delaney，2012 年）在一本令人愉悦的书《先是 X，然后是 Y，现在是 Z》(First X, Then Y, Now Z) 中将专题地图的发展描述为是从地名的复杂性开始的（"X 标记地点"），例如，在为沿海岸航行的水手提供导航辅助的波多兰航海图中。

赞助和筹款

如表 2.1 所示，现在只需解释是什么让范·朗格伦考虑以带标签的点图形式而不是表格形式呈现这些信息。与那些有独立谋生手段、未受过大学教育的人不同，范·朗格伦不得不依靠赞助来维持工作和生计。通过父亲与后来成为西班牙荷兰总督的伊莎贝拉的关系，他在1626年左右获得了绘制几幅地图的委托，并将这些地图献给了她。显然，他也继承了他父亲的社交魅力。伊莎贝拉很快成了他的赞助人，到1628年，他获得了她的侄子菲利普四世国王（King Philip IV）皇家宇宙学家和数学家的任命，从此他每年将获得1200埃居（金杜卡特，约9.5磅[①]黄金），这显然是一笔可观的资金。迈克尔·范·朗格伦名利双收。

他很快就有了一个改进月球测量法的主意，以便能够更准确地测定经度，这将是他余生的主要目标。但他如何才能确保获得这种贡献的荣誉，以及随之而来的经济回报呢？他的第一次尝试是1628年3月给伊莎贝拉的一封信，信中包括后来在《海洋和陆地的真实经度》中所出现图表（图2.1）的第一版。他用华丽的辞藻阐述了以下几点。

- 资历：我是陛下的数学家，我的祖父和父亲是最先发明用于导航的地球仪的人。
- 问题：我研究了最重要的问题，即测定经度。
- 演示：您可以在我的图表中清楚地看到，即使是托莱多和罗马之间的经度也会有很大的误差。如果托莱多和罗马之间的经度差不能确定，那么请殿下考虑一下，西印度群岛和东印度群岛之间的经度差将是多少，相比之下，前两者之间的距离几乎不算什么。
- 请求：因此，授予我一项专利来解决这个问题，在专利中

[①] 1磅约0.45千克。——编者注

要求所有对这门技术感兴趣的人遵照请求者的指导，承诺将为航海带来诸多益处，且陛下和殿下因应允该信所载之技术请求将会被永远铭记，并特将这一专利献给最尊贵的殿下。

因此，他明确表示，绘制图表的目的是显示在测定两个相对知名的地点之间经度距离时的"无数误差"。从统计角度而言，他的演示目的是展示不确定性或可变性，而不是通过汇集数据获得的最佳估计。

就其意图而言，这封信可以被当作赞助请求三段论的经典例子。值得注意的是，从现代资助申请书的角度来看，这封信没有介绍方法，即说明他打算如何解决经度问题。也许是担心别人会抢他的风头或对他的方法要求优先权，他有意对细节保密。

唯奖是图

尽管范·朗格伦的第一次"资助申请"没有成功，但他在接下来的10年里坚持不懈，继续写信寻求菲利普四世议会各大臣的支持。每封信都附上他另一个版本的图表，声明它揭示了经度方面的"无数误差"，并声称他——国王陛下的数学家，发现了一些关于计算经度的"非常重要的秘密"，无论是在陆地上还是在海上均是如此。他在1633年的信中以"郑重请求"结尾：

在这方面，国王陛下为这种解决方案的发明者提供了丰厚的奖励，尤其是每年给路易斯·丰塞卡（Luis Fonseca）6000杜卡特，然后每年给胡安·阿里亚斯（Juan Arias）2000杜卡特，终身有效。因此，如果国王陛下向这位请求者提供了一项殿下认为合适的奖品保证，那么他（请求者）将把上述秘密报告给国王陛下，因为做出这项发明而没有得到任何奖励是实不至名不归。

范·朗格伦这次算是成功了，因为他得到了一些不为人所知但可观的报酬，即使没有透露他的"秘密"。

在1633年的信中，范·朗格伦充分关注他声称的对自己的方法具有优先权，他说："（鄙人）还恳请国王陛下不要受某些人可能提出的异议的影响，说我的发明早已有之而且众所周知。"1644年，他决定出版那些"秘密"，作品便是《海洋和陆地的真实经度》，后来引起了制图学历史学家的注意。[6] 但如果不充分揭示其方法的细节，他怎么能确定自己的优先权呢？

在那个年代，科学家通过用代码公布描述来声称某项发现的优先权，从而将其"公之于众"而不透露细节，这种情况并不罕见。例如，伽利略1610年借助他的第一台望远镜，以比他详细记载更快的速度发现了月球、木星和土星。7月25日，他在给开普勒（和其他人）的一封信中匆匆写下他最近发现的代码描述[7]：

sm ai sm rm il me po et al eu mi bu ne nu gt ta ui ra s

开普勒从未解开过这个简单的字谜，但伽利略后来指出，Altissimum planetam tergeminum observavi

它的意思是"我观测到的最远行星（土星）是一个三体系统"。

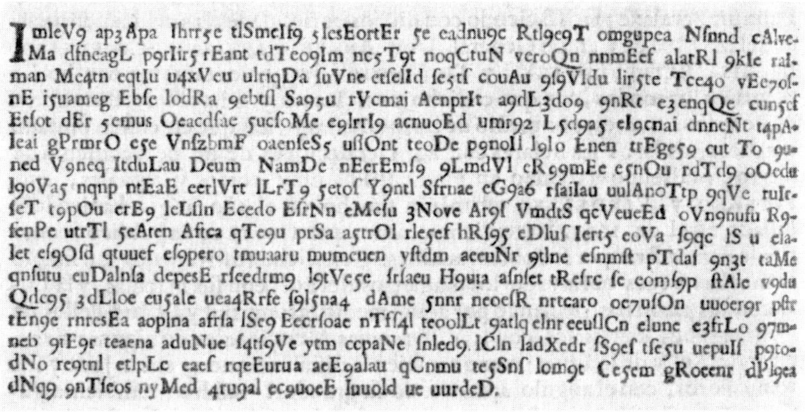

```
ImleV9 ap3Apa Ihrr5e tlSmelf9 5lesEortEr 5e ealnu9c Rtl9c9T omgupea Nfnnd cAlve-
Ma dfneagL p9rlir5 rEant tdTeo9lm ne5T9t noqCtuN vero Qn nnmEef alatRl 9kle ral-
man Mc4tn eqtlu u4xVeu ulrlqDa fuVne etfelld fe5fl couAu 9f9Vldu lir5te Tce4o vEe7of-
nE ifuameg Ebfe loIRa 9ebtfl Sa95u rVcmai Aenprlt a9dL3do9 9nRt e3enqQe cunfcf
Etfot dEr 5emus Oeacdfae 5ucfoMe e9lrrl9 acnuoEd umr92 L5d9a5 el9cnai dnncNt tapA-
leai gPrmrO e5e VnfzbmF oaenfeS5 uflOnt teoDe p9noll l9lo Enen trEge59 cut To 9u-
ned V9neq ItduLau Deum NamDe nEerEmf9 9LmdVl cR99mEe e5nOu rdTd9 oOcdu
l9oVa5 nqnp ntEaE eerlVrt lLrT9 5etof Y9ntl Sfrnae eG9a6 rfailau uulAnoTtp 9qVe rulr-
feT t9pOu etrE9 leLfln Ecedo EfrNn eMefu 3Nove Ar9l VmdtS qcVeueEd oVn9nufu R9-
fenPe utrTl 5eAten Aftca qTe9u prSa a5trOl rle5ef hRf95 eDlufI lertf coVa f9qc lS u cia-
let ef9Ofd qtuuef ef9pero tmuaaru mumcuen vftdm aceuNr 9tlne efnmft pTdal 9n3t taMe
qnfutu euDalnfa depesE rfeedtrm9 l9tVe5e frlaeu H9u1a afnfet tRefre fe comf9p ftAle v9da
Qdc95 3dLloe eu5ale uea4Rrfe f9l5na4 dAme 5nnr neoefR ntrearo oc7ufOn uuoer9r pftr
ntrefEa aopina afrfa lSe9 Eecrfoae nTffgl teoolLt 9atlq elnr eeuflCn elune e3frLo 97m-
neb 9tE9r teaena aduNue f4tf9Ve ytm ecpaNe fnled9. lCln ladXedr fS9ef tfe5u uepuff p9to-
dNo re9tnl etlpLc eaef rqeEurua aeEgalau qCnmu tefSnf lom9t Ce5em gRocenr dPl9ea
dNq9 9nTfeos nyMed 4rugal ec9uoeE Inuold ue uurdeD.
```

图 2.5 密码：范·朗格伦对其经度问题解决方案的密文描述（这个密码从未被破解）

出自：M. F. 范·朗格伦，《海洋和陆地的真实经度》，安特卫普，1644 年。

这指的是他观察到的土星的奇特形状，后来被克里斯蒂安·惠更斯更准确地描述为土星环。

范·朗格伦采用了类似的策略来发表他的观点，但对其保密。他在《海洋和陆地的真实经度》（第 6 页）中写道：

> 范·朗格伦于 1621 年开始利用月球研究海洋和陆地的经度。1625 年，他将计算经度的方法及发现的第二种方法（后来用黑体字母书写）告知了伊莎贝拉公主，这是从伊莎贝拉公主同年写给国王陛下的信中得知的。

"黑体字母"是他插入的密文，如图 2.5 所示。2009 年，该文本作为挑战被发送给多位业余和专业密码破解者。但到目前为止，还没有人破解这条信息，部分原因在于它是用古西班牙语写就，而且同时使用了字母和数字，而密码的一般形成方式——替换、换位、变位词，也是其至今仍无法破解的原因所在。

经度的"秘密"

虽然范·朗格伦的密码仍未破译，但他在其书信和《海洋和陆地的真实经度》中提到的"秘密"可以从他的其他作品中推断出来。最基本的想法是利用月球的可识别特征，而不仅仅是它在天空中的位置，来提供更精确的天文钟。通过可识别的月球山峰和陨石坑对日出或日落的时间计时，人们就会有一组几乎连续的参考事件，据此可以准确地测定当地时间。

要使这一想法在测定海上经度方面切实可行，需要做两件事。首先，需要一个精确的月球仪或一套标有山峰、陨石坑和其他月球特征的地图，以便人们能够轻松识别它们。其次，需要一组星历表，记录月球周期中日出（变亮）和日落（变暗）事件的标准时间。

有了西班牙宫廷的薪水和职位，范·朗格伦制定了计划，准备绘制多张月球地图和图表，并编写一份"用户指南"，其中包括根据他打算编目的月球特征观测结果来计算经度的说明。由于他将是第一个全面绘制月球特征的人，因此他提议"将月球上雄伟的山脉和岛屿以杰出人物的名字命名"，此事显然令菲利普国王高兴，因为他和伊莎贝拉公主，将在范·朗格伦的命名中多次出现。范·朗格伦的第一张月球地图，题为《满月——敬尊奥地利的菲利普之名》（*Plenilunii Lumina Austriaca Philippica*），献给了菲利普国王，标明了他为月球特征指定的325个地形名称。

范·朗格伦从未完成准确描述其月球地图如何使用的手册和表格。此外,虽然他基于详细月球地图的经度测定方案理论上确实比以前的月球方法能达到的精度更高,但月球山峰变亮或消失相对缓慢的速度对这种方法可以达到的精度有严格的限制。可以肯定的是,这比每天观察一两次要好得多,但并不能与后来使用可靠的航海天文钟所达到的精度相提并论。尽管如此,他是第一个绘制出月面整体图的人,他自己为朗格林诺斯(Langrenus)陨石坑所取的地名,以及他所取的其他名字中有大约一半流传至今。

范·朗格伦的遗产

如今,迈克尔·弗洛伦特·范·朗格伦对月面学(绘制月球特征)的贡献比他在当时解决经度问题或对数据图形发展的贡献更出名。

然而,我们希望读者能同意,他发明的一维点图即使在今天也是恒星(或月球?)清晰视觉呈现的例子——早在观测不确定性,甚至是沿轴标出经验数据值的想法被考虑之前就出现了。

范·朗格伦的个人生活也很神秘:没有他的肖像,也没有关于他的家庭生活或墓地的信息。最近的研究[8]揭示了大量的新细节:迈克尔娶了珍妮·德·昆泰尔(Jeanne de Quantere),他们在1626—1635年间育有4个孩子。29岁时,他还与珍妮特·范·戴恩兹(Jeanette van Deynze)有了一个私生女,他于1657年承认了这个私生女,给了她合法身份。我们现在从沃特斯(1891年,1892年)那里得知,迈克尔在1675年5月初离世,并于5月9日被安葬在布鲁塞尔的圣母院教堂。然而,到了1890年,那里已经没有埋葬他的痕迹了。

第 3 章

数据的诞生

在 1860 年左右最早出版的食谱中,其中一本的作者伊莎贝拉·比顿(Isabella Beeton)夫人记录了她的炖兔肉食谱,并附有以下说明:"首先,抓一只兔子。"因此,数据图形有先见之明的早期"食谱"也可能已经有了,"首先,获取一些数据。"食谱的第二步可能是,"现在,让它变得有意义!"

稍晚(1891 年),阿瑟·柯南·道尔(Arthur Conan Doyle)让夏洛克·福尔摩斯在《波希米亚丑闻》(*Scandal in Bohemia*)中宣称:"在没有事实作为参考之前就妄下结论是个很可怕的错误。感觉不正确的人总是用事实去套自己固有的猜测,而不是反其道行之。"这些普遍的想法为本章设定了一个主题:将观察之间的联系量化为"数据",以及将基于这些观察所提供证据的结论,通过图表表现出来,以促进发现和交流。

通过观察和经验而不是内在思维来获取知识的想法,在西方传统中始于亚里士多德的观点,即所有的知识都来自我们的感官经验:我们关于**苹果**或**树**的概念是慢慢通过与例子的无数佐证而获得的,我们从这些例子中了解到本质特征。亚里士多德将这一想法形象地比喻为:人类思想是一块白板(tabula rasa),经验在上面留下标记。

但直到17、18世纪英国经验主义(约翰·洛克、乔治·伯克利和大卫·休谟)的兴起和理性时代的开始,这一思想才真正得到支持。在某种程度上,先前经验数据的缺乏解释了从17世纪早期范·朗格伦的统计图到1780—1840年图解法爆炸式发展中各创新之间的差距,如图2.3所示。

在这段时间里,针对天文学(地球"形状"、行星轨道)、政治经济学(新市场、贸易平衡)和社会因素(识字率、犯罪)等重要问题,系统而广泛的数据收集有了稳步发展。这些领域和其他领域为比顿夫人的图表食谱提供了基本材料:就像因对美食的饥渴或恰好处于饥饿状态,加上正好有兔子而产生了炖兔肉食谱一样,重要的科学问题也推动了经验数据的收集,以便提炼概念或检验相互矛盾的观点。

从明确定义的问题开始,仔细观察,然后提出假设并评估支持及反对的证据强度的一般原则被称为**科学方法**。本章追溯了数据在19世纪早期图解法最初兴起时的作用,这个时代可以被称为数据时代,提供了当时的"大数据"。数据"厨房"里当然有很多"主厨"和"副主厨",我们会介绍他们的贡献。我们把注意力集中在这个故事的一个重要参与者身上:安德烈-米歇尔·盖里。他用"大量的数据"和图解法帮助发明了现代社会科学。

在这一时期,广泛的数据收集为图解法的发展创造了环境,为了理解这一时期的新事物,区分仅仅是数字记录和所谓的"证据"是有用的，在这种情况下，数字集合被用来联系一个想法、目标或假设与一些结论、论点或预测。

早期数字记录

可以称之为"数据"的数字记录（在宽泛的定义下）可以追溯到古代。在阿斯旺大坝建造之前的7000年里，人们在尼罗河沿岸生活和耕作。一个早期且有据可查的来源，是记录尼罗河泛滥的时间和水位高度，埃及至今仍在泛滥节（从8月15日开始，为期两周）庆祝这一事件。当希罗多德（Herodotus）开始撰写关于埃及和尼罗河的文章时（约公元前450年），埃及人知道他们的繁荣依赖于尼罗河每年的泛滥，他们记录尼罗河的高水位线已经有3000多年历史了。1951年，波普尔（Popper）展现了公元622—1922年间尼罗河洪水水位的时间序列，历时13个世纪，这可能是有记录以来最长的时间序列。

然而，我们不应该将这看作任何排序形式的证据，因为过去几年发生的事情不可能被简单认为是数字的汇总集合，你也无法用它来做任何更普遍有效的事情。如果你是依赖尼罗河的农民，那么你可能知道去年大约一年的洪灾日期和相应水位。但这对决定何时种植或5年后是否能买得起另一头牛只有很小的帮助。历史记录虽然很详尽，但仅包括通过近期的"特写镜头"看到的单个数字的集合。当然，那时没有人想过要制作一张高水位随时间变化的图表，或尝试根据过去10年的平均水位来推测下一个10年可能出现的水位。

另一个极其详细的古老数字记录来源是所谓的星历表（源自拉丁语和希腊语，意为"日记"或"日历"），它以固定的日期和时间间隔，给出特定地理位置天体（月亮、恒星和行星）在天空中的位置。1252年1月加冕后，卡斯蒂利亚国王阿方索十世（King Alfonso X）委托编制了一套更准确、更详细的新表格，即"阿方索星表"，提供用于计算太阳、月亮和行星相对于固定恒星的位置数据（见图3.1）。首次印刷版本直到1483年才出现。

1543年，尼古拉斯·哥白尼利用这些数据和其他资料，创立了太阳系日心说。不久之后，伊拉斯谟·赖因霍尔德（Erasmus Reinhold）于1551年发表了他的"普鲁坦表"（Prutenic Tables），他将之献给了他的赞助人普鲁士公爵阿尔贝一世（Albert I）。几十年后（1627年），约翰内斯·开普勒发表了"鲁道夫表"[Rudolphine Tables，献给神圣罗马帝国皇帝鲁道夫二世（Rudolph II）]，这将为开普勒发现行星运动定律提供依据。范·朗格伦使用这些和其他来源编辑其图表（见图2.1）中绘制的数据，而其"经度的秘密"的目的是编辑类似的表格，提供月球上山脉和陨石坑的日出和日落观测结果。

然而，尽管进行了所有这些活动，我们仍然不愿意将这些数字集合称为本文所指的严格意义上的证据，这是因为，就像尼罗河洪水的数据一样，很少有人认为除了查找历史记录或根据孤立的数字进行本地计算之外，还能将它们用于其他目的。托莱多月亮升起时间的个别观测或第谷·布拉赫和其他天文学家记录北极星或参宿四在不同日期的高度，当然对导航和构建行星运动理论很有用，但它们还不是现代意义上的纯粹数据证据。

1601年，开普勒获得了第谷·布拉赫在丹麦赫文岛天文台记录的行星和恒星天体位置的详细目录。布拉赫的观测是如此精确，以至于开普勒能够准确计算出火星的轨道，足以区分圆、抛物线和椭圆。到

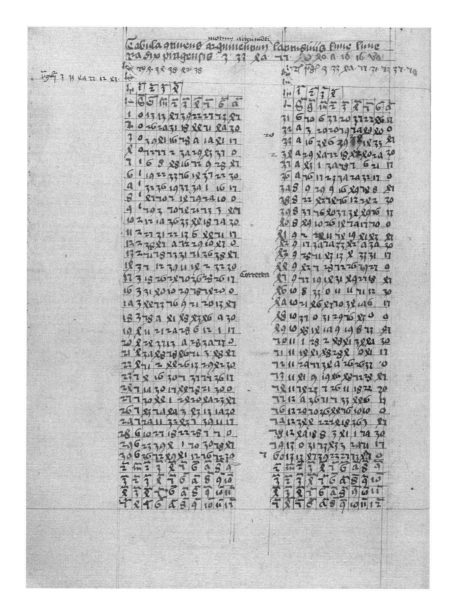

图 3.1 "阿方索星表":其中的一页,给出了天体事件的观测时间

出自:宾夕法尼亚大学图书馆基斯拉克特色典藏、珍本书籍与手稿中心(Kislak Center for Special Collections, Rare Books and Manuscripts),LJS 174。

1609年，他能够陈述其三条运动定律中的第一条："每颗行星的轨道都是一个椭圆，太阳在中心。"这些观测结果几乎就是现代意义上的数据。

政治算术

1662年，当伦敦商人约翰·格朗特发表《基于伦敦死亡登记的自然和政治观察》时，人们第一次真正意识到并广泛认识到数据的用途可以更大、更普遍。在这部作品中，他根据官方的出生和死亡记录，首次对伦敦人口进行了统计估计，并提供了寿命表，给出了每个年龄的存活人数。他和他的朋友威廉·佩蒂（William Petty, 1623—1687年）一起提出了一个想法，即人口数字（后来被称为人口统计学）可以用于国家的各方面，包括税收和如何组建军队，还可用于经济目的，像如何给寿险年金估值或为保单定价。《基于伦敦死亡登记的自然和政治观察》还给出了死因的大致分类，因此格朗特可以证明，慢性病导致的死亡人数超过了瘟疫和其他流行病导致的死亡人数，而瘟疫和流行病在当时引起了极大的恐慌。

我们认为这一事件是"数据"作为我们现代意义上经验证据的诞生：数字事实开始不再被视为单个元素（可以用来查找、比较，甚至计算），而是被视为一个**整体**的组成元素，即为支持或驳斥某些更大目的而组织起来的类似数字集合的组成元素。这一事件也是"社会数字"研究的开端，"社会数字"是人类社会中个体数字特征的总和。

但威廉·佩蒂是充分意识到这些数据用途的人。佩蒂生于伦敦的一个布商家庭，出身卑微，1650年成为牛津大学的解剖学教授，1652年成为爱尔兰奥利弗·克伦威尔（Oliver Cromwell）军队的首席医师，1660年被任命为英国皇家学会的创始会员，一年后被查理二世（Charles II）封为爵士。

如果说格朗特提出了数据作为证据的概念，那么也可以说佩蒂发明了1685—1690年各种著作中的数据分析，他称之为"政治算术"。它基于店主众所周知的简单想法，即用有关的总数和 $a:b=c:d?$ "三法则"来做比例比较，从而使原始数字标准化。由此可以根据其他数字计算出所需的那项数字。例如，考虑到今年(a)和去年(b)售出的套装数量，以及去年售出的帽子数量(c)，可以计算今年可能售出多少帽子(d)。人们还可以继续这种计算，以查看销售额逐年的变化情况。

因此，政治算术家首先能够为时间、年龄、地理区域和其他类别的比较建立一个合理的基础。在《政治算术》（Political Arithmetic，约1676年完稿，1690年出版）中，佩蒂将这些想法应用于制造业、农业，以及经济和公共生活其他方面的研究，只要他能得到一些数字就行。这些发展通常被认为是我们现在所说的统计学的诞生，尽管这个术语（statistik，意思是"国家的数字"）直到1749年才由戈特弗里德·阿亨瓦尔（Gottfried Achenwall）提出。正是在这些发展中，我们才有了现代意义上的"数据"概念。

人类性别比

《基于伦敦死亡登记的自然和政治观察》作为命题证据，在数字史上带来了一些意义更大、更普遍的东西。格朗特的数据基于教区的洗礼和死亡记录，几乎每周记录一次，并且至少有一点点一致性。1710年，苏格兰大臣、安妮女王的内科医生约翰·阿巴斯诺特（John Arbuthnot，

1667—1735 年）根据这些记录计算了 1629—1710 年出生的男女比例。他惊讶地发现，这一比率总是大于 1（见图 3.2），即使只是略大于 1。如果男性和女性出生的概率相等，那么这个结果就像抛 82 枚硬币，每次结果都是正面，其概率是 $(\frac{1}{2})^{82} = 2 \times 10^{-25}$，一个非常小的数字。

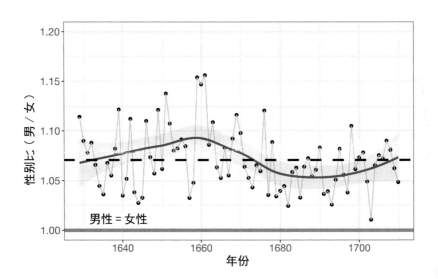

图 3.2　性别比：阿巴斯诺特关于男女出生比例的数据

注：平均比率为 1.07，由虚线表示，与实线 1.0 相比；折线通过点显示平滑（局部加权回归）曲线，带阴影置信区间。（本书作者提供。）

阿巴斯诺特使用这种明显合理的规律性来论证是上帝的旨意而非巧合决定了人类性别比。[1] 他的论证也许是概率在社会统计中的第一次应用，这可以被认为是统计假设第一个正式的显著性检验。

他的结论是错误的，男性数量较多至少现在可以部分归因于出生前女性胎儿死亡率较高，更不用说在出生和洗礼之间可能存在的致死因素。[2] 然而，一组数字最终被转化为论证的证据，阿巴斯诺特为如何衡量证据的强度提出了初步设想。

格朗特的数据后来促进了皮埃尔-西蒙·拉普拉斯（Pierre-Simon Laplace, 1749—1827 年）的**逆概率论**（现在称为贝叶斯理论）的发展，根据该理论，假设的后验概率可以从一系列观察值中计算出来，从而给出已知事件的最可能原因。为了获得足够大的数据库，拉普拉斯利用格朗特在伦敦收集的数据和在巴黎收集的类似数据，转而研究性别比问题。在 1774—1786 年发表的几篇论文中，他为"生男孩的概率几乎肯定大于 1/2"这一结论建立了理论基础，并将他的确信程度表述为打赌：未来 179 年巴黎的男孩数量将超过女孩，未来 8605 年伦敦的男孩数量将超过女孩。这就是数字和理论的力量。

这一证据非常有力，证明了偏向于生男孩的系统小偏见，以至于阿巴斯诺特和拉普拉斯都认为，没有必要制作如图 3.2 所示的图表。然而，这种图表是非常有力的视觉证据，可能会使基于数字计算的证明变得不必要。

数据故事的下一步是将数字与视觉显示联系起来，作为对支持或反对理论及假设的证据推理的辅助。这一步很快就会到来，但它需要更多关于重要社会问题的数据。

数字雪崩

到 18 世纪中期，人们认识到测量和分析人口分布的重要性，并确立了伦理和国家政策可以通过人口增长来增加财富的观点，最著名的观点由约翰·彼得·苏斯姆尔奇（Johann Peter Süssmilch, 1707—1771 年）于 1741 年提出。苏斯姆尔奇主张扩大政府对人口统计数据的收集，并指出性别比几乎不变,男性更占优势,这是官方数据中规律性的一个例证。他被认为是人口统计学的创始人之一,也是人口统计史上的先驱。然而,仍然缺乏关于人口社会特征的数据。

这种情况很快就会改变。**广泛**系统地收集社会数据的第一次推动力出现在法国,从法国大革命到1814年拿破仑倒台,一直持续到1830年7月结束的波旁王朝复辟。这一时期出现了大范围的通货膨胀、失业和动荡。巴黎人口急剧增长,食物和住房短缺,同时犯罪率大幅上升,从巴黎媒体对犯罪的报道就可以看出这种趋势,而这要归因于一个危险的新轻罪犯阶层[舍瓦利耶(Chevalier),1958年]。

犯罪并不是唯一的社会问题。英国的《济贫法》把穷人送进济贫院,把债务人送进救济院或监狱。贫穷的状况被称为**赤贫**,这是一个奇特的英语术语,把贫穷比作一种疾病或慢性病。自杀成为英法两国的问题,在此之前,乔治·伯罗斯(George Burrows)指出,1813年,巴黎有141起自杀事件,而伦敦只有35起;塞纳河有243起溺水事件,而泰晤士河有101起,他认为其中大多数都是"自愿死亡"。[3]

在大众媒体、期刊和学术团体中,关于囚犯待遇的争论很多。和现在一样,当时有两种关于刑事司法政策的基本思想流派:自由**慈善**派主张将加强常识教育、宗教教育和改善饮食(面包和**汤**)、监狱条件作为减少犯罪和降低再犯率的手段;强硬的保守派害怕监狱改革的尝试,怀疑公共教育运动的有效性,并强烈质疑(如果不是震惊的话)放弃对罪犯严厉惩罚的建议。为支持自由慈善派持有的这种纸上谈兵的建议而收集的证据零碎且有限,而且往往是特殊的,比如伦敦或巴黎一起耸人听闻的谋杀案重新引发了人们对该问题的关注。

从1821年开始,直至生命的最后阶段,数学家让·巴普蒂斯·约瑟夫·傅里叶（Jean Baptiste Joseph Fourier, 1768—1830 年）每年都会指导出版《巴黎市和塞纳省统计研究》（*Recherches statistiques sur la ville de Paris et le départment de la Seine*）。因此，巴黎关于这些问题的令人满意的数据多了起来。这些统计册详细介绍了出生、婚姻和死亡，同时它们也提供了巴黎精神病院住院者的大量表格和详细信息，包括自杀的动机和原因。

以傅里叶的表格为模型，法国司法部于 1825 年设立了第一个集中全国犯罪报告系统，每季度从法国各省收集数据。它要求记录法国法院提出的每一项刑事指控的细节：被告的年龄、性别和职业，指控的性质，以及法庭的判决。这些数据的年度统计出版物，被称为《法国司法犯罪管理》（*Compte général de l'administration de la justice criminelle en France*），在司法部刑事事务主任雅克·盖里·德·尚纳夫（Jacques Guerry de Champneuf）的倡议下，于 1827 年开始出版。

在同一时期，人们从其他来源获得了关于道德和其他社会变量的大量数据：关于巴黎的年龄分布和移民的数据始于 1817 年的人口普查；亚历山大·帕朗-杜查泰莱（Alexandre Parent-Duchâtelet, 1836 年）按年份和出生地提供了巴黎妓女的全面数据；陆军部开始记录关于新兵读写能力的数据；1820—1830 年，法国财政部的各种公告中提供了法国省份有关财富（用税收表示）、行业（用专利申请表示），甚至皇家彩票投注的信息。

因此，比顿夫人食谱的第一步是通过伊恩·哈金（Ian Hacking）[4] 正确地称之为"数字雪崩"的算法来实现的。仍然有人试图从这些全面的数据和详细的分析中，理解有关犯罪原因和各道德变量之间相互矛盾的说法。

在最初的一些工作中，将 1825—1827 年法国司法犯罪管理的犯罪数据与人口普查的数据相结合，为法国 81 个省的每宗犯罪（提供标准化的人口测量一名罪犯对应的居民人数）。作为一种衡量识字率的指标，学校教学数据是基于法国 26 个学区的小学男生人数，也以每名学生对应的居民人数为基础。这些已经建立了可靠的基础来比较社会数字随时间和地理空间的变化，但为了得出可信的结论，仍然需要将这些数据和原因可视化。

绘制社会数据

在地图上显示定量数据（现在称为专题地图学）的想法由来已久。[5] 一个早期的例子，通常被认为是第一张经济数据专题地图[6]，是由德国经济学家奥古斯特·弗里德里希·威廉·克罗姆（August Friedrich Wilhelm Crome, 1753—1833 年）绘制的《欧洲新地图》（*Neue Carte Von Europa*，1782 年）[7]。克罗姆使用了各种标志性符号来展示 56 种商品：金、银、牛、鱼、烟草等。然而，尽管这是基于地图的数据显示的一个重要里程碑，但它并没有"与眼睛对话"。换句话说，人们可以查看葡萄酒的产地，但看不到任何图案，也无法将这些点联系起来，以了解葡萄酒品种与地形或气候的任何联系。

在可视化和理解基于地图数据的重要一步中，查尔斯·迪潘（Charles Dupin, 1784—1873 年）男爵提出了在法国地图上用不同层次的阴影来表现教学水平（按省划分的小学男生比例）的想法。他在 1826 年的地图中使用了从白到黑的渐变阴影，阴影变深代表文盲或无知程度的增加，这是现今已知的第一个被称为**地区分布**图的例子。

差别立刻一目了然，从布列塔尼到日内瓦①的一条对角线将受教育程度较低的法国南部与受教育程度较高的北部区分开来，多年来，人们一直在讨论这种**愚昧法国**与**开明法国**的区别。第一张现代统计地图的这项发明是一场真正的图形革命的起点，这场革命很快就会影响到对社会问题进行比较分析的更普遍的社会制图学。

有了这么多的数据，现在就可以直接避免关于犯罪与其他变量关系的"扶手椅哲学"②了。1829年，在司法部工作的年轻律师安德烈－米歇尔·盖里与威尼斯地理学家安东尼奥·巴尔比（Antonio Balbi）合作绘制了第一张犯罪数据统计地图（见图3.3）。

相关性的概念要再过60年才会被发现（弗朗西斯·高尔顿在1886年提出），所以盖里和巴尔比做了一件当时社会发展支持他们能做到的最好的事：他们在一张大纸上绘制了教学、人身犯罪和财产犯罪的地图。这是统计图形的又一创世之作。塔夫特[8]将这个想法称为"小倍数"，这是因为它允许对相关数据集进行**直接**的视觉比较，这些数据集通常是在同一展示中相邻呈现的子集。这样做的目的是"直观地比较变化、对象之间的差异和可选方案的范围"[9]。

图3.3中的地图令自由派和保守派阵营都感到惊讶，因为它们远远超出了理性主义"扶手椅哲学"的范畴，并且与各自的观点相矛盾。比较地图显示：（1）人身犯罪和财产犯罪总体上似乎呈负相关，但在更为偏远的地区两者往往都较高；（2）法国北部和南部在教学方面的明确分界线甚至比迪潘地图上的更明显；（3）虽然法国北部的教育水平最高，但那里的财产犯罪率也很高。这张地图至少表明"犯罪"不

---

① 现属瑞士。——编者注
② 扶手椅哲学，即主要通过思考、讨论和写作来做哲学的传统方法。——编者注

能被认为是单一的概念,并证明了使用合理呈现的详细数据来指导关于犯罪和教育关系的辩论的重要性。

随着"道德统计学"研究的普遍化及其研究范围逐渐扩大,法国、荷兰、英国和欧洲其他地方很快将这种图解法应用于社会领域的其他方面。

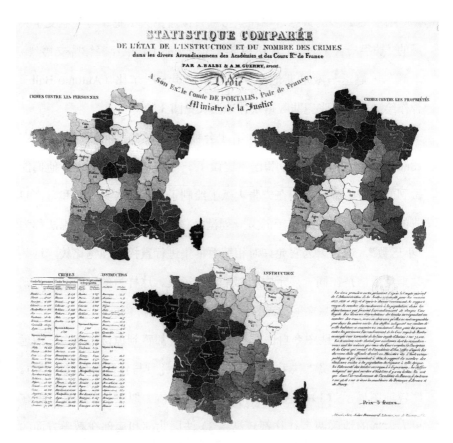

图 3.3 第一张对比阴影图:盖里和巴尔比 1829 年的《教育程度和犯罪数量的统计比较》(*Statistique comparée de l'étatde l'instruction et du nombre des crimes*)

注:左上阴影图,人身犯罪;右上阴影图,财产犯罪;正中间下阴影图,教育水平。在每张地图上,各省都有阴影,颜色越暗情况越糟糕(犯罪率越高,教育程度越低)。

出自:经法国国家图书馆许可转载。

这些阴影地图涉及教育、犯罪、乞讨、卖淫、贫困（"赤贫"）、自杀和其他社会问题。例如，亚历山大·帕朗－杜查泰莱（1836年）展示了12200名巴黎妓女按法国省份和巴黎行政区划分的出生地分布情况。在荷兰，哈尔托赫·萨默豪森（Hartog Somerhausen, 1829年）将迪潘的方法应用于描述荷兰的教育情况。比顿夫人食谱中的"图形配料"终于放进锅里了。

图形细节很重要

然而，正如烹饪一样，细节也很重要：香料不对可能会毁掉炖菜。在绘制数据时，不同的方法或图形特征，会使从相同数据中感知并理解关系或比较变得更容易或更难。

在迪潘之后不久，阿尔芒·弗雷尔·德·蒙蒂松（Armand Frère de Montizon, 1830年）发明了另一种使用点符号的制图方法：法国的人口按省份显示，地图上使用圆点来代表一定数量的人口，如1个圆点表示10000人。他称其为"哲学地图"，因为他希望将人口与"国家的德智体状况"联系起来。然而，他的地图并没有达到他想要的视觉效果，图像看起来各处都很均匀，因为非常小的点和观察尺度（按省份）使得空间变化不太明显。

这种点图后来在显示与大规模流行病相关的病例或死亡时引起关注，通常是在城市环境中。[10]最著名的例子是约翰·斯诺医生1855年的地图，该地图显示了伦敦社区霍乱的影响，以及死亡与可能的感染源之间，即宽街的公共水井的联系。斯诺的地图在流行病学史上占有重要地位，这是因为它首次以可视化的方式将疾病暴发与可能的原因联系起来——宽街水井周围的病例群。我们将在第 4 章更详细地讨论这一主题。

稍晚些时候（1836 年），阿道夫·凯特尔（Adolphe Quetelet，1796—1874 年）在一张纸上展示了两张法国财产犯罪和人身犯罪的比较地图。凯特尔还介绍了另一种方法来显示道德变量的地理变化：使用跨越内部边界的连续阴影，而不是每个省单独的阴影。他所绘成的地图，如图 3.4 所示，可能在视觉上很吸引人，但我们发现它们不像盖里的地区分布图那样容易比较并得出结论。

直到今天，人们仍在不断争论并完善这些专题地图的图形变化。它们的历史重要性在于建立了数据、图像（地图）和科学问题之间的联系。

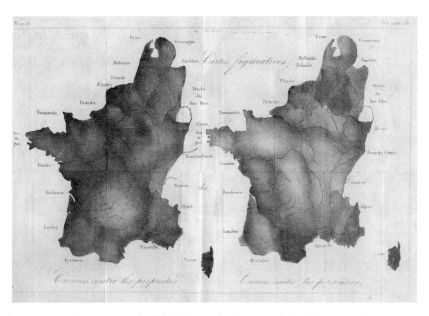

图 3.4　凯特尔（1836 年）的犯罪地图：财产犯罪（左），人身犯罪（右）
出自：经普林斯顿大学图书馆历史地图集许可转载。

然后，人们可以尝试通过图形显示来研究探讨紧迫的社会问题。因此，数据已成为在图表中显示的证据。

稳定性和变动性

数据时代的下一次突破发生在巴尔比和盖里最初的比较地图之后仅仅3年。1832年7月2日，盖里向法国科学院提交了一份薄薄的手稿，题为《法国道德统计论文集》（*Essai sur la statistique morality de la France*，以下简称《论文集》）。在这份手稿中，他收集了1825—1830年关于犯罪、自杀、读写能力和其他道德变量的可用数据，并使用比例表和地图来分析这些社会问题。

他的方法很简单，他将犯罪和自杀的相对频率（百分比）制成表格，按地理区域、年龄、性别、犯罪类型或自杀方式，以及一年中的月份或季节，对每一年的可用数据进行细分。部分样本结果如表3.1和表3.2所示。

他的数据可视化处理，即使是以表格形式呈现，也立即能令人信服：不管如何细分这些数据，犯罪率（和自杀率）随时间的变化仍然非常稳定，但随地区、被指控者的性别、犯罪类型，甚至一年中的季节而系统地变化。在法国任何一个省或地区，居民偷窃、猥亵、未婚生育等行为的比例几乎都是相同的。

这种稳定性（相对于无关紧要的因素，如年份）和变动性（相对于应该有关系的变量，如犯罪类型）的结合产生了社会事实类法律行为的概念。这些结果促使盖里提出疑问：犯罪和其他道德变量是否只是个人行为的标志，或者说人类在社会中的行为是否受到社会规律的

表 3.1　盖里的表格（1833 年，第 11 页），按几个特征显示了犯罪百分比（多年来，这一百分比一直相当稳定）

年　份	性别（所有指控）/（%）		年龄（偷窃指控）/（%）		犯罪类型（夏季）/（%）	
	男性	女性	16—25	25—35	猥亵侵犯	袭击和殴打
1826	79	21	37	31	—	—
1827	79	21	35	32	36	28
1828	78	22	38	30	36	27
1829	77	23	37	31	35	27
1830	78	22	37	32	38	27
平　均　值	78	22	37	31	36	28

表 3.2　盖里的表格（1833 年，第 10 页），按年份和法国地区显示财产犯罪的百分比

年　份	地区（财产犯罪）/（%）					
	北部	西部	东部	中部	南部	汇总
1825	41	17	18	12	12	100
1826	42	19	16	12	11	100
1827	42	19	17	11	11	100
1828	43	17	16	12	12	100
1829	44	17	14	13	12	100
1830	44	17	15	13	11	100
平　均　值	42	18	16	13	12	100

支配，就像无生命的物体受到物理世界规律的支配一样？这一提问具有革命性。他表示："每年在同一地区都会发生相同数量、相同程度的犯罪……我们不得不承认，道德秩序的事实与物理秩序的事实一样，受制于不变的规律。"（盖里，1833 年，第 10、14 页）

顺便说一句，我们注意到阿道夫·凯特尔在 1831 年发表了一篇关于犯罪倾向发展的论文，他在论文中有类似的分析，将犯罪与各种社会因素联系起来。这引发了一场在社会数据中发现合理性的优先权之争[11]。我们在这里强调了盖里的贡献，他远没有那么出名，但他使数据分析、图形显示和视觉解释的想法有了进一步发展。

寻求解释、原因和关系

盖里 1833 年的《论文集》中有很多表格，列出了按被告特征分类的人身犯罪和财产犯罪、按等级分列的男女犯罪各亚类的频率（男性最常见的个人犯罪是袭击和殴打，女性则是杀害婴儿，通常是意外怀孕所致），以及按年龄组划分的犯罪频率。除了简单的描述外，盖里还根据法庭记录中记载的明显动机对投毒、误杀、谋杀和纵火罪进行了分类。例如，在投毒案中，动机最多的是通奸；在谋杀案中，动机最多的是仇恨或复仇。这是理解和解释犯罪行为的关键一步，它表明需要以新的方式研究道德变量之间的关系。

在盖里对自杀的分析中，这种对动机和原因的探究最明显且最深刻，这在医学界（认为这与疯狂和其他疾病有关）和法律界（考虑这是否属于犯罪，或者至少在司法部的权限范围内）都是争论不休的话题。"了解这些原因对于彼此的频率和重要性很有用。除此之外，有必要确定它们的影响是否……因年龄、性别、教育程度、财富或社会地位而不同。"

为此，盖里进行了也许是社会科学中的第一次内容分析，将巴黎的遗书根据自杀动机或情绪进行分类。[12] 但令他恼火的是，尽管整个法国当时已规定要详细记录犯罪，但在巴黎以外的地方只记录了自杀的总数，没有更详细的信息。1836年，他开始为司法部创建一个系统，要求当地警方记录自杀的所有细节（年龄、性别、婚姻状况、社会阶层或职业、读写能力、品德等）。在他的余生中，他亲自检查整理了1836—1860年[13]收集的超过85000份自杀记录，并试图根据各种潜在的自杀原因和推测的自杀动机将其制成表格。

《论文集》还包含一系列条形图，突出了某些比较：人身犯罪最常发生在夏季，而财产犯罪在冬季最常见；年轻男性自杀最常使用手枪，而年长男性更倾向于上吊（见图3.5）。这些简单的图表表明，犯罪和自杀比以前想象的要微妙得多；要理解它们，就需要同时考虑几个潜在的"原因"。

盖里1833年的《论文集》用另一种新颖的图解法来解决关系问题和可能的原因，试图研究犯罪类型如何随被告的年龄而变化。为此，他编制了如图3.6所示的针对每个年龄组从高到低排序的人身犯罪排名表，而类似的表格显示了按年龄组划分的财产犯罪排名。为了使趋

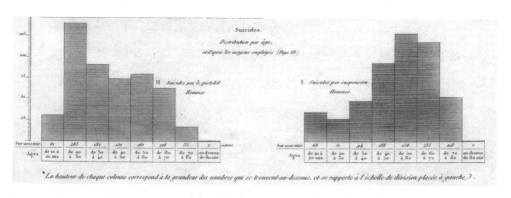

图3.5 自杀方式及年龄：男性手枪自杀与上吊自杀的年龄分布直方图
出自：安德烈 – 米歇尔·盖里，《法国道德统计论文集》，Paris: Crochard，1833年，图7。

INFLUENCE DE L'AGE.
DISTRIBUTION DES CRIMES AUX DIFFÉRENS AGES, PAR PÉRIODE DE DIX ANNÉES. IV.

A. CRIMES CONTRE LES PERSONNES.

	AU-DESSOUS DE 21 ANS.		DE 21 A 30.		DE 30 A 40.		DE 40 A 50.		DE 50 A 60.		DE 60 A 70.		AU-DESSUS DE 70 ANS.	
	NATURE DES CRIMES.	Sur 1,000	NATURE DES CRIMES.	Sur 1,000	NATURE DES CRIMES.	Sur 1,000	NATURE DES CRIMES.	Sur 1,000	NATURE DES CRIMES.	Sur 1,000	NATURE DES CRIMES.	Sur 1,000	NATURE DES CRIMES.	Sur 1,000
1	Blessures et coups.	184	Blessures et coups.	218	Blessures et coups.	179	Assassinat.	194	Meurtre.	185	Meurtre.	175	Viol sur des enfans.	318
2	Viol sur des adultes.	169	Meurtre.	157	Assassinat.	151	Blessures et coups.	181	Assassinat.	182	Viol sur des enfans.	166	Blessures et coups.	137
3	Meurtre.	147	Assassinat.	130	Meurtre.	152	Rébellion.	133	Blessures et coups.	125	Assassinat.	159	Meurtre.	125
4	Viol sur des enfans.	123	Rébellion.	111	Rébellion.	110	Meurtre.	100	Rébellion.	95	Blessures et coups.	129	Blessures env. ascend.	102
5	Assassinat.	104	Viol sur des adultes.	105	Viol sur des adultes.	73	Viol sur des enfans.	94	Viol sur des enfans.	88	Faux témoignage.	99	Faux témoignage.	102
6	Rébellion.	78	Infanticide.	83	Infanticide.	63	Faux témoignage.	69	Faux témoignage.	76	Rébellion.	80	Rébellion.	91
7	Infanticide.	48	Viol sur des enfans.	58	Viol sur des enfans.	59	Viol sur des adultes.	61	Viol sur des adultes.	52	Infanticide.	49	Infanticide.	23
8	Bless. env. ascend.	47	Bless. env. ascend.	50	Bless. env. ascend.	49	Infanticide.	41	Empoisonnement.	24	Empoisonnement.	25	Viol sur des adultes.	23
9	Associat. de malfait.	32	Faux témoignage.	35	Faux témoignage.	49	Empoisonnement.	25	Bless. env. ascend.	19	Avortement.	21	Associat. de malfait.	11
10	Faux témoignage.	29	Empoisonnement.	16	Empoisonnement.	25	Associat. de malfait.	20	Avortement.	17	Viol sur des adultes.	18	Empoisonnement.	11
11	Empoisonnement.	11	Crim. env. des enf.	14	Associat. de malfait.	16	Parricide.	9	Associat. de malfait.	13	Associat. de malfait.	14	Voies de fait, etc.	11
12	Voies de fait, etc.	8	Associat. de malfait.	10	Parricide.	10	Mendicité.	8	Mendicité.	13	Bless. env. ascend.	10	Parricide.	7
13	Mend. av. violence.	7	Parricide.	8	Mend. av. violence.	9	Crim. env. des enf.	8	Bigamie.	12	Parricide.	10	Crim. env. les enf.	»
14	Crim. env. des enf.	7	Voies de fait, etc.	6	Mendicité.	8	Mend. av. violence.	7	Crim. env. des enf.	10	Crim. env. des enf.	7	Avortement.	»
15	Parricide.	6	Avortement.	6	Avortement.	6	Voies de fait, etc.	6	Parricide.	8	Bigamie.	7	Bless. env. ascend.	»
16	Avortement.	5	Mend. av. violence.	5	Crim. env. des enf.	5	Avortement.	4	Voies de fait, etc.	6	Voies de fait, etc.	5	Mend. av. violence.	»
17	Bigamie.	1	Bigamie.	4	Bigamie.	4	Bigamie.	2	Voies de fait, etc.	»	Mend. av. violence.	»	Bigamie.	»
	Autres crimes.	4	Autres crimes.	7	Autres crimes.	7	Autres crimes.	12	Autres crimes.	12	Autres crimes.	11	Autres crimes.	34
	TOTAUX.	1,000		1,000		1,000		1,000		1,000		1,000		1,000

图 3.6　排行榜：7 个年龄组人身犯罪的排名，连线显示出一些值得注意的趋势
出自：安德烈 – 米歇尔·盖里，《法国道德统计论文集》，Paris: Crochard, 1833 年，图 4。

势更易于查看，他增加了线条，将选定的犯罪类别横向连接起来，以显示趋势。这是半图形显示，将表格（显示实际数字）与平行坐标图的第一个已知实例相结合。在原作中，轨迹线通过手工着色成不同的浅色，从而很容易区分。这可能是第一次使用这种排序列表的组合，通过线条连接的数据值显示趋势。

通过这种展示，盖里讨论了各种趋势，比如对成年人的猥亵侵犯随着年龄的增长而减少，70 岁以上的人对儿童的猥亵侵犯上升到最高水平，而杀害父母的行为随着年龄的增长会增多（令人惊讶的是，60—70 岁的"子女"达到了最高值）。

此外，为了能够讨论地理差异，并将这些道德变量相互联系起来，他绘制了 6 张法国专题地图（见图 3.7），在之前介绍的人身犯罪、财产犯罪和教育地图上加上了非婚生育、对穷人的捐赠（以礼物和遗赠的数量衡量）和自杀，而且基于更完整的数据和更好的指标。

盖里在这里设想了另一种数据和图形创新：用标度及其视觉呈现

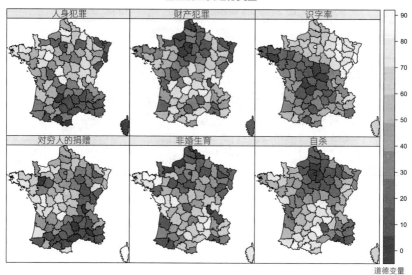

图 3.7　盖里 6 幅地图的复制品：就像盖里的第一张对比阴影图一样，阴影越深意味着道德变量的影响更差

注：数字表示省份在每个变量上的排名顺序。
出自：安德烈-米歇尔·盖里，《英国道德统计与法国道德统计比较，根据英国和法国刑事司法管理等》(*Statistique morale de l'Angleterre comparée avec la statistique morale de la France, d'après les comptes de l'administration de la justice criminelle en Angleterre et en France, etc.*)，Paris: J. -B. Baillière et fils，1864 年。

对主题变量进行标准化。首先，他将他的数据转换为顺序一致的数字，以表示"越多越好"。因此，他用能够读写的百分比来表示教育程度，但用的是人口与犯罪之比，而不是犯罪与人口之比。其次，在绘制地图时，这些变量被转换为等级，各省份按等级着色。因此在特定衡量标准上表现较差的省份（例如，犯罪率较高，教育程度较低）会用较深的色调。这种转换的优点是可以比较这些不同主题的地图，并查看两个或更多变量上的暗区（表现不佳）或亮区（表现良好）在哪里重合。例如，法国北部省份普遍对财产犯罪、非婚生育和自杀不齿。

盖里的《论文集》在欧洲统计界,尤其是法国和英国,受到了相当热烈的欢迎。在法国,它于1833年被法国科学院授予了著名的莫宁顿奖(Monynton Prize)。盖里还入选道德与政治科学院,并在某个时候被授予荣誉军团骑士十字勋章(the cross of Chevalier of the Legion of Houor)[迪亚尔(Diard),1867年]。他几次受邀在欧洲的博览会上展示这些地图,并于1851年在英国举办了两次展览——一次在伦敦博览会的水晶宫,另一次在巴斯的英国科学促进会。盖里确实将关于社会统计的知识讨论放在了地图上。

分析统计

又过了30年,也就是1864年,盖里最雄心勃勃的作品,也是他职业生涯的巅峰之作才出现。《英国的道德统计与法国的道德统计比较》以大开本(56cm×39cm,约为一张大咖啡桌大小)出版,包含60页的介绍和17张精美的彩色插图。

引言阐述了盖里对统计学应用于道德科学的历史的看法。在这部作品中,他建议用分析统计取代道德统计——或者简单地说是文献统计。前者几乎总是以表格的形式呈现,与事实的数字说明有关;后者通过计算和集中对这些事实进行连续转换,并将事实浓缩为简练的一般抽象结果。人们可以在这里看到在其时代背景下应用于道德和社会数据的图解法的透彻解释。

盖里的图表地图中总结了法国和英国犯罪及其他道德变量不同方面的大量数据,这不能不给人留下深刻印象。其中包括25年来两个国家发生的超过22.6万起人身犯罪案件,以及按动机分类的超过8.5

万起自杀记录。盖里估计，如果他所有的数字都写成一条线，那么它的长度将超过 1170 米！哈金将这一观察结果归功于其短语"数字雪崩"的来源（哈金，1990 年，第 80 页）。

重新审视：为盖里做顾问

在结束这一章时，值得一问的是，后来的发展是如何使盖里面对的问题变简单的？虽然他主要感兴趣的是理解犯罪和其他道德结果与可能的解释有何关联，当时却没有可用于此类问题的统计或图表工具。我们将在第 6 章中看到，几乎与盖里的《论文集》同时出现的是，英国天文学家约翰·F. W. 赫歇尔发明了根据一个变量对另一个变量绘图的想法，这就是现在所说的散点图。60 年后，弗朗西斯·高尔顿提出了线性回归的思想，用于量化变量之间的关系。这将成为盖里寻找道德变量之间联系的计划所需的基础。

那么，如果年轻的盖里以咨询委托人的身份来到我们面前，请求帮助理解他的法国道德统计数据，那么今天的我们能做些什么呢？第一个建议当然是绘制散点图，增强它以促进结果的解释和呈现。图 3.8 所示就是这样一张图，表现了人身犯罪与识字率的关系。在基本的散点图上，我们添加了线性回归线（黑色细线）、平滑曲线（局部加权回归）和包含 68% 的点（最接近两个变量均值）的数据椭圆。而用于模拟椭圆的 90% 数据之外的点按省份标记。

因此，盖里和他的读者将能够直接看到，总体而言，人身犯罪和识字率之间没有线性关系，也没有任何非线性关系的迹象。加了标签的省份本可以用来突出盖里所选线条的讨论（例如，阿里热在犯罪和

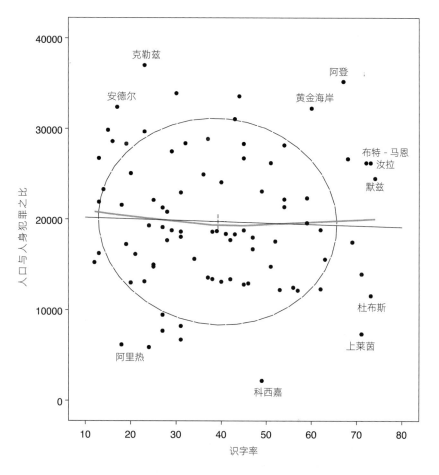

图 3.8 增强图：根据盖里的数据，人身犯罪与识字率的散点图

注：每个省份用一个点表示，黑色细线表示线性回归关系，略微弯曲的灰线表示非参数平滑，而用于模拟椭圆的 90% 数据以外的点按省份标记。（本书作者提供。）

识字率方面接近垫底，安德尔在识字率方面与之表现几乎相同，但在人身犯罪方面接近最高）。

第 4 章

人口统计：
威廉·法尔、约翰·斯诺与霍乱

在上一章中，我们解释了法国对犯罪的担忧如何促使对社会数据系统收集的发展。这种重要的社会问题和现有数据的结合，使盖里在涉及以地图和表格等图表显示数据方面有了新的发展。

不久之后，英国在社会福利、贫困、公共卫生和卫生设施方面开始了类似的工作。这些工作带领两位数据可视化的新主角，威廉·法尔和约翰·斯诺登上历史舞台，他们在试图了解几次霍乱流行的原因，以及如何减缓这种疾病的流行方面很有影响力。

英国的数据时代可以说始于 1836 年根据一项议会法案设立登记总局（GRO）。[1] 最初的目的只是追踪英格兰和威尔士的人口出生和死亡情况，以此来确保拥有地产的绅士阶层对产权的合法继承。

但 1836 年的法案所产生的效果远不止这些。它要求英国父母为每一个孩子，甚至是在海上出生的孩子，在 15 天内用标准表格向当地的登记员报告其具体情况。它还要求每一次结婚和死亡都要报告，没有登记证明不得埋葬尸体，并且对未履行报告义务的人处以巨额罚款（10—50英镑）。这种严格规定的结果是英格兰所有人口的完整数据库得以建立，该数据库至今仍由登记总局维护。

第二年，30岁的内科医生威廉·法尔受聘，最初负责即将到来的1841年人口普查中出生、死亡、结婚和离婚的**人口登记**。在写了关于"人口统计：健康、病症、疾病和死亡的统计数据"一章[2]之后，他又被任命为"科学文摘的编辑"，成为英国第一位官方统计学家。

与法国司法部的盖里一样，法尔也能接触大量的数据，并且必须对这些数据加以理解。法尔很快意识到，这些数据可以发挥更大的作用——拯救生命。预期寿命可以做细分，并可在下至郡级的不同地理区域进行比较。有关死者职业的信息也被记录下来，因此法尔也可以根据经济和社会地位来计算人的预期寿命。由于缺乏有关死因的信息，因此法尔可能超出了他最初的权限，在标准表格上添加了一栏说明——列出死因。这一简单的补充开辟了医学统计学和公共卫生（最终被称为流行病学）的广阔新天地，涉及研究人群的发病模式、病因和疾病状况的控制。

作为文摘的编纂者，法尔每年都会就公共卫生和他职权范围内的其他主题向登记总局提交报告。在他1839年的第一份报告中，他附上了一封信，阐明了其办公室统计数据的重要用途：

> 预防疾病比治愈疾病更容易，预防疾病的第一步是发现其存在的原因。登记总局将通过数字事实显示这些原因的作用，并衡量其影响强度，同时收集关于生命力规律的信息，以及这

些规律在不同年龄两性中的变化情况，还有文明、职业、地点、季节和其他物理因素在引起疾病和导致死亡或改善公共卫生方面的影响。[3]

在发表这份郑重声明时，法尔有效地"改写"了他的职责。他不想只成为事实的"编撰者"，而是决心成为一名有影响力的倡导者，倡导人们谨慎使用数据，以实现改善国民健康的目标。

在接下来的40年里，任职于登记总局的法尔彻底改变了对这些记录中死亡原因的分析，并提出了通过将特定疾病的死亡人数按各种潜在原因（贫困、生活条件、环境因素等）列表来确定疾病风险因素的想法。他还意识到，在比较各个群体（性别、地理区域、职业）的时候，有必要对年龄分布的差异进行调整，因此他提出了"标化死亡率"的概念。

与盖里一样，法尔可以从其他政府机构获得有关英格兰和威尔士登记区的社会和经济状况（房价、教育、贫困率等）的广泛辅助数据，他决心使用可获得的统计数据来检验或比较不同阶层死亡率差异的社会解释，并利用这些发现推动改革，尤其是在卫生条件方面。他的知识、热情和对数据的掌握将在英国霍乱爆发中经受最严峻的考验。

霍　　乱

莫氏霍乱（Cholera morbus），俗称霍乱，是一种肠道传染病，现在已知是由霍乱弧菌引起，并通过受污染的物质传播，主要是水和人类肠道排泄物。症状是剧烈呕吐、肌肉痉挛、腹泻和脱水。如果不及时治疗，通常会导致死亡。

第一次霍乱大流行始于19世纪20年代的印度孟加拉邦，当时有数万人死亡，据说是1831年10月通过一艘来自波罗的海国家的船只到达英国。到1832年，它已经蔓延到伦敦和英国的大部分地区，英格兰、威尔士、苏格兰和爱尔兰有超过5.5万人死亡。霍乱在法国肆虐，前往美国和加拿大的爱尔兰移民在那里染上了这种疾病。此后不久，它传到了古巴和墨西哥，导致数千人死亡。到1837年疫情结束时，它已成为19世纪最严重的世界性流行病，这种疾病的迅速传播和强致病力引起了关注公共卫生人士的广泛重视。

法尔和疾病的瘴气理论

1848年，英国再次暴发霍乱，这场霍乱从印度传至欧洲、俄罗斯和中东的大部分地区。一场为期两年的疫情再次夺走了全球10多万人的生命，其中英国5万人（伦敦就有1.5万多人）。

在此期间，医学界和科学界对引起和传播这种疾病的因素有不同看法。在法国，人们普遍认为霍乱与贫穷有关；在俄罗斯，人们认为霍乱是通过接触传染传播的，但机制尚不清楚；在美国，人们认为霍乱是由爱尔兰移民带来的。[4]

在英格兰，尤其是伦敦，最普遍的观点是，这种疾病是由于呼吸泰晤士河周围的污浊空气而引起的。当时人们几乎普遍将未经处理的污水直接排入河中。这种污浊空气被命名为**瘴气**，源自希腊语，意为"污染"，指有毒的空气或充满腐烂有机物颗粒的蒸汽。此时的伦敦已经成为世界上人口最多的城市，泰晤士河附近臭气熏天的气味不可否认。**瘴气**理论很恰当，但 10 年后它会被数据和图表摧毁。

法尔现在是登记总局的统计主管，他很快发现自己有所有必要的数据来检验和比较相互矛盾的理论和对这种疾病作出解释。1852 年，他完成了《1848—1849 年英国霍乱死亡率报告》(*Report on the Mortality of Cholera in England, 1848—1849*)，《柳叶刀》杂志称其为"任何时代或国家最杰出的研究成果之一"[5]。

法尔的报告确实是 19 世纪中期统计思维和视觉探索的丰碑。报告有 500 多页，包括 300 页的表格、图解和地图，随后是 100 页的介绍，描述了他的分析和结论。他在报告中介绍了他所采取的详细步骤，试图检验关于霍乱暴发可能原因的各种社会和环境假设。从法尔的引言中，人们可以强烈地感受到他对这份报告的重视，以及他为确保报告引起政府注意而采用的措辞风格：

> 如果一支外国军队登陆英国海岸，占领了所有港口，向周围地区派出分队，在整个夏天大肆踩蹋人民，在收成被毁之后，连续几天，每天都有 1000 多人丧生，在它占领这个国家的那一年，杀死了 53293 名男女老少，那么登记死者的工作将是很痛苦的一件事。然而，现在这种痛苦并没有大大减轻，因为这场灾难所描述的情况是一种瘟疫，它在整个岛屿上蔓延，在很多城市中都发现了随时可以杀死居民的有毒物质。（第 1 页）

正如盖里在处理法国犯罪统计数据时所做的那样，法尔使用登记总局的死亡记录和大量其他数据，来检查英国霍乱在时间和空间上的分布，寻找与疾病流行有关的因素而造成差异的任何规律性。他的工作全面又细致，列举了很多不寻常的病例（如 1849 年赫里福德郡的一个死亡病例，"人们普遍喝的是苹果酒"，第 51 页），还研究无数潜在因素——环境（温度、雨、风）、人员情况（年龄、性别、职业）和社会状况（贫穷、财产价值、人口密度）的可能影响，这些因素可能与该疾病的流行有关。

法尔的图表

图 4.1 所示是法尔报告中出现的 5 张平版印刷图（其中 3 张为彩色）之一。法尔对垂直尺度（我们现在称之为图形罪恶）进行了很大的自由发挥，试图显示那些日子里因霍乱和腹泻每日死亡的人数与计量数据之间的任何关系。最明显的是 8 月和 9 月霍乱死亡人数激增，气温也有所上升，但其波动程度不会比接下来的几个月更大。在 1849 年，天气似乎并不是一个充分的影响因素。又或者是一个充分的影响因素？

彩图 2 较长，显示了 1840—1850 年每周温度和死亡率之间可能的关系。这是一张不同寻常的图表，是统计图表语言的一项新发明。这种形式的图形，现在被称为**径向图**（或**风玫瑰图**），非常适合显示及比较几个具有周期性结构的相关系列事件，如一年中的周、月或罗盘方向。彩图 2 中的径向线作为每年 52 周的轴线。外圈显示了每周平均死亡人数（根据人口增长进行校正）与所有年份平均死亡人数的关系。当两者都超过平均值时，该区域用黑色表示（死亡率过高）；当低于平均值（有益健康）时，则呈黄色。

同样，内圈显示的是周平均温度与 1771—1849 年的年平均温度

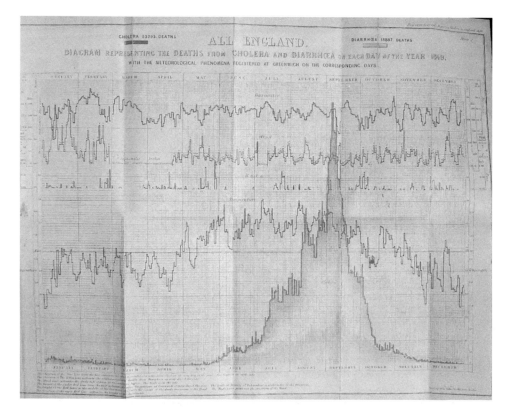

图 4.1 霍乱和腹泻导致的死亡

注：法尔的图表显示了 1849 年每天死于霍乱和腹泻的人数，以及这一时期的天气现象图表。上部的 3 个折线图分别显示了在格林威治记录的气压、风雨和温度的情况。下部的两个折线图记录了死于霍乱（深色，峰值很大）和腹泻（浅色）的人数。

出自：登记总局，《1848—1849 年英国霍乱死亡率报告》，伦敦：由 W. 克劳斯（W. Clowes）为皇家文书局（HMSO）印刷，1852 年，图 2。

（48 华氏度，约 9 摄氏度）基线的对比。超过这一平均值的周在基线圆圈之外，以红色着色，而那些低于平均值的周为蓝色（但显示为灰色）。

我们可以立即从这张图中发现，1849 年夏天在伦敦发生了非常糟糕的事情（第 3 行，第 2 列），导致 7—9 月的死亡人数大幅飙升，1847 年的冬季（第 2 行，第 3 列）也很突出。这张更大的图表运用后来被塔夫特称为"小倍数"[6]的想法，显示了更多信息，这可能不会在一系列单独的图表中被注意到：

它显示了在4月（9:00）到9月（3:00）这几个较暖和的月份平均死亡人数较少的多年**普遍模式**，但其中突然急剧上升的峰值表明，无法用温度对其进行解释。

这张径向图是弗洛伦斯·南丁格尔（Florence Nightingale，1820—1910年）著名的"玫瑰图"或"鸡冠花图"（"Coxcomb"）的直接前身。南丁格尔玫瑰图展示了克里米亚战争中士兵死亡的原因（彩图4）。南丁格尔经常被认为是这种图形的发明者，但她显然从法尔那里获得了灵感，她是法尔在社会卫生方面工作的大力支持者。事实上，这一图形发明的真正功劳属于安德烈-米歇尔·盖里[7]，但法尔在这方面做得比盖里好得多，而南丁格尔纠正了法尔图形中的一个感知缺陷，我们将在本章后面讨论。尽管如此，法尔在彩图2中的图表无疑属于数据可视化历史上最佳图形前20名之列，这是因为它试图以一种新颖的图形形式显示霍乱死亡率与温度之间随时间和季节变化的复杂关系。由于霍乱死亡率和天气数据之间的联系没有得到证实，因此法尔转而研究与瘴气理论更直接相关的因素——将泰晤士河上方的海拔作为霍乱死亡率的预测指标。

法尔的霍乱自然定律

法尔非常详细地描述了他对霍乱在时间和空间分布上的研究。正如盖里在他对犯罪数据的分析中所做的那样，法尔寻找霍乱死亡率方面的某种类似定律，即对无关紧要的因素的稳定性和发挥作用的因素的变异性的结合。他在分析伦敦的数据时发现了这一点："与其他已知因素相比，伦敦地理位置的海拔与霍乱死亡率的关系更为稳定。霍乱死亡率与海拔成反比。"（法尔，1852年，第61页）

如果按照登记区在三一学院泰晤士河高水位线之上总体高度的顺序对其排列，法尔发现，霍乱在低洼地区最肆虐，并且，霍乱的严重情况与河流上方的海拔成反比。但更重要的是，他发现这个关系相当接近于某种数学关系，我们现在把它表示为 $y \sim 1/x$。他发现，以20英尺[①]处的死亡率1为例，接下来，连续倍数距离（"阶梯"）处的死亡率按 1/2、1/3、1/4、1/5、1/6 这种趋势变化。

此外，法尔发现，若特定海拔 E 处的霍乱死亡人数为 C，那么他可以通过格朗特政治算术中古老的"三法则"计算出更高海拔 E' 处的死亡人数 C'，即

$$E : E' = C' : C \Rightarrow C' = \frac{E}{E'} C$$

若考虑恒定偏移量 a，为使刻度发挥作用，则

$$C' = \left(\frac{E+a}{E'+a}\right) C$$

他通过计算汉普斯特德海拔为 0、10、30、50、70、90、100，以及最高350英尺处的预期死亡人数，证明了海拔是如何产生影响的（估计 $a=12.8$）。得出的预期死亡人数分别为 174、99、53、34、27、22、20 和 6，与实际值（177、102、65、36、27、22、17、7）非常接近，以至于他认为自己发现了它们的规律。

---

① 1英尺 ≈ 0.3米。——编者注

这正是法尔一直在寻找的结果：一个可以用数学公式描述的霍乱死亡率的明确关系。但他并没有就此止步，为了使霍乱死亡率与海拔的关系在视觉上显而易见，他绘制了这些数字的图表，如图4.2所示。在这张图中，用垂直轴显示海拔似乎很自然，从底部的0英尺到顶部的350英尺。在每个海拔，他都画了一条水平线，以显示该海拔地区计算出的霍乱预期死亡人数，并用虚线显示这些地区**观察到**的平均死亡人数。

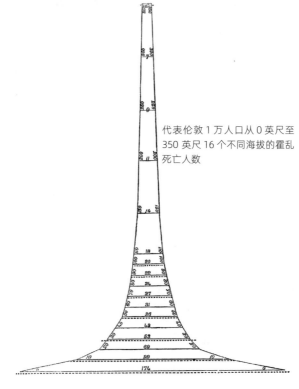

代表伦敦1万人口从0英尺至350英尺16个不同海拔的霍乱死亡人数

图4.2 死亡和海拔

注：图中包含0—350英尺的16个海拔，显示了霍乱死亡人数（水平线宽度）与泰晤士河上方海拔（垂直位置）之间的反比关系。线上的数字给出了预测值；虚线则标出实际死亡人数。

出自：登记总局，《1848—1949年英国霍乱死亡率报告》，伦敦：由W. 克劳斯为HMSO印刷，1852年，第65页。

这张图也很引人注目，因为它是早期试图显示数据和理论之间一致性的图。他把所有的预测数据都放在图中，并以虚线代表实际死亡人数，这为他的理论提供了直观的拟合度测试，显示出惊人的一致性。

今天，为了试图确定霍乱的死亡率是否与作为解释变量的海拔有系统的关系，所用的图表自然是由纵轴上的霍乱死亡人数（y）与横轴上的海拔（x）所表现的散点图。然而，尽管赫歇尔在1833年就已提出散点图的概念（参见第6章的讨论），但法尔与其同时代的人并没有意识到并使用之。这个想法直到33年后，在高尔顿1885年的作品中才出现。因此，法尔将海拔放在纵轴上，将死亡人数放在横轴上，并在水平线左右两边列出对照的数字，让人对他的霍乱自然定律产生视觉印象——就像一座塔或一座纪念碑。不过在今天，就我们目前所做的工作

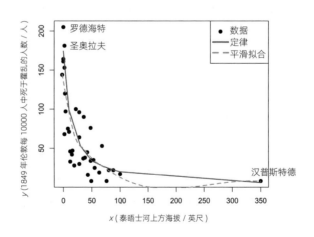

图 4.3 散点图：法尔的海拔 – 死亡率关系

注：图中显示作为结果的死亡人数（y）与作为解释变量的泰晤士河上方海拔（x）之间的关系。根据法尔"定律"计算出的霍乱死亡人数数值如实线所示，对数据点的平滑拟合用虚线表示。（本书作者提供。）

而言，重新考虑法尔的视觉和统计思想具有指导意义。

图 4.3 显示了今天根据法尔的伦敦数据[8]对 38 个登记区进行数值模拟的散点图，其中标注了极值点。实线显示了根据法尔死亡率逆向定律计算出的数值。若这条曲线的 x 轴和 y 轴互换，则正好给出了图 4.2 的右半部分。虚线显示的是一条与数据点相吻合的平滑曲线，表明霍乱平均死亡人数与海拔的关系，它与法尔定律的计算值非常吻合。由这张图还可以看出，汉普斯特德的海拔不同寻常，这也是法尔的图表如此之高的原因。

我们可以用一种不同的方式来研究他发现的死亡率和海拔之间的关系，从而进一步深入了解法尔的思想。他运用"三法则"从较低海拔的 C 值和 E 值计算出较高海拔 E' 的死亡率 C''，表明他没有想到或理解比某种函数形式 [$y = f(x)$] 的统计关系更一般的概念。如果他这样做了，他可能会把他的定律说成是更简单的反函数：

$$霍乱死亡率 = \frac{1}{海拔 + a}$$

这样做可以得到霍乱死亡率与海拔的倒数之间极其简单的线性关系。法尔可能会因此将霍乱死亡率称为相对泰晤士河的"逆低"。图 4.4 显示了图 4.3 中的数据，相应的反函数为 $1/(E + 12.8)$。他计算的理论关系，如实线所示，可见是高度线性相关（相关度为 0.85）。

水的超常作用

法尔在评估潜在因素对霍乱死亡率的影响时无疑是一丝不苟的，

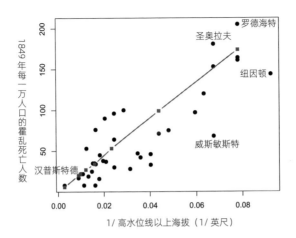

图 4.4　逆海拔图：海拔倒数为 $1/(E+a)$

注：法尔的理论预测值现在显示为与霍乱死亡率形成高度线性关系的实线，图中还标出了一些不同寻常的地区。（本书作者提供。）

但是他缺乏有效的方法来做到这一点，即使是针对一个潜在的原因。而考虑结合多种因素的想法使他走到了极限。他的一般方法是编制伦敦各区的霍乱死亡率表，按可能的解释变量类别进行细分并取其平均值。

例如，法尔根据其他变量将 38 个区划分为 19 个最高值区和 19 个最低值区，并计算了每个区不同影响因素的霍乱死亡率比率，其中海拔的比率最大（3∶1），而所有其他因素的比率都较小（例如，房价为 2.1∶1）。他把泰晤士河以上的海拔作为主要因素，编制了很多其他表格，显示各区的霍乱死亡率也与人口密度、房屋和商店的价值、对穷人的救济，以及地理特征有关系。

图 4.5 显示了这次调查的深度，巧妙地将各区的小表格以半图的形式组合在一起，覆盖在泰晤士河沿岸这些地区的空间布局示意图上。这些表格显示了海拔、霍乱死亡人数、其他各种原因导致的死亡人数

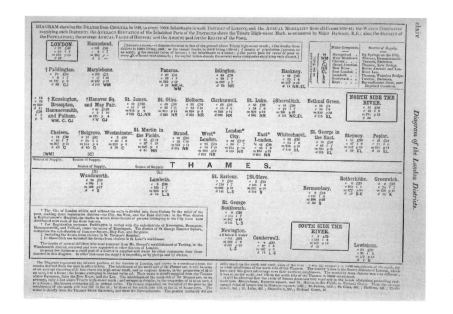

图 4.5　示意图：伦敦泰晤士河沿岸登记区图表

注：图中显示了海拔 (e)、霍乱死亡人数 (c)、其他各种原因造成的死亡人数 (m)、人口密度 (d) 和每个区供水公司的信息。

出自：登记总局，《1848—1849 年英国霍乱死亡率报告》，伦敦：由 W. 克劳斯为 HMSO 印刷，1852 年，第 265 页。

和人口密度，并确定了为各区供水的供水公司。很遗憾，这张漂亮的图表隐藏的信息要比它揭示的信息多：信号是存在的，但丰富的细节制造了太多噪声。

后来人们发现，霍乱的直接原因是人们饮水水源被污染。正如法尔在图 4.5 中所示，由 9 家供水公司提供水可能会让人感到困惑，因此他根据泰晤士河沿岸地区的供水情况将登记区分为 3 组：泰晤士河、基尤桥和哈默史密斯桥之间的地区（伦敦西部），巴特西桥和沃特卢桥之间的地区（伦敦中部），以及从泰晤士河支流（新河、利河和雷文斯伯恩河）取水的地区。

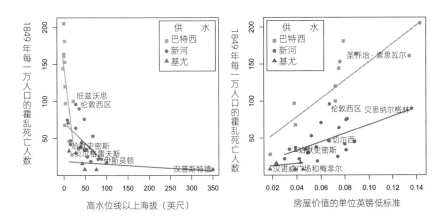

图 4.6　按供水区分组的霍乱死亡率

注：按供水区对法尔数据的再分析。左，霍乱死亡率与海拔的关系；右，霍乱死亡率与贫困率的关系。这些线条显示了每个地区子集的线性回归关系。每幅图中都标出了一些不寻常的地区。（本书作者提供。）

为了了解法尔为什么在他的分析中被误导，我们将图 4.3 中的数据重新绘制在图 4.6 左侧的新图中，按供水情况给点上色并为每个供水区画一条单独的回归线。一眼就可以看出，海拔与霍乱死亡率之间的关系在 3 个供水区之间存在显著差异。伦敦市中心（标记为巴特西）主要位于低海拔地区，随着海拔的略微上升，该地区的霍乱死亡率显著下降。那里的水可能是最靠近泰晤士河的地方，污染最严重。伦敦西部（标为基尤）在河的上游，因此河水可能污染较少。这条线的斜率仍然是负的，表明该地区的霍乱死亡率随着海拔的升高而下降，但不明显。然而，这条线可能更多地反映了汉普斯特德的极端位置。其余地区（标记为"新河"）霍乱死亡率相对于海拔的关系斜率居中。

用现在的话来说，海拔和霍乱死亡率之间的关系最好被描述为一种**相互作用**效应：海拔对霍乱死亡率的影响在 3 个供水区有很大不同。[9]

但不同供水区的平均海拔也不同,法尔无法从他的表格和图表中看出这一点,这是因为他在图中把海拔作为主要原因。用其他现代术语解释的话,人们可以说供水起到了**调节**变量、**干扰**变量或**潜在**变量的作用。

法尔还探索了作为潜在原因的各种其他变量。他认为,霍乱死亡率可能会随着人口密度和贫困(贫困率)的增加而合理地增加,并随着整个伦敦的房屋和商店的价值增加而下降。他的分析方法再次掩盖了这些变量在不同供水区可能产生的不同影响。图 4.6 的右图显示了霍乱死亡率与贫困率的关系,按供水情况分类,每个区都有单独的拟合线。这条线的斜率(贫困率对霍乱死亡率的影响)也随着供水情况的变化而有很大不同。[10]

作为霍乱统计数据的汇编者和分析者,法尔无疑是出色的。但他和当时大多数医学权威一样都坚持错误的理论:瘴气是原因,泰晤士河以上的海拔是其影响的解释。这是一个将相关性误认为因果关系的典型例子:海拔较高的地区霍乱死亡率较低,因为那里的水往往受污染较少。

约翰·斯诺研究霍乱

1854 年夏末,另一波可怕的霍乱袭击了伦敦,主要集中在威斯敏斯特的圣詹姆斯教区(现在的苏荷区)。这一次,在细致的数据收集、疾病发病率地图、敏锐的医学检测工作和排除其他解释的逻辑推理的帮助下,最终找到对病因的正确解释。了解为什么约翰·斯诺成功,而威廉·法尔失败是很有意义的。

医生约翰·斯诺在这次新疫情暴发时住在苏荷区。1831 年,当霍乱首次在泰恩河畔的纽卡斯尔暴发，夺去很多人的生命时，他还是一名 18 岁的医务助理。在 1848—1849 年第二次霍乱大流行期间，斯诺观察到了他所在地区的疫情严重性。1849 年，他在《医学报和泰晤士》（*Medical Gazette and Times*）上发表了一篇分为两部分的论文[11]和一篇较长的专论[12]，提出霍乱通过水而不是空气传播，并通过病人的肠道排泄物在人与人之间传播，要么通过直接接触传播，要么通过供水系统间接传播。

斯诺的推理完全是基于疾病病理形式的临床医生推理，而不是寻找潜在因果因素的统计学家的推理。如果霍乱是一种通过空气传播的疾病，人们可能会看到它对肺部的影响，然后可能通过呼吸排出传给其他人。但很明显，这种疾病主要作用于肠道，导致呕吐、剧烈腹泻和严重脱水，最终导致死亡。不论病原是什么，它一定是摄入的东西而不是吸入的东西。

威廉·法尔在撰写 1852 年的报告时，很清楚斯诺的理论。[13]他非常礼貌地描述了斯诺的霍乱病理学理论，但拒绝接受它。他无法理解一个人摄入的东西可以传递给更大群体的任何机制。对当时被认为是霍乱暴发和传染研究方面最权威的法尔来说，斯诺关于单一致病因子（某种未知的有毒物质，**致病物**）和有限的传播媒介（水）的论点过于狭隘，限制性太大。斯诺提出了他的论点（摄入和经水传播可能是**唯一**的原因）和支持这一论点的证据。他还缺乏来自自然实验或直接了解霍乱受害者饮用水的关键数据。

法尔和医学界的其他人发现了报告中的不一致之处，并有其他理由怀疑斯诺的明确解释："毫无疑问，有致病菌的水有时会立即导致这种紊乱，但我们不能认为它是唯一的原因。"[14]法尔在结束他关于"有致病菌的水——斯诺医生的理论"章节时不屑一顾地称：

> 需要足够精确的观察，以明确确定这些问题，还需要根据概率原则进行讨论。决定性的事实不能通过人类生命可能面临危险的实验来调查。它们必须由优秀的观察者仔细寻找和记录。除了验证研究之外，相互矛盾的理论还可以将观察者的注意力引向他们原本可能忽略的重要问题。
>
> 尽管我完全承认理论的重要性，但我还是努力从调查结果中提出一种对事实的看法，而不参考任何理论。此外，独立于理论，可以确定证明霍乱致命或不致命的条件，并由此产生重要的实际推论。

这一评论对法尔关于数据在寻找霍乱原因时作为证据的作用的观点提供了一些见解：他是统计事实的编撰者和组织者，而不是根据数据检验相互矛盾的解释的科学家。理论可以用来"引导人们注意……重要的东西"，但数据才是主要的。

这是1834年成立伦敦统计学会（SSL）的大多数人（他们那个时代的"数据科学家"）所持有的观点。这个团体后来获得了皇家特许，并于1887年更名为皇家统计学会。SSL最初的标志是一捆小麦，其座右铭是"为他人脱粒"（ex aliis exterendum），意思是"我们收割小麦，让他人做面包"。法尔和其他人称自己为"统计学者"，而不是统计学家。该学会只关注量化的事实，解释和给出意见则留给其他人。[15] 如今，皇家统计学会的座右铭更加贴切：数据，证据，决定。

宽街的水井

斯诺检验他理论的机会来自 1854 年 8 月底开始的新一轮霍乱暴发。他在 1855 年发表的著名报告《论霍乱的传播方式》(*On the Mode of Communication of Cholera*)[16] 中戏剧性地描述道：

> 这个王国曾经发生过的最可怕的霍乱暴发可能是几周前发生在宽街、黄金广场和毗邻街道的那次。在剑桥街与宽街交汇处 250 码①的范围内，10 天内有 500 多起致命的霍乱发作。这一有限地区的死亡人数可能与这个国家曾经因其他原因造成的任何死亡人数相当，甚至是死于鼠疫的人数；而且死亡要突然得多，因为很多病例在感染几个小时内就死亡了。（第 38 页）

斯诺发现霍乱经水传播的完整故事已被医学史学家[17]和地图学家[18]多次详细讲述，并且爱德华·塔夫特引起了统计学家和那些对数据可视化历史感兴趣的人的注意。[19]

这个故事的简短版本（有些虚构成分）是，在 1854 年苏荷霍乱暴发期间，斯诺制作了一张关于死亡地点的点图，他立即注意到，这些死者集中在宽街，靠近居民取水的一个公共水井的位置。这个故事还说道：斯诺认识到，死亡病例与饮用这个水井的水密切相关。他请求圣詹姆斯教区监护委员会拆除该水井的泵把手，霍乱疫情随即平息。

塔夫特是最先证明经典故事并不像它看起来那样的人之一（主要的

---

① 码，英制长度单位，1 码 ≈ 0.9144 米。——编者注

杜撰内容是，当泵把手被拆除时，流行病就**停止**了），但这并不应该影响我们对斯诺为流行病学、专题地图学和数据可视化所做贡献的赞赏。

为了证明霍乱传播、死亡率和供水之间的联系，斯诺进行了两项研究，他认为这两项研究都是自然实验。第一个，也是最著名的，他在伦敦南部对威斯敏斯特圣詹姆斯地区的霍乱死亡率研究，而最引人注目的结果是他绘制的著名地图，如图4.7所示。

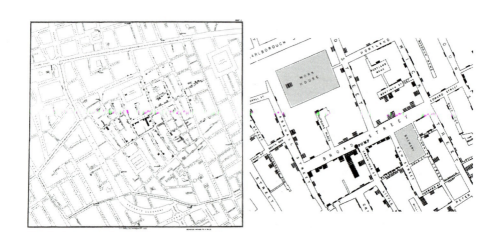

图4.7 斯诺的地图：约翰·斯诺的苏荷区点图，显示了1854年8月19日—9月30日疫情中的霍乱病例群

注：霍乱导致的死亡人数以居住地址的堆叠黑条显示。右图为左边地图上的一个细节放大，以宽街的水井为中心，突出了救济院和啤酒厂的位置。

出自：约翰·斯诺，《论霍乱的传播方式》，第二版，伦敦：约翰·丘吉尔（John Churchill），1855年，维基共享资源。

在这张地图上，法尔①绘制了1854年8月19日—9月30日578例霍乱死亡病例的街道位置（有614例可以确定地址，包括这578例）。死亡人数用小黑条表示，在一个特定的地址住着一个以上的受害者时，

---

① 原文确为Farr，此处似系作者笔误，应为斯诺。——编者注

这些小黑条是堆叠起来的。左侧所示的完整地图还显示了该地区使用的13个水井的位置。

这是一个例子，说明数据时代如何促进了数据可视化方法的使用和发展，使人们对重要问题有了新认识，它还突显了一些新的东西：官方统计汇总和现在广泛用于流行病学的个人案例研究方法之间的区别。到这个时候，法尔和登记总局已经开始每周在清单中记录霍乱死亡人数，这些清单提供了登记区报告中记录的详细信息。但斯诺在实证流行病学方面走得更远，他走访了该地区的房屋，并就水源问题采访了幸存者。他解释道：

> 在现场走访时，我发现几乎所有的死亡病例都发生在离水井不远的地方，只有10人死于明显靠近另一个街道水井的房屋。在其中5个案例中，死者家属告诉我，他们总是去宽街的水井取水，因为他们更喜欢那里的水，而不是更近的水井的水。在另外3个案例中，死者是在宽街水井附近上学的儿童。据了解，其中两人喝了这些水。第三个孩子的父母认为孩子很可能也喝了。
>
> （第39页）

斯诺在1854年秋天的某个时候开始绘制他的地图。在地图上使用点或其他标记来显示发病率并不是斯诺的发明。[20] 但他设计的地图更清晰，使霍乱死亡率与宽街水井的关联更加直观。首先，他使用了一种更具示意性的形式作为底图，删除了除基本街道布局之外的所有细节，这可能是基于污水处理委员会工程师埃德蒙·库珀（Edmund Cooper）在疫情结束后绘制的示意图。其次，他将条形符号堆叠起来，以反映特定位置的多个死亡病例，使其在视觉上更加突出。最后，他添加了图标·和"水井"标签，以显示死亡人多数距离人们取水的水井很近。斯诺地图中的新内容是视觉显示、疾病病因的逻辑推理，以及开始对传播方式进行科学解释之间的密切联系。

斯诺"自然实验"的另一个重要特点是，活着的人和死了的人有着截然不同的处境。在某种程度上，他发现了水井附近区域的两个显著异常（在图标·右侧的详细信息中突出显示）。他在报告中写道：

> 位于波兰街的救济院有 3/4 以上被发生过霍乱死亡的房屋所包围，但在 535 名被收容者中，只有 5 人死于霍乱，其他死亡的人都是在发病后被收容的。除了大章克申水厂的供水外，救济院内还有一个水井，被收容者从未被派到宽街取水。（第 42 页）

同样，他注意到在当地啤酒厂工作的 70 多名酿酒工人中没有人死亡。斯诺拜访了老板，老板告诉他啤酒厂内有自己的深井。此外，"这些人被允许喝一定量的啤酒，哈金斯先生认为他们根本不喝水。他非常确定这些工人从来没有从街上的水井取过水。"此时，很难不想到塔夫特的评论："被啤酒救了！"[21]

街区地图

图 4.7 所示的斯诺地图版本是最著名的，但第二个版本从图形和科学角度而言更有趣。1855 年 7 月 25 日，由圣詹姆斯教区委员会任命的霍乱调查委员会提交了报告。[22] 题为"斯诺医生的报告"的部分

包含一张新地图，试图对死亡与宽街水井的关系进行更详细和直接的视觉分析。

这张新地图，如图4.8所示，陈述并测试了一个地理空间假设：

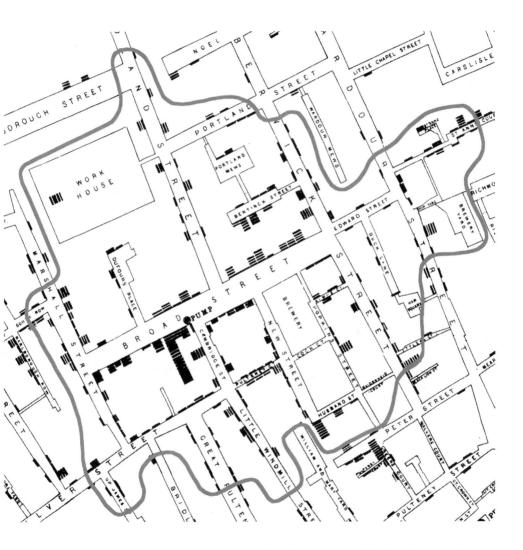

图4.8 **边界区域**：斯诺第二张霍乱爆发地图的细节，显示了据信从宽街水井取水的霍乱死亡病例地址区域的边界

出自：约翰·斯诺档案和研究手册（The John Snow Archive and Research Companion）。

人们最有可能从最近（根据步行距离）的水井取水。这张地图上用粗灰线圈起来的区域"显示，通过仔细测量，从所有有霍乱死亡病例的各点前往宽街水井的最近道路，与这些点和其周围水井的距离相等"[23]。

如果疫情暴发的源头确实是宽街的水井，那么人们应该能在这个区域内发现最集中的死亡病例，同时在该区域外也有较低的流行率。他称他的结论是："我们可以观察到，在到另一个水井比到宽街的那个水井肯定更近的每一个点，死亡要么会大大减少，要么就完全没有。"[24]

不久，通过当地教堂的助理牧师兼霍乱调查委员会成员亨利·怀特黑德（Henry Whitehead）的工作，对疫情暴发的源头做出了最终解释。他确认首个（"索引"）病例是一名5个月大的婴儿弗朗西斯·刘易斯（Frances Lewis），这名婴儿后来死亡，他的家人住在紧挨着宽街水井的宽街40号。在孩子出现严重腹泻后，她的母亲萨拉·刘易斯（Sarah Lewis）将尿布泡在桶里，并将桶里的水倒入她们房子前面的污水坑中，那里离水井只有3英尺。不幸的是，坑壁已经腐烂，污水直接流入水井。托马斯·刘易斯（Thomas Lewis）是婴儿的父亲，也是当地的一名警员，他在9月8日因霍乱而性命垂危，也就是在泵把手被拆除的同一天。

约翰·斯诺于1858年6月辞世，当时他的霍乱病毒经水传播理论还没有被医学界重视。1866年，伦敦东部的布罗姆利爆发了新的霍乱疫情。威廉·法尔仍然不接受斯诺的霍乱病毒经水传播为疫情的唯一原因，但从新的数据来看，他意识到这至少是可信的，足以通过登记总局发布"开水警告"①。致病菌**霍乱弧菌**这种杆菌的发现现在归功

---

① 国外居民家中的自来水为集体供应的直饮水，如果当局认为直接饮用有危险，会发布"开水警告"，提醒人们在饮用之前将其煮沸。——译者注

于意大利科学家菲利波·帕奇尼（Filippo Pacini, 1812—1883年），他用显微镜检查了1854年佛罗伦萨霍乱爆发中死于霍乱的病人的肠黏膜，看到一个逗号状的生物体，他称之为**弧菌**。

修改"宽街水井"地图

斯诺的数据和他的地图已经成为流行病学和专题地图学的经典，以至于很多人试图以各种方式、出于各种目的复制或"改进"他的地图。这些地图从历史角度而言并不总是准确的，也不总是有积极的影响。[25] 之后，人们对斯诺的地图做了两次修改，这两次修改都试图回答这样一个问题："斯诺如何使他的地图在视觉上更有效地实现他的目的？"但要考虑到不同的演示目标和受众。

图4.9所示是一个非常简化（或者说是"傻瓜式"）的版本，是斯诺在向监护委员会提交拆除泵把手的申请时可能会在演示文稿（PPT）上使用的示范图（但我们相当肯定斯诺会拒绝这样做）。它实际上是在斯诺的原始版本上经过两步删除后的结果。在1958年一篇题为《英国健康和疾病的先锋地图》（*Pioneer Maps of Health and Disease in England*）[26] 的论文中，牛津社会地理学家埃德蒙·威廉·吉尔伯特（Edmund William Gilbert）为斯诺的地图绘制了一个稍微简单些的版本，只保留了主要街道的名称，并用圆点代替了表示死亡的黑条。他还去掉了救济院和酿酒厂的异常案例标签，这些案例对斯诺的论点至关重要。吉尔伯特漫不经心地给他的版本加上标题："约翰·斯诺医生的霍乱死亡地图（1855年）……"这误导了后来的学者，让他们误以为这就是斯诺的地图。

斯诺的地图

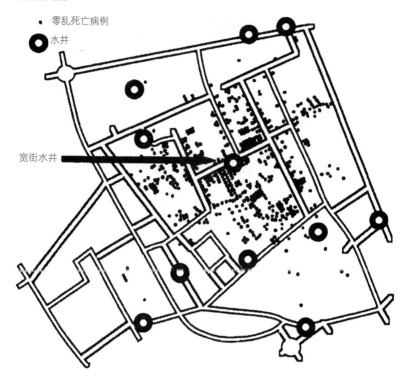

图 4.9　演示图：马克·蒙莫尼尔（Mark Monmonier）对吉尔伯特版本的斯诺地图的修改

出自：马克·蒙莫尼尔的《如何用地图撒谎》（*How to Lie with Maps*），芝加哥：芝加哥大学出版社，1991 年，图 9.18。

　　马克·蒙莫尼尔在《如何用地图说谎》一书中对吉尔伯特的精简版（图 4.9）做了进一步删减。他去掉了所有的地名，把代表死亡的圆点画得稍微小了一些，并把代表水井的圆圈符号放得很大，加上了一个指向宽街水井的大箭头。他对地图唯一没有修改的就是用大号粗体字标出"宽街水井引发霍乱"的标题。有人可能会说，如果演示目的是得到监护委员会的同意，拆除泵把手，那么这是可以接受的。然而，在这种解释中，斯诺直观展示霍乱死亡率与水源之间关系的努力却被忽略了。

从不同角度来看，彩图 3 显示了斯诺地图中心部分的两种现代统计修改，使用的是从斯诺原版地图中精心数字化的数据集[27]。有效的图形回答了这个问题：**与什么相比？**斯诺真正想让人们看到的是，与其他水井附近较低的死亡水平相比，最靠近宽街水井地区的死亡人数非常集中。为了帮助实现这一演示目标，这次修改在地图上做了两个图形增强［现代地理信息系统（GIS）术语中的"层"］——将斯诺的信息直接传达给眼睛的图形。

彩图 3 上图中的线是水井位置周围的阴影回答了这个问题：对每个水井来说，地图中哪个区域离该水井最近（相对于所有其他水井而言）？[28] 阴影水平显示，与其他水井区域相比，宽街水井周围的死亡人数高度集中。

我们统计了每个水井区域的死亡人数。[29] 如果水井和死亡之间没有联系，那么它们将在整个地图上均匀分布，预计死亡人数将与每个区域的面积成正比。该分析的结果如表 4.1 所示。标记为"差值"的列显示了观察到的死亡人数和预期死亡人数之间的差值。彩图 3 这个图中的多边形根据标准化残差按比例着色，红色代表正值。很明显，宽街水井周围的死亡人数比预期的要多得多。

在斯诺所处的时代，没有统计方法来检验水井区域死亡人数与随机预期不同的假设。χ^2 检验直到 1900 年才由卡尔·皮尔逊（Karl Pearson）提出。这样的检验证实了大量的数字（表 4.1）和视觉证据（彩图 3），即霍乱死亡人数不成比例地集中在宽街水井的区域。

作为第二项增强，彩图 3 下图的等高线显示了在地图中 (x, y) 位

表 4.1　水井所在社区居民死亡人数分析

水井所在社区	实际死亡人数	预期死亡人数	差值	标准化残差
宽街	359	49	310	44.3
苏荷区	64	34	30	5.1
皇冠教堂	61	72	−11	−1.3
沃里克	16	40	−24	−3.8
布里德街	27	28	−1	−0.2
牛津街 2 号	24	55	−31	−4.2
牛津街 1 号	12	25	−13	−2.6
大万宝路	6	48	−42	−6.0
维哥街	4	84	−80	−8.7
考文垂街	2	53	51	−7.0
迪恩街	2	44	−42	−6.4
东卡斯特街	1	11	−10	−3.1
牛津市场	0	35	−35	−5.9

注：预期死亡人数显示了如果死亡人数按社区面积均匀分布在水井所在社区的情况下可能出现的值，宽街水井因霍乱死亡人数过多而引人注目。

置密集点计算的霍乱死亡人数平滑平均密集度。它们就像地形图上的等高线，可以被认为是随着高度增加的水平切片，显示出霍乱死亡地区的"丘陵"和"山谷"。它们也加了阴影（在彩色版本中从浅绿色到深红色），以吸引人们对密度最高区域的注意，这几乎与宽街的水井区域重合。

如果我们把自己想象成约翰·斯诺今天的统计顾问，他很可能想要更多的数字工具：一个可以放大或缩小以显示更多或更少细节的互动地图。当然，这个地图上有通过单击一个点就出现的一个包含受害者情况的文本框；也许还能够添加其他数字层以总结或说明其他因素的影响。不管最后效果如何，他可能会对这些修改感到非常满意。[30]

图形的成功和失败

作为文摘的编辑，法尔更倾向于使用表格而不是图形来向内政大臣和议会委员会提交他的报告。然而，多年来霍乱暴发的规模和高度重视为他提供了如此多的变量数据，因此他试图使用图表来显示数据模型并寻求各变量与霍乱死亡率之间的关系。

到那时，普莱费尔的时间序列数据折线图（见第 5 章）已经相对广为人知，法尔在图 4.1 中使用这一工具是为了试图确定死亡是否与随时间变化的天气现象有关。毫无疑问，这在多变量时间序列折线图应用于疾病死亡率方面很新颖，他可能是第一个在公共卫生和流行病学领域引入这一想法的人。

流行的瘴气或空气传播理论肯定与直接排入泰晤士河的污水恶臭的直接感官证据有关。法尔认为，他已经发现了霍乱死亡率与海拔之间的强烈反比关系（见图 4.2）。然而，正如我们所看到的，他被供水这一干扰变量所误导（见图 4.6）。由于图形视觉有限，他未能看到这一点。

与普莱费尔的时间序列折线图一样，法尔的图表基本上就是我们所说的"1.5 维"（1.5D）——介于单变量图表和完全 2D 双变量图表之间。他能理解 X（温度，……）和 Y（死亡率）与时间的关系，但不能理解直接绘制 Y 与 X 关系的概念，更不能理解试图评估这种关系的方向或强度的概念。这一切都有待散点图和相关度量的发明，我们稍后再详细介绍（第 6 章）。

如果说法尔的贡献有时被低估了，那么约翰·斯诺在这个数据可视化故事中的贡献和遗产有时被高估了，尽管两者都很重要，虽然原因各有不同。斯诺将霍乱的传播归因于水媒，这无疑是正确的，而且他在 1854 年苏荷区霍乱暴发的著名点图（图 4.7）中直观地展示了霍乱集中在宽街水井周围，这也是正确的。但是，正如现代评论家汤姆·科赫（Tom Koch）所观察到的：

> 科学无关乎正确与否。它是指通过一种大家都能接受的方法，用大家都能信任的数据，来说服别人相信一种想法的正确性。接受新想法需要时间，这是因为它们与已经通过测试的其他想法相矛盾。[31]

斯诺的问题是，他非常确定霍乱只能通过被污染的水传播，因此他没有令人信服地处理其他可能的因素，如海拔、土壤条件、住房密度等。为了获得认可，新理论，就像一位新国王，必须经常果断地处理掉其他王位竞争者。法尔和医学界的其他人习惯于处理多种原因——现在在流行病学中被称为"风险因素"，他们在公开辩论中猛烈抨击了斯诺。[32]

答案：小虫子

最终，斯诺的假设被证明是正确的，却是在他于 1858 年去世后很久才被证实。1854 年，意大利科学家菲利波·帕奇尼用显微镜发现了致病菌,一种叫**霍乱弧菌**的杆菌。但人们似乎基本上没有注意到这一发现。微小的生物体可能是病因这一想法本身就具有革命性,而且几乎是深不可测,难以捉摸。

直到1866年伦敦东部发生新的霍乱疫情,威廉·法尔才提出了更令人信服的统计证据,证明这次疫情是由污水引起。但是,像斯诺一样,他也不知道如何用生物体来解释这一机制。直到1884年,德国医生罗伯特·科赫(Robert Koch,1843—1910年)在纯培养物中分离出了这种杆菌,并表明这种微生物总是在霍乱患者体内发现,但从未在其他原因引起类似症状(腹泻)的患者中发现。

人们对科学和历史探究的态度常常会有反复。科赫因上面这一贡献名正言顺地获得了1905年诺贝尔生理学或医学奖。他的贡献还包括发现了结核分枝杆菌,这是结核病的主要病原体。但直到1965年,一个国际命名委员会才将**帕奇尼霍乱弧菌**1854(Vibrio Cholerae Pacini 1854)作为霍乱病原体的正确名称。

过了很久,人们终于才又开始欣赏约翰·斯诺,这位借助一张图表做出正确判断的人。这样的故事,即使有些杜撰,仍然是有意义的。它们帮助我们理解数据制表和汇总的艰苦工作,与将数据转化为有洞察力的图形显示之间的联系。但在科学领域,总是有必要说服同时代的人接受你的想法。没有什么比排除了其他可能因素而得到正确的因果解释更重要的了。

弗洛伦斯·南丁格尔的图形成功

如果说威廉·法尔因为选取了错误的变量而使他漂亮的径向图

（彩图 2）没有产生影响，那么弗洛伦斯·南丁格尔对这一时期人口统计的另一图形贡献则永远改变了卫生政策。此外，它纠正了现在被认为是法尔在该图中对死亡人数进行图形描绘而犯的一个大错。

作为"现代护理之母"而广为人知的弗洛伦斯·南丁格尔，被称为"提灯女士"。她也是一位社会改革者，对图形的说服力有着深刻的理解，因此也被称为"热情的统计学家"[33]。

南丁格尔出生于富有的英国家庭。小时候，她表现出对数学的兴趣和天赋，这得到了她父亲威廉的鼓励。后来，她深受阿道夫·凯特尔 1835 年的著作《论人及其能力的发展》(*Sur L'Homme et le Developpement de ses Facultés*) 的影响。在这本书中，凯特尔概述了统计方法应用于人类生活的概念。[34] 南丁格尔还有一种强烈的为他人服务的宗教使命感，她不顾母亲的强烈反对，决定从事护理工作。

1853 年 10 月，俄罗斯与英法军队和奥斯曼帝国的残余势力展开了克里米亚战争，一直持续到 1856 年 2 月。1854 年 10 月，南丁格尔请求她的朋友、军务大臣西德尼·赫伯特（Sidney Herbert）派她和一队护士前往克里米亚。她很快就认识到，大部分人不是死于战斗，而是死于可预防的因素：滋生性疾病（主要是霍乱）和治疗士兵的医院卫生政策不完善。

南丁格尔对她在克里米亚的所见所闻感到非常震惊。回到英国后，她发起了一场运动，说服英国政府为战地医院的士兵制定更高的治疗标准。[35] 在仔细记录死亡原因后，她向威廉·法尔寻求如何分析和呈现其数据的建议。

法尔是统计"事实"的杰出代表，南丁格尔与他不同，她的动机是说服——呼吁英国政府提高战争中士兵的整体待遇，从他们的饮食到设计具有良好卫生条件的医院，甚至考虑为士兵的妻子提供住宿。[36] 法尔使用的径向图给她留下了深刻的印象，她采用了这种形式来呈现自己的数据。在 1858 年提交给军务大臣的私人印制的第一版建议中，她沿用了法尔的设计，将死亡以线性比例绘制为距原点的距离。[37]

然而，南丁格尔很快意识到，这种设计具有欺骗性，因为在这种显示中，眼睛倾向于感知面积而不是长度：死亡率加倍将使感知面积扩大 4 倍。在她的下一个版本中，如彩图 4 所示，南丁格尔将每个月的死亡人数绘制为与中心距离的平方根，因此每个楔形的面积反映了死亡总人数。从图中很容易看出，死于霍乱（蓝色外缘）等可预防疾病的人数完全超过死于战场创伤和其他原因的人数。

南丁格尔的可视化形式显示了[38]在克里米亚战争前 7 个月里死亡的人数中，仅因疾病死亡的人数就达到了相当于每年 60% 的比率，超过了 1665—1666 年伦敦大瘟疫及 1848 年和 1854 年英国霍乱流行的死亡率。在她不断向陆军部提出要求后，卫生委员会于 1855 年 4 月左右成立，调查英军在克里米亚高死亡率的原因。一系列的改革开始实施，如彩图 4 左图所示，可预防原因的死亡人数开始迅速减少，到 1856 年 3 月降至仅 0.4%。

彩图 4 中的结果并不像斯诺拆掉宽街水井把手的杜撰故事那样戏剧化，但任何人都可以清楚地看到，南丁格尔的"玫瑰图"作为对医学干预和卫生实践具有强烈说服力的图形描述而载入史册。正如斯蒂芬·施蒂格勒（Stephen Stigler）所说："具有讽刺意味的是，法尔为了发现原因而绘图，却绘制了一幅有误导性的图。南丁格尔为了说服而绘图，却没有误导。"[39]

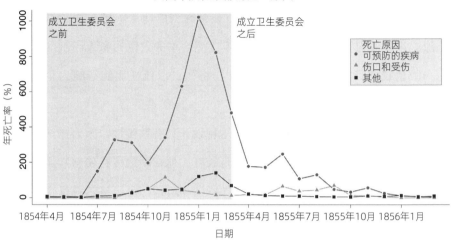

4.10 南丁格尔的数据折线图（本书作者提供）

如果南丁格尔受到威廉·普莱费尔的影响（见第5章），她可能会绘制一张时间序列折线图，按月比较3种原因的死亡情况，如图4.10所示。[40] 数据是相同的，但这张图的图形影响因素与南丁格尔的不完全相同。南丁格尔希望她的信息能给人留下深刻印象，她的玫瑰图成功了，永远改变了战争与和平时期的医疗工作。

第 5 章

大爆炸：
现代图形之父威廉·普莱费尔

大爆炸理论是目前宇宙学中关于物理宇宙的起源和后续演化的模型。它最基本的特征是，在一眨眼的时间跨度内，宇宙从几乎一无所有变成几乎无所不有。同样，统计图形的发展也可以说同样突然，前一年大家还只能绘出包含基本信息的形式（大多效果不佳），下一年就能以精细的方式、以前所未有的精度绘图。

这场大突变发生在 19 世纪末，当时几乎所有现代形式的数据图形——饼图、时间序列折线图和条形图都被发明出来，而推动发展的关键是威廉·普莱费尔，一个狡猾的苏格兰人。他可以称得上是现代图解法之父，将他的贡献视为数据图形的大爆炸只是有点言过其实。

普莱费尔的遗产和他在数据图形史上的地位主要源于两部主要作品。第一本，《商业与政治图解集》于 1785 年以非公开发行的形式首次印刷，随后在 1786 年和 1787 年接连再版，还有 1789 年的法译本，以及 1801 年最后一版——第三版。在这本图解集中，他引入了折线图的概念，以比较不同国家在不同时期对英国的进出口经济数据，并以条形图来显示不以时间为基础的数据。他的第二部主要著作《统计学摘要》（*The Statistical Breviary*, 1801 年）为欧洲国家提供了各种主题的比较统计数据；在这部作品中，他介绍了使用饼图来显示整体的各部分。[1]

普莱费尔的生平

1759 年 9 月 22 日，威廉·普莱费尔出生在邓迪市附近的苏格兰小村庄利夫。他的父亲詹姆斯是利夫的一名牧师，死于 1772 年，因此让 12 岁的威廉接受教育的责任落到了他的哥哥约翰身上。约翰即使在 24 岁这样年纪轻轻的时候，就已经被认为有可能成为苏格兰最杰出的自然科学家之一。

约翰对待科学的方法是不折不扣的经验主义。后来，威廉回忆起他哥哥给他的一项任务——让他在一段较长的时间内记录每天的高温。约翰告诉他，把他的结果想象成一系列并排的温度计，并用这种形式以图形方式记录下来。这只是从温度计的图像中提取本质的一小步。他会记录一个点，代表温度计中水银柱的顶部，将其作为笛卡尔空间一个适当的点：横轴是测量时间，纵轴是温度。威廉后来把将数字信息转换为空间形式的想法归功于他的哥哥。正如他后来所说：

> （图形）表现方式的优点是便于获得信息，并帮助记忆保留信息：这两点构成了我们所说的学习的主要任务。在所有的感官中，眼睛能最生动、最准确地反映任何可能呈现给它的东西。当

要凸显不同数量之间的比例时，眼睛有着无法估量的优势。(《统计学摘要》，1801年，第14页）

"我们称之为学习两要点"是他最早表达的观点之一，即图形的影响取决于数据特征的表现方式（"编码"）以及观看者对数据特征的理解和记忆方式。他明白：

> 眼睛是比例的最佳判断者，能够比我们的任何其他器官更快更准确地估计它……这种表达方式使很多孤立、抽象、毫无联系的概念有了形式和形状，从而能让观者获得简单、准确而持久的概念。(《商业与政治图解集》，1801年，第10页）

在这一点上，他是最早明确表达眼睛、大脑和对图表的理解之间联系的人之一。他还提前给出了现代认知心理学某些概念，如加工深度的释义，指出当人们以一种有意义而不是肤浅的方式处理信息时，他们会记得更牢。"不完全获得的信息，通常也被认为无法完全保留。"

1774年，14岁的威廉开始走上绘图这条路，当时他离开家，给苏格兰著名工程师、早期脱粒机发明者安德鲁·梅克尔（Andrew Meikle）当学徒。3年后，在伯明翰蒸汽机厂成立初期，威廉被推荐担任詹姆斯·瓦特的绘图员和助手，瓦特开始在那里开发自动记录温度和压力的设备。当他转而从事写作时，他作为绘图员所积累的经验对他很有帮助。他的兴趣从工程和制造扩展到了经济学问题，他意识到图形显示方法在观察温度变化体系方面非常有用，甚至有更大的潜力来澄清目前广泛可用的经济数据的模糊性。

1785年，普莱费尔编写了他的代表性作品《商业与政治图解集》初版，并分发给人们以征求意见。当时，詹姆斯·瓦特因改良蒸汽机而声名鹊起，蒸汽机使制造业发生了翻天覆地的变化，他对《商业与政治图解集》中的经济数据图形和表格持怀疑态度。瓦特的主要担忧至今仍很明显，那就是图没有权威性——图表中显示的数据看起来并不像表格中的数据那么严谨。瓦特认为，尽管有人可以凭空绘制图形，但他们不会编造数字，历史一再证明这一假设是错误的。瓦特还对陈述缺乏精确性表示担忧。

普莱费尔同意表格的表述可以更精确地显示数据，但他认为这种精确性往往是不必要的，而且与表述的目的无关。他反复强调这一点，且他在《商业与政治图解集》的导言中说得再清楚不过：

> 这种方法的优点并不是通过图给出更准确的陈述，而是通过向人们展示一张图，对不同时期各部分占比及变化给出一个更简单、更持久的概念。(《商业与政治图解集》，1801年，第9—10页)

随后，他（在《统计学摘要》的导言中）提出了一个现代论点，即图形演示更真实，因为它不会不恰当地以更高的准确度显示数据：

> 为什么会摒弃几十、几百个数据？因为这些信息与真相相差甚远，是一种超出真正达到的准确性的虚假。或者换个更形象的说法，它就像一个历史学家把宫廷和使馆的私人故事作为普遍事实来叙述，而这些故事的细节只有当事人自己知道，人们从未

相信过这些故事的公开报道。然而，对那些认为适合以另一种方式陈述其观点的人，我们不做任何细究，尽管数字的数量肯定会给记忆造成挑战，却不能令人满意地达到目的。(《统计学摘要》，1801年，第6—7页）

正是在这些理念中，普莱费尔彻底改变了我们现在所称的"图表"的基本理念：眼睛比数字表格更能判断比较，甚至简单的折线图也能使趋势和模式更容易理解和记忆。

普莱费尔的图形贡献

在将近40年里，威廉·普莱费尔对数据的有效图形显示做出了大量重要贡献。他的主要创新是绘制时间序列折线图，绘制一些随时间变化的变量；他还对两条曲线之间的区域进行着色，以显示它们的差异。此外，他还绘制了大量条形图，将一个定量变量显示为沿着某种刻度尺排列的矩形条，在不同的情况下使用不同的矩形条进行比较。传统的饼图和同一主题的变体图，有时称为"圆形图"，用来显示整体的各部分。

各种图形设计元素以前就被使用过，主要是在地图中。在普莱费尔的图形作品中，可以看出他已经为数据图表开发了一些图形语言元素，这些元素现在被认为是已发布数据图形中的标准惯例，其中一些如图5.1所示。他对图形的润色和改进包括以下内容：

（1）绘出图的**框架**。为标注和轴值在图内留出空间。

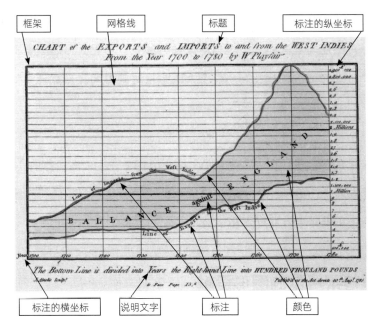

图 5.1　图形惯例：普莱费尔建立的一些统计图表基本图形惯例，旨在使图表更直观可读且易于理解

出自：威廉·普莱费尔，《商业与政治图解集》，伦敦，1786 年。（标注由作者添加。）

（2）**标题**。置于框架外或作为框架内的装饰，描述所显示的内容或图表的用途。

（3）**颜色编码**。例如，他用一条粗红线表示出口，用一条绿线表示进口，当出口超过进口（贸易顺差）时在它们之间的空白处用一种颜色填充，当出现贸易逆差时则用一种对比色。在当时，这需要对印刷品进行手工上色，但普莱费尔认为这对图像传播很重要。

（4）当颜料太贵或买不到时使用**阴影和点状圆点**。普莱费尔用阴影代替深色，用点状圆点代替浅色。

（5）**标注轴**。包括变量名称和单位。

（6）**网格线**。主网格线比次网格线刻得更深，给出两个级别的刻度。[2]

（7）**时间段指标**。强调有助于理解趋势或差异的时间跨度。

（8）**省去**非有效数字。普莱费尔通常将轴标签和显示的数据值四舍五入，以使它们更明显。

（9）定位时代历史事件的**事件标记**。他倡导了一种在重要日期加垂直网格线的做法，即使这意味着它们的间距不相等。但这种做法在今天很少被采用。我们用普莱费尔绘制的英格兰国债飙升的图来说明这一点，这是有史以来第一张试图用历史背景来讲述图形故事的华丽绘图之一。

（10）**理论值、假设值或预测值**。使用实线和虚线来表示。通常使用实线来表示观察到的值，使用虚线来表示理论值、假设值或预测值。

并非所有这些图形惯例都是普莱费尔首创的，但普莱费尔的伟大贡献在于他将所有这些元素结合起来，丰富了表现的形式及其传达给观众的信息。在这一点上，他创造了现代图表的基本理念——在叙述的背景下传达量化的事实。

第一张饼图

被用来表示时间（时钟、黄道十二宫）和空间（托勒密和哥白尼体系）的周期性现象的各种圆形图，可以追溯到古代。正如美国馅饼委员会（APC）所指出的，第一个馅饼食谱（一种黑麦山羊奶酪加蜂蜜馅饼）可以追溯到罗马人，把它切成楔形是很自然的。但要将切片的馅饼用于数据显示还得普莱费尔来实现。

现代饼图于1801年首次出现在《统计学摘要》中。普莱费尔在这里的目标是"根据全新的原则，展示欧洲每个国家和地区的资源"。在他的第一张图表中，如彩图5所示，他想显示各个国家的总体规模及其分区，还有其他旨在表现其繁荣程度的图形特征。为了达到这个目的，他使用了一系列的圆圈，每个圆圈的面积代表了1789年法国大革命前各个国家的地理面积。

这些圆圈内的标签说明了俄罗斯帝国和土耳其帝国[①]的大陆构成，其余都是欧洲的。棕色标记的国家是海上强国，淡红色的只有在陆地上才强大。土耳其帝国的黄色区域表示其位于非洲大陆上的一小部分。俄罗斯帝国的两个同心圆表明，它占据了两个大陆的部分地区，大部分在亚洲，但仍是欧洲最大的国家。规模次之的是土耳其帝国，它横跨三大洲。普莱费尔最初试图将土耳其帝国的国土面积表现为三个同心圆，但他对观众感知其中所属三大洲各部分相对大小的准确性不满意，因此他将这三个区域表现为同一圆的三个扇形。于是第一张饼图便诞生了。

普莱费尔通常会设计数据丰富的图，这次也不例外。除了表现每个国家的实际面积和大陆位置外，每个圆圈上还刻有一个数字（例如，瑞典为14），表示该国每平方英里的人口数。最后，每个国家左边的红线表示居民人数（以百万计），每个国家右边的黄线表示其收入（以百万英镑计）。通过结合人口、收入和国土面积的数据，他创造了可以被视为多元数据显示的图形鼻祖。

普莱费尔解释道，连接人口和收入的虚线"仅仅是为了将属于同

[①] 即奥斯曼帝国，为土耳其人建立的帝国，创立者为奥斯曼一世，极盛时势力达亚欧非三大洲。——译者注

一国家的线连接在一起。这些线条从右向左（例如，葡萄牙、英国和爱尔兰以及西班牙）或从左向右（所有其他国家）上升，显示了无论收入是否与人口成比例，这个国家都背负着沉重的税收和其他负担"。这些倾斜的线条让人产生视觉上的推断，即它们的斜率反映了每个人的相对税收负担。但这是错误的，因为国家的圆圈有不同的直径，并且人口和收入以不同的比例显示。然而，斜线确实区分了西班牙、葡萄牙、英国和爱尔兰（线条左高右低）与其他国家（线条左低右高），这可能就是普莱费尔的全部意图。

普莱费尔在《统计学摘要》中画了第二个饼图，显示了1801年欧洲国家的国土面积、人口和收入的类似数据，这是在波兰分裂和法国与奥地利签订《卢内维尔条约》之后，反映了拿破仑和其他政治风云变幻带来的结果。前德意志帝国被奥地利（A）和普鲁士（C）瓜分，其余部分由德国王公（B）控制。图5.2显示了这个饼图的相关细节，类似于彩图5。

图5.2左侧的表现土耳其帝国的饼图与上述情况类似。但德意志帝国政权的变化带来了需解释的问题，普莱费尔试图以视觉方式解决这些问题：如何将前德意志帝国与欧洲其他地区进行比较，如何显示新的政治控制细分情况，以及如何显示变化。中间部分是他用来代替德意志帝国的饼图，按政治控制区域划分。

在该图的右侧，据我们所知，他尝试了一些以前从未在视觉呈现中做过的事情：在图中以重叠的区域来说明问题。在这张图中，最左边的圆圈A表示新奥地利的统治区；最右边的圆圈C表示普鲁士的统治区；中间的圆圈B代表前德意志帝国的统治区，其面积与图5.2中间的饼图相同。A和B的重叠区域应该是奥地利统治的地区，B和C

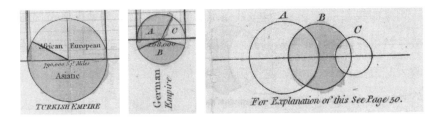

图 5.2　普莱费尔饼图细节：饼图的3个细节，显示了两张饼图（左，土耳其帝国；中，德意志帝国）和一个类似维恩图（右）的德意志帝国示意图

出自：威廉·普莱费尔，《统计学摘要》，伦敦，1801年。

的重叠区域应该是普鲁士统治的地区，B 的其余部分代表其他德国王公统治的省份。

用逻辑图表示重叠区域的抽象概念源于中世纪，由加泰罗尼亚哲学家拉蒙·勒尔（Ramon Llull, 1232—1316年）在其1305年的《大术》（*Ars Magna*）一书中提出。普莱费尔之后又过了80年，约翰·维恩（John Venn, 1880年）[3]正式提出使用重叠的圆圈来表示逻辑命题（"所有瑞典人都有金发""有些金发女郎更有趣"），以及可以从中得出的逻辑结论。这种相交圆的图形形式后来被称为**维恩图**，如今被广泛使用。

普莱费尔在图形上的尝试并不完全准确，但他是第一个尝试这样做的人，他的数据显示了交集的大小与区域的面积大致成比例。如何对4个或更多数据准确地做到这一点，使所有的交叉都被显示出来，这一理论问题是计算机图形学和计算几何学的学者不断探讨的话题。

不起眼的饼图

饼图的主要价值在于，它可以显示所有组成部分的总和。然而，实验证据一再表明，点图可以让我们更准确地看到每个类别的相对大小，并且可以用比饼图多得多的类别来达到这个目的。[4] 点图不能显示总数，但这似乎是为它们具有很多优点付出的一个小代价。在为一个特定的目的发明了饼图之后，普莱费尔很少再次使用这种形式，这并不奇怪。那么，为什么饼图在两个多世纪以来一直很受欢迎，经常出现在公司报告和精美的新闻杂志中？[5]

一个显而易见的答案是，用颜色填充切片可以提供比点和线更广泛的选择。另一个原因是其结构紧凑和易于理解的特点（当类别数量不多时），使复杂的情况能以明晰易懂的形式显示。在他的整个作品中，普莱费尔使用图形显示向读者或观众讲述复杂、数据密集的故事。其他采用这种交流模式的专家也有同样的愿望，有些人能够将普莱费尔的饼图理念提升到更高的层次。

1858 年，查尔斯·约瑟夫·米纳德（Charles Joseph Minard, 1781—1870 年）出版了一张法国地图（见彩图 6），其中嵌入了 40 多个饼图。每个圆圈代表一个省，其面积与该省运输到巴黎的肉类数量成正比。每个圆圈被分为 3 类：黑色代表牛肉，红色代表猪肉，绿色代表羊肉。米纳德还制定了为远离巴黎的省份使用不同背景颜色的惯例，这些省份运输到巴黎的肉类数据要么丢失了，要么为零。

米纳德的地图显示了一些更微妙的东西。因为远距离运输货物的成本通常更高，所以人们会认为，圆圈的大小会因该圆圈代表的省与巴黎的距离而不同，距离越大，圆圈越小（运输的肉类越少）。但在这张图中，情况并非一律如此。大量牛肉来自巴黎以东的地区，若考虑到距离，来自法国中南部的数量则有些突出，包括中央高原周围的利穆赞地区。利穆赞牛肉至今仍然是整个法国和其他地方的最爱。

因此，当与其他图形形式（这里是地图）结合时，不起眼的饼图可以快速讲述一个复杂的故事。乍一看，我们发现只有不到 12 个省份供应着巴黎的大部分肉类，其中 4 个省份提供大部分猪肉，3 个省份提供大部分羊肉。使用在法国地图上按地区划分的多个分割圆让其成为一种有效的图形显示。[6] 每张饼图结合了两个视觉特征：面积（代表肉类总和）和按类型的细分。它们与地图的结合引人注目。

这种将分割的圆圈（和其他细分形式）用作较大显示中的小部分的做法，后来在 19 世纪末制作的几套国家统计图册中得到了广泛应用。其中最令人印象深刻的是法国公共工程部于 1879—1899 年在埃米尔·谢松的指导下出版的一系列《统计图册》（*Album de Statistique Graphique*），这些作品将在第 7 章中详细介绍。

彩图 7 所示是众多使用比例和分割圆圈来描绘法国商业各个方面的一个很好的例子。这张图是为了同时显示通过火车或船只运输的各种类型的货物经由各种运河和河流到达巴黎港口的情况，以及到达主要海港勒阿弗尔、波尔多和马赛的货物构成。巴黎的中央饼图显示了该市的总数。

七大类商品（加上"其他"）以彩色饼图显示，包括建筑材料（红色）、肥料（蓝色）和"可燃材料"（即煤炭：黑色）。右下角的条形图按运输方式和原产国进一步细分了这些商品。

时间序列折线图

普莱费尔的主要图形贡献是他第一次使用也是最常使用的折线图，通常显示一段时间内的经济数据。他使用多条曲线来对比不同的情况，然后对以前没有直观展示过的重要经济问题进行推理。通过这种方式，他为公众和决策者提供了思考这些问题的新方式。

普莱费尔的《商业与政治图解集》主要由时间序列折线图组成，旨在强调英格兰与其他贸易伙伴之间的贸易平衡。他在两个世纪前就明白了现在已经成为常识的一点，即采用一小套可用于不同数据集并可重复使用的显示格式比尝试创新并为每个数据集采用一种新颖的格式要好得多，因为这样一来，读者只需面对一次不熟悉的设计。

普莱费尔的《商业与政治图解集》完美地遵循了这一原则。几乎所有章节都有相同的形式：用一张图表来显示英格兰和该章主题国家之间的进出口情况，然后他会对图表中所示内容进行解释性叙述、讨论。下面两个例子说明了普莱费尔的图解法，但有不同的说明目的。

进口与出口

图 5.3 所示是普莱费尔的典型做法，涉及整个 18 世纪英格兰和德国之间的贸易。它遵循图 5.1 所示的图形惯例，但有一些小的修正：纵轴（货币）的名称显示在左侧边界，横轴（时间）的名称显示在顶部。每年，出口都超过进口，因此两条曲线之间的区域被标记为"有利于英格兰的差额"。

普莱费尔使用图中的信息作为讨论的起点。数据本身回答了"发生了什么"这个问题，但不做解释。普莱费尔认为，差额可以从英格兰制造业的角度来理解：

> 与德国的贸易量非常可观，从其本质上说，它也是我们商

113

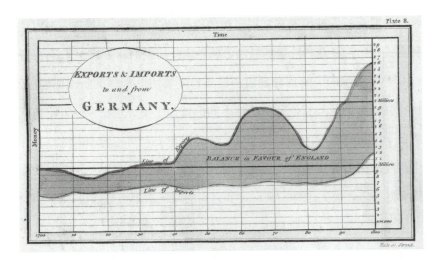

图 5.3　英格兰与德国之间的进出口情况

注：这是一张时间序列折线图，显示了整个 18 世纪英格兰对德国的进出口情况。曲线之间的区域代表贸易差额，标记为"有利于英格兰的差额"。

出自：威廉·普莱费尔，《商业与政治图解集》，伦敦，1786 年。

业中最有优势的分类之一……我们从那里进口的主要是原材料，而我们出口的主要是制成品，其价值源于制造过程中的劳动和工艺。因此，如果这些物品具有很高的内在价值，那么它们可以发挥更大的优势，为我们带来的财富是贸易所带来的财富的两倍多。

然而，他接着解释道，"出口到德国的物品主要是德国人自己制造的那些"，但德国的制造业受到了"与自由和公司有关的严格法律"的制约。显然，普莱费尔会发现自己与当今一些保守的反监管势力站在同一立场。

现代读者可能会看到这张图表并注意到需要进一步解释的特征：

从德国进口的水平在很长一段时间内保持相对稳定，只在最后10年中略有上升。然而，英格兰的出口虽然总体呈上升趋势，但经历了几次增长和下降，随后在最后20年中出现了大幅增长。对普莱费尔来说，即使是如此简单的折线图也具有强大的力量。他会同意约翰·图基的观点："一幅画的最大价值在于它迫使我们注意到我们从未想过会看到的东西。"[7]

普莱费尔知道的如此之多，因此他无法仅仅接受数据的表面信息。当他发现是他认为的某种曲解时，他会用图形和文字来描述它，以阐明他所理解的真相。这一点在他对英法贸易的评论中再清楚不过了，而且，他的评价也不总是那么温和。[8]

普莱费尔选择以每年0—200万英镑的范围绘制英法之间的贸易（见图5.4）。这似乎异常"有利于英格兰"：除了1783—1788年突然

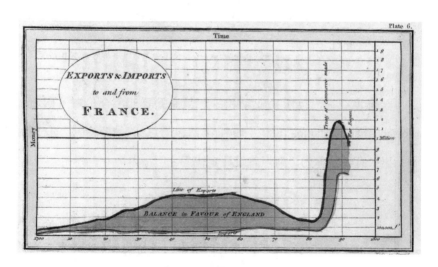

图5.4 英格兰与法国之间的进出口情况

注：这是一张时间序列折线图，显示了整个18世纪英格兰对法国的进出口情况。
　　曲线之间的区域代表贸易差额，标记为"有利于英格兰的差额"。
出自：威廉·普莱费尔，《商业与政治图解集》，伦敦，1786年。

上升的时期外，贸易额始终低于每年 50 万英镑。为什么普莱费尔没有按照他一贯的做法，让数据的范围来决定图形的边界？

这样一看，观众立即被贸易的局限性震撼。英格兰与法国的贸易尤其如此，因为地理和历史的原因，它们本就应该有实质性的商业关系（英格兰与德国的平均贸易额是其与法国的 10 倍）。这张图提出了一个问题："怎么了？"普莱费尔则回答道：

> 摆在我们面前的是对两国贸易的一种非常荒谬的描述，从两国的情况和产品的性质来看，我们可能会发现贸易额巨大。但是，由于一种奇怪的政策，贸易额却极其微不足道。
>
> 毫无疑问，非法贸易额远远超过这里所述的数额，这里只包括定期进口的货物。这种交易为我们提供了一个令人震惊的例子，说明草率制定的法律效力低下，而且为逃税提供了很大的空间。

（第 31 页）

一个世纪后，英国工业家和统计学家乔赛亚·查尔斯·斯坦普（Josiah Charles Stamp, 1880—1941 年）爵士总结了普莱费尔的智慧，他指出（有时被称为"斯坦普统计定律"）：

> 政府非常喜欢收集大量的统计数据，然后对它们作 n 次幂处理，提取它们的立方根，并将结果排列成精美且令人印象深刻的图形。然而，必须时刻记住的是，在任何情况下，数字都是由一名乡村看守员首先记录下来的，他喜欢什么就记什么。[9]

图 5.4 给出了另一项创新，即插入可能的原因作为标签，给出历史背景。看到 1783 年贸易（出口和进口）的突然增长，观众自然会想知道"为什么"。

普莱费尔插入了一个看似合理的原因：1785 年左右的《通商条约》（*Treaty of Commerce*）。他还提醒观者，1789 年贸易的突然下滑恰逢法国大革命的开始，这个时期贸易不太可能繁荣。这些标签帮助我们理解我们所看到的折线背后的原因。不过，我们也应该相应地在横轴下方的 10 年期时间标签之间插入这些可能原因的发生时间，以引起观者注意。普莱费尔在随后的设计中解决了这一问题。

普莱费尔的失败：曲线差值图的问题

普莱费尔似乎对图形设计有一种直觉，他推崇图形方法的优点，这有助于看到并记住数字数据的变化趋势："眼睛有着无法估量的优势。"

他在《商业与政治图解集》中画出一系列图表（这里以图 5.3 和图 5.4 为代表）的主要目标是，通过两条曲线之间的差异或面积来显示对英格兰有利或不利的贸易差额。就这个目标而言，从现代视角来看，普莱费尔并不成功，但他和其他任何人都没有注意到。

很遗憾，在这种情况下，人类的认知很容易被误导。在 1984 年的一系列实验中，威廉·克利夫兰（William Cleveland）和罗伯特·麦吉尔（Robert McGill）证明，眼睛无法可靠地感知两条曲线之间的垂直**差异**，并以普莱费尔的一张图表为例。

图 5.5 的左图显示了英格兰和东印度群岛之间贸易图表的简单版本，该图出现在《商业与政治图解集》第一版中。[10] 很容易看出，英

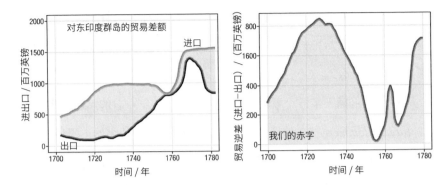

图 5.5 绘制曲线之间的差：左，普莱费尔的英格兰与东印度群岛进出口贸易图表的再现；右，贸易差额的直观图

出自：改编自威廉·克利夫兰的《绘图数据的要素》(*The Elements of Graphing Data*)。新泽西：霍巴特出版社，1994 年，图 4.2。

格兰在这一时期的进口总是大于出口，但很难看出贸易赤字的大小。

图 5.5 的右图直接绘制了贸易逆差（进口-出口）随时间变化的情况。令人惊讶的是：(1) 贸易逆差在 1726 年左右最大；(2) 1755—1770 年期间有非常奇特的波动；(3) 1710—1740 年间的平均赤字与 1780 年的赤字差不多大。

英格兰的国债

图 5.6 所示是普莱费尔最引人注目的贡献之一。它融合了数据和设计创新，提供了一个令人信服的视觉论点——将数据和历史联系起来。这张图的目的是将英格兰的国债与重大事件，主要是战争联系起来。

普莱费尔这样画图是因为他认识到图的网格与工人为建造建筑物而搭建的脚手架具有相同的作用，正如脚手架在建筑物完工后被拆除一样，图形的网格线也是如此。普莱费尔认识到，1700 年、1710 年

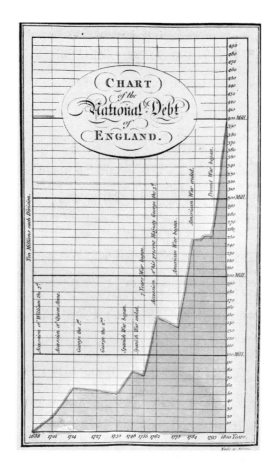

图 5.6　普莱费尔绘制的英格兰国债情况图：包含了大量解释性的辅助信息，这些信息完美地结合在一起

出自：威廉·普莱费尔，《商业与政治图解集》，伦敦，1786 年。

或 1720 年发生的事情并不重要；相反，观者对特定日期的兴趣会在下面两种情况下产生，将原因或解释与历史事件联系起来：

- 在数据中看到的结果暗示了一个问题时，例如在 1730 年或 1775 年发生了什么使债务突然上升？再如在 1748 年或 1784

年，是什么导致了随后的债务下降或稳定？
- 当看似有影响的事件发生时，我们想知道其对国债的影响，例如安妮女王（Queen Anne）1701年即位，或乔治二世（George II）1727年即位有什么影响？

考虑到这一点，普莱费尔绘制了如图5.6所示的图表。但他用历史上发生重大事件的年份取代了以均等年份（如数十年）为间隔的横轴划分。

因此，垂直网格线在整个世纪中的间隔不再相等，并且每条垂直线都用有影响力的因果事件进行注释。这是一个相对较小的变化，但其效果是在图表和叙述性论证之间建立了更紧密的联系。

我们看到国债在1730年西班牙战争开始时增加，并在1748年战争结束时减少；在1755年七年战争① 开始时明显上升，在1762年战争结束时［乔治三世（George III）登基］有所下降。然后，它从1775年美国独立战争开始时跃升，到1784年战争结束时减少。信息很明确：战争对国债不利。

普莱费尔显然明白，数据的感知很容易通过图形宽度与高度的比率（即横纵比）来控制。这个比率的选择很大程度上是主观的。如果横轴的范围比纵轴的大得多，那么高耸的山峰就可以变成逐渐平缓的平原了。为了更有力地证明他关于国债不断飙升的观点，普莱费尔选择了让这张图的高度大于宽度，这种形式可能会挑战当时的图书制作。

---

① Seven Years War，指英国－普鲁士联盟与法国－奥地利联盟之间发生的一场战争。但战争时间有说为1756—1763年的。——编者注

关于有效设计的现代研究表明，横纵比选择的最佳解决方案通常是使图中的主要图案尽可能接近对角线。普莱费尔有先见之明的设计符合这一建议，尽管验证这一建议的实验证据近 200 年后才给出。

条形图

在编制《商业与政治图解集》时，普莱费尔对苏格兰与其贸易伙伴之间贸易数据的匮乏感到失望。相对于英格兰与其贸易伙伴之间一个世纪的贸易数据，他却只发现了苏格兰与英格兰之间仅一年（1781年）的贸易数据。这样的数据无法让他获得一段时间内的贸易趋势，但这样的数据缺乏并不像忽略对苏格兰贸易的任何讨论那么严重。用他的话说：

> 这部作品的局限性是它无法介绍苏格兰多年来的贸易情况，为了了解该地区的事务，却有必要获得这一信息。尽管不能全面介绍这些贸易，但如果忽略这个王国这么大一部分地区的利益，那将是非常不应该的。

那他会如何介绍苏格兰对其他地区仅一年的进出口情况呢？他发明（或改进）了条形图，使用并排的矩形条来比较进口和出口（图5.7），并在这个过程中展示了一些全新的东西。

说起他的条形图，普莱费尔表示："这个图表在原则上与其他图表不同，因为它不将时间作为变量。它的实用性远不如那些以时间为横轴的图表，因为尽管它给出了不同贸易分类的范围，但它并没有在不

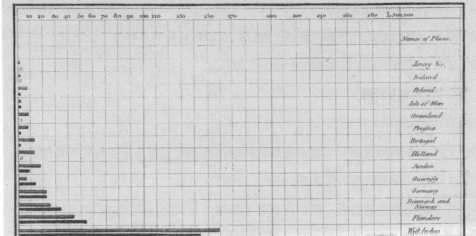

图 5.7 普莱费尔的第一张条形图:显示了 1781 年 17 个不同地区对苏格兰的进口(灰条)和出口(黑条)情况

出自:威廉·普莱费尔,《商业与政治图解集》,伦敦,1786 年。

同时期将同一商业分类与其自身进行比较。"(《商业与政治图解集》,第 101 页)

然而,尽管普莱费尔不太看好这项发明,但他的条形图在第一次印刷时就完全正确(或足够接近):

- 他将其绘制为水平条形图,以便在右侧水平书写地区标签。
- 他按地区而不是按进口与出口对矩形条进行分组。如果按后者分组则会使贸易伙伴的比较变得更加困难。

- 分别对比灰条或黑条，可以直接比较苏格兰对每个贸易伙伴的进出口情况。
- 最重要的是，他根据**数据**对贸易地区进行了排序，以显示贸易伙伴的重要性。观者可能会问，为何不按**字母顺序**排列，这样查找地区更容易啊（"荷兰在哪里？"）？答案是，这将使整个图案很混乱，完全区分不了各地区的进出口情况。

在这张图表中，人们的目光立刻被吸引到了底部的长条上——苏格兰与爱尔兰、俄罗斯、美国和西印度群岛的贸易。这也是普莱费尔想传达的主要信息。仔细观察会发现更多：苏格兰和爱尔兰之间的贸易以苏格兰的出口为主，其出口与进口之比为3∶2；与俄罗斯的贸易几乎完全是进口；在与美国的贸易中，苏格兰的出口多于进口；与西印度群岛的贸易则二者大致持平。这张图使用的另一个惯例是将零明确标为"0"，而不是给出空条来表示。

早期条形图

普莱费尔并不是第一个构思条形图的人，早在1480年左右，尼科尔·奥雷姆就提出了通过使用"管道"（图2.2）来表示一些物理量的想法。

在普莱费尔之前10年，菲利普·布歇（Philippe Buache）与纪尧姆·德·莱尔（Guillaume de L'Isle）合作出版了《自然地理地图和表格》（*Cartes et tables de la géographie physique*），其中给出了塞纳河不同时间高低水位条形图和相关数据表，1732—1766年每半年作一个单位。图5.8所示是我们所知的第一张真正的条形图。那么，为什么布歇在历史上通常不会因为这一图形创新而受到赞誉呢？

布歇是一位自然地理学家，他对绘制地形海拔图习以为常。为了显示随时间的变化，对于横轴，他用时间取代海拔，并使用两个不同的阴影水平来区分高低水位。布歇可能没有意识到自己做了什么新奇的事情，他只是将图5.8顶部所示的数字表转化为图形，这些数字来自塞纳河上记录的水位物理标记。

随后，普莱费尔就提出了使用长条来展示一些无形东西的想法——对苏格兰的进出口，可以用一种新的方式来理解。

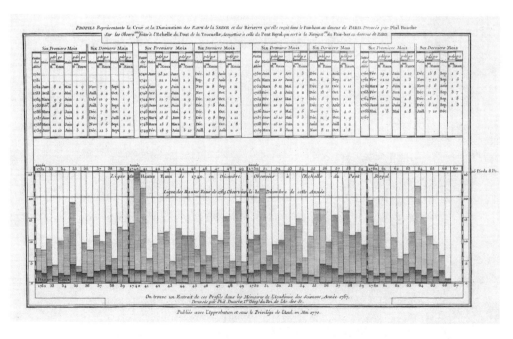

图5.8　已知的第一张条形图：由菲利普·布歇和纪尧姆·德·莱尔共同绘制的条形图，展示了1732—1766年35年间塞纳河的高低水位标记

出自：菲利普·布歇，《自然地理地图和表格》，巴黎，1754年。

历史图表

普莱费尔在图表中报告的数据是他进行了长期历史观察的结果，这一点值得赞赏。他对自己的第一张条形图（图5.7）并不满意，尽管它的设计和制作都很周密，但缺乏信息的深度和丰富性，而这正是他所追求的。因为他的大部分时间序列图都包含跨越一个世纪的数据，所以他一定觉得仅包含一年进出口数据的图存在局限性。然而，缺乏数据的事实又没办法改变，他不得不绘成图5.7这样的形式，但他不一定喜欢这样做。

40年后，在一本名为《关于我国农业困境、原因和补救措施的信》（*A Letter on Our Agricultural Distresses, Their Causes and Remedies*）的小册子中，普莱费尔发现了条形图的用途——完善他钟爱的时间序列图，并发表了如图5.9所示的细节极其丰富的图。对应右纵轴，图上的矩形条显示四分之一蒲式耳小麦的价格，单位为先令。在这些矩形条下方的一条曲线，描绘了一名优秀技工的周薪，对应左纵轴，以先令为单位。此外，这幅作品跨越了1565—1830年的265年，并在边框顶部增加了从伊丽莎白一世（Elizabeth I）到乔治四世（George IV）的在位君主的名字及代表其统治期的细长条。

普莱费尔制作这幅图的主要目的是提供证据，证明在所描述的两个多世纪里，小麦对工人来说越来越便宜了，同时也为这种关系在不同历史时期的变化情况提供一些背景。为了做到这一点，他结合了3种图形形式：一是工资折线图，随时间的变化相对平稳；二是小麦价格条形图，以5年为基本单位；三是在顶部显示君主统治的历史时间线,这些都是按观察变量随着时间变化发展绘制的。

然而,普莱费尔的结论对大多数观者来说并不明显。充其量,我们可以认为这张图是一张精美的信息图表,由一位大师级的工匠精心制作,并且是其他人在图形设计中寻求灵感的模型。在最坏的情况下,这张图表可以被认为是一张失败的图形,因为它没有将信息直接传达给眼睛。图 5.9 展示出的普莱费尔的问题是,他认为自己的图完全是根据时间单独显示变量的方式来绘制的,他没有或不愿意考虑直接绘制派生变量。作为对比,我们将在第 6 章讨论图 6.5(彩图 10 为图 5.9 的彩色版本)。

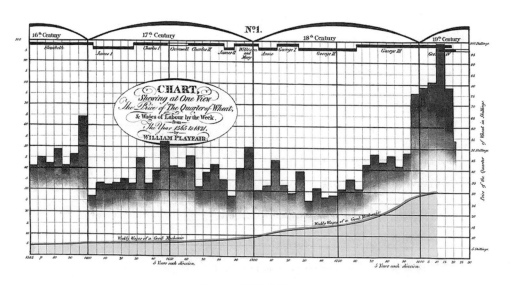

图 5.9 平行时间序列

注:本图显示了三个平行的时间序列。四分之一蒲式耳小麦的价格(直方条),一名优秀技工的周薪(直方条下面的线)和从伊丽莎白一世到乔治四世(1565—1820 年)的英国君主统治的时间跨度(最上方细长条)。

出自:威廉·普莱费尔,《关于我国农业困境、原因和补救措施的信》,伦敦:W. 萨姆斯,1821 年。

普莱费尔另一张非常引人注目但鲜为人知的图表也值得在此一提。在 1805 年的作品《强国和富国衰落的永久原因调查》（*An Inquiry into the Permanent Causes of the Decline and Fall of Powerful and Wealthy Nations*）中，普莱费尔利用他的"世界商业史图表"回顾了从公元前 1500 年至今的整个古代和现代国家的历史，如彩图 8 所示。在这幅图中，横轴为时间，带有垂直分界线和"与商业有关的引人注目的事件"的标签。古代国家（从底部的埃及到顶部的君士坦丁堡）的财富和商业在底部用粉色背景的填充图显示；那些"在现代繁荣的国家"（从西班牙到俄罗斯，然后是美国）出现在顶端。

科学家和自然哲学家约瑟夫·普里斯特利（1733—1804 年）是氧气的共同发现者，他在 1765 年的"传记图表"中介绍了第一个现代时间线[11]，该时间线显示了公元前 1200—公元 1750 年 2000 位名人的寿命。第二张更具雄心的"新历史图表"试图展示这一时期不同国家、民族和帝国的整个历史。[12]

普莱费尔显然知道普里斯特利的时间线图，但普莱费尔在他的"商业史"图中所呈现的是更简单、更有力、更直观的东西。他将政治实体等价于财富和商业体的集合。[13]

因此，人们可以很容易地看到随着时间的推移国家的兴衰及其影响力的跨度。他的视觉信息非常明确：为了保持财富和繁荣，各国必须关注商业、贸易差额和国家债务。

普莱费尔在这里创建的视觉形式，即没有细节、能显示整体趋势并可直接进行视觉比较的小图表，在 1983 年由塔夫特制作得更清晰，更普遍有用，这些图表后来被称为"迷你图"（小而密集、文字大小的图形）。它们是极小、极简的图形，可以像普莱费尔在这里所呈现的那样，在表格或更大的图表中用作图形元素。

它们甚至可以嵌入文本中，用来直接说明某种趋势，而不需要单独的图形，例如："过去 60 年来，极端天气事件的数量持续稳步上升，时有起伏。"迷你图将数据图形带入排版领域，并有可能使文本、表格、社交媒体，甚至智能设备在视觉呈现上更加丰富。

脊线图

普莱费尔在"世界商业史图表"中采用的图形创意还有更多内容。和历史上很多其他优秀的图形创意一样，它最近被重新发现并被赋予了新的名称，却没有承认普莱费尔是其发明人。

共享同一纵轴的多个时间序列图的难度在于它们会以复杂的方式交叉，并且很难区分。使用相同水平刻度，但具有不同纵轴的图，如彩图 8 所示，彻底改变了此类数据的呈现方式。

彩图 9 显示了基于 1963—2013 年美国众议院和参议院所有唱名投票的自由派（消极）—保守派（积极）的年度得分分布。[14] 很明显，随着时间的推移，美国立法者的投票越来越两极分化，但这种转变是不对称的：共和党人的整体分布明显向右移，而民主党人的分布只略微向左移。

此外，美国两党，尤其是民主党，逐渐变得更加同质化，因为他们的得分分布变得更窄。

这张图的显著特点是，在相对较小的空间内可以看到如此多的信息。它显示了跨越 51 年的两党的执政频率分布，每个政党的情况都由一条平滑曲线（密度估计）总结。图的垂直尺寸很小，所以有很多重叠。为了解决这个问题有种图形技巧应运而生（普莱费尔那个年代不可实现）：每条曲线下方的区域使用部分透明的颜色进行着色，因此可以将重叠视为阴影强度的增加。

为什么是普莱费尔？

在考虑到威廉·普莱费尔的奇思妙想和笔下涌现出的大量图形化思想和理解之后，人们自然会问："为什么是普莱费尔？""为什么是那个时候？"这就引出了一个更大的问题："是英雄造时势还是时势造英雄？"这些发展在当时是必然，所以如果普莱费尔没有提出来，其他人也会提出来吗？或者仅仅是因为普莱费尔的特殊眼光和天赋，才使其远远领先于同时代的其他人？

我们无法确定答案，但我们相信答案几乎肯定是人、时间和更多因素的结合。问题反复出现，而当技术足以解决问题时，解决方案就会出现。同时必须有一个人关心这个问题，并且有聪明才智使用技术。最后，环境必须足够有利，以使解决方案能够经受住镇压它的企图。[15]

对于"为什么是普莱费尔"这个问题，很显然，普莱费尔从他哥哥的早期指导中获得了可视化的想法，并从他作为绘图员的训练中掌握了制作图表的技能。他学会了从视觉上思考现象和事件，并对有效和视觉上令人愉悦的设计有着非凡的眼光。

然后那个时刻到来了：从数据中了解情况的想法变得越来越强烈，尽管还无法以图表的形式展现。普莱费尔意识到，他可以用这种媒介来讲述故事，进行论证，远比用单纯的文字和数字效果好。自然科学和经济学的数据领域得到了开拓和充实。现在已准备好将它们推向市场：以一种新的形式普及，旨在将论据和证据直接传达给眼睛。

1787年，就在法国爆发革命前两年，韦尔热纳伯爵（Count of Vergennes）向君主制垮台前的最后一位法国国王路易十六（Louis XVI）的宫廷赠送了一份礼物。礼物包含了一份普莱费尔的《商业与政治图解集》，该图集于前一年在伦敦出版。与传统图集不同的是，该图集不包含地图，但它确实包含了各种不为大众所熟悉的新图表。路易十六是地理爱好者，拥有很多精美的地图集，他饶有兴趣地研究了他收到的礼物。虽然这些图表很新颖，但路易十六很快就理解其目的。很多年后，普莱费尔写道，国王"立刻就理解了图表，并非常高兴。他称它们适合所有语言背景，而且非常清楚，容易理解"[16]。

普莱费尔的遗产

尽管我们今天将普莱费尔誉为现代数据图形之父，但公平地说，普莱费尔革命性的图形思想在他的一生中并没有得到充分的重视。他优雅的图形创新经常被忽视，有时甚至被贬低。例如，他的英格兰国债图表被批评为"仅仅是想象的游戏"[17]。由记录装置绘制的图形图像，例如气压（图1.4），相当容易理解。然而，像国债这样的无形数据图表似乎让人难以想象。[18]

直到19世纪后半叶，普莱费尔才产生了很大的影响。在英国，著名经济学家威廉·斯坦利·杰文斯（William Stanley Jevons）毫不犹豫地采用了普莱费尔的方法。[19]也许更重要的是，杰文斯影响了伟大的生物计量学家卡尔·皮尔逊，使其理解并讲授了普莱费尔的图解法。

在法国，普莱费尔的影响可以从查尔斯·约瑟夫·米纳德（彩图6）和《统计图册》（彩图7）的指导者埃米尔·谢松的作品中看出。1878年，艾蒂安–朱尔·马雷（我们将在第9章中再次介绍他）在第一本关于这一主题的书《图解法》中赞扬了普莱费尔的方法。

到1885年，在伦敦统计学会（现为皇家统计学会）的银禧纪念日上，用图解法和视觉推理得出结论几乎成为主流。著名政治经济学家艾尔弗雷德·马歇尔（Alfred Marshall, 1842—1924年）[20]向与会者介绍了图解法在理解经济趋势方面的益处，用的是文字，而不是图片。埃米尔·勒瓦瑟（Émile Levasseur, 1828—1911年）[21]代表了法国的观点，并对当时使用的各种图表和统计地图进行了调查。普莱费尔关于视觉修辞和以图形方式解释思想的观点最终深入人心。

直到最近，伊恩·斯彭斯（Ian Spence）、斯科特·克莱因（Scott Klein）和科林·芬恩（Colin Fenn）才发现并讲述了普莱费尔生命中最后一段悲伤而不光彩的篇章。[22]他那些远大而有些见不得人的计划都落空了，他的书和小册子并没有让他变得富有，甚至让他连房租都付不起。在生命的最后几年里，他一直都不如意，尤其受债务和不断恶化的健康状况所困。

普莱费尔于1823年2月11日去世，可能死于晚期糖尿病并发症，葬在汉诺威广场圣乔治教堂的贝斯沃特公墓。斯彭斯和他的同事们追溯了这个埋葬地及后续历史。这个埋葬地所在地点现为兰斯伯勒酒店。因此，普莱费尔的坟墓没有标记；但至少现在数据可视化的历史学家和普莱费尔的粉丝们在伦敦有了凭吊之地，就能像伊迪丝·比阿夫（Edith Piaf）和奥斯卡·王尔德（Oscar Wilde）的粉丝们在巴黎参观拉雪兹神父公墓时那样做。

第 6 章

散点图的起源和发展

正如我们在第 5 章中所看到的,大多数现代形式的数据图形,即饼图、折线图和条形图,通常可以归功于 1785—1805 年的威廉·普莱费尔。所有这些,即使以二维图的形式呈现,本质上都是一维(数据)的。它们展示了一个单独的定量变量(如土地面积或贸易价值),按分类变量划分所得到的图形,如饼图或条形图;或随时间变化(如可能单独绘制的进口和出口曲线)的情况,如折线图。

在语言和图形分类的发展过程中,普莱费尔的图形和其他数据的视觉呈现在这个时候可以被认为是 1.5 维——不只是显示单个变量,但还未达到二维状态。在普莱费尔的视觉理解中,他图中的横轴最常用来显示时间,这迫使他使用其他手段来显示纵轴变量与其他变量的关系。

数据图形领域的下一个重大发明,即第一个严格意义上的二维图是散点图。确实,在统计图形的所有形式中,散点图可以被认为是整个统计图形历史中最通用且最有效的发明。[1]

散点图的基本特征是，两个定量变量基于相同的观测条件（如图 6.1 中的工人 J.）下测量，将这些值表现为与两个相互垂直的轴相关的点；目标是展示这些变量之间的关系，通常是纵坐标变量 y 如何随横坐标变量 x 而变化。

图 6.1 显示了一个典型的现代散点图。很简单，它将横轴 (x) 上一些工人的经验年限与其纵轴 (y) 上的当前年收入联系起来。图中 (x, y) 坐标系上的一个点表示 10 名工人中一名工人的经验年限和年收入。这种图的目标是回答这样一个问题："经验如何决定年收入？"现代统计和图形方法可以提供一些答案，同时也显示了这种评估的不确定性。

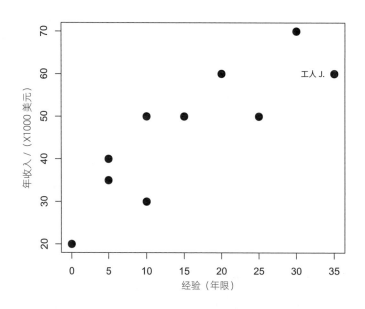

图 6.1 现代散点图：一种传统的现代散点图，描述了假设的一组 10 名工人的年收入和经验年限之间的关系（本书作者提供）

图 6.1 的简单"解读"是：年收入随着经验年限的增长而增加。散点图的一个优点是，它成为关于关系的更深层次问题的切入口，这些问题可以用图形来回答：

（1）这种关系是合理的线性关系吗？根据这 10 个点在图上拟合出一条平滑曲线。

（2）数据中是否有足够的证据表明经验的增长会带来更高的年收入？为拟合关系画一些置信区间。

（3）如果我工作 50 年，我的年收入会是多少？将直线或曲线绘到 50 年。

（4）男女是否同工同酬？使用不同的点符号或颜色对其加以区分。

（5）在我的叙述中是否有任何特殊情况要提及？给它们加标签。

像图 6.1 这样的例子，即散点图的现代形式，花了很长时间才形成——直到弗朗西斯·高尔顿研究性状的可遗传性时。在此之后，读者可能会开始看到类似图 6.1 这种框内包含圆点的图片，并从中进行推理。笛卡尔坐标系，尤其是地图坐标系，早已为人所熟知。但这种圆点图需要更多发展才能被视为科学现象的一种视觉解释形式。在这方面，高尔顿从如何理解性状遗传的问题入手：他通过统计图表了解了情况。这些成为相关和回归统计思想的起源，也因此成了现代统计方法学的重要组成部分。

不是散点图的早期显示

统计图形的历史包括相当多在某些方面类似于散点图，但并不完全符合我们定义的图形。散点图成立的第一个先决条件是**坐标系**的概念。17世纪30年代,笛卡尔和费马(Fermat)引入了抽象的数学坐标系,以及图形和函数方程 $y=f(x)$ 之间的关系,例如直线的线性方程为 $y=a+bx$。由墨卡托系统化的二维地图坐标的概念自古以来就被使用,这里的新颖之处在于笛卡尔几何学引入了抽象平面 (x, y) 的思想,用方程可以表示各种函数关系,这些函数关系的性质可以用数学方法研究,这就是现在所说的**解析几何**。

17世纪60年代,罗伯特·普洛特引入了第一个原始折线图,显示了随时间变化记录的天气数据(气压)(见图1.5)。普洛特将其称为"天气史",但它似乎只不过是用笔在纸质图表上的随意记录。1669年,克里斯蒂安·惠更斯根据约翰·格朗特的数据绘制了存活率与年龄的关系图(见图1.6),由此产生了第一张经验连续分布函数图。这是将表格转换为图表的早期例子,但还不是散点图。

1686年,埃德蒙·哈雷绘制了第一张已知的二元图(也许来自观测数据,但没有直接显示数据),这是一条关于气压与海拔的理论曲线(见图6.2)。这条曲线是双曲线的一部分,显示了两变量之间在数学上逆向变化关系。标出的水平线和垂直线证明了哈雷试图以直观的方式解释压力如何随高度降低的努力。虽然他在横轴上显示了海拔的数值,但纵轴上却一个数据都没有。

到18世纪初,很多天文学家已经开始收集有关重要科学问题的观测数据:木星和土星的轨道是什么?地球是什么形状,一个完美的球体,还是扁平或细长的球体?这些物理问题的数学方程式是由当时最优秀的数学家推导出来的,他们还给出一些将地球上可以观察到的数据与答案联系起来的方法。

一个关键的子问题是如何在不同的条件下或由不同的观测者进行

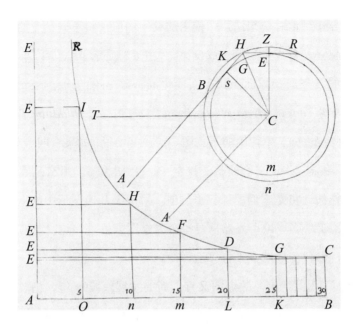

图 6.2　理论关系：埃德蒙·哈雷 1686 年记录的气压 (y) 和海拔 (x) 理论关系的双变量图，由观测数据得出

出自：埃德蒙·哈雷，"关于地球表面不同海拔上气压计中汞柱的高度，以及天气变化时汞柱的上升和下降"，《哲学汇刊》（*Philosophical Transactions*），16，1686 年，第 104—115 页。

观测，并以最佳的方式将其结合起来，从而给出最精确的估计。天文学家通常会取某种平均值，但只有在他们认为观测结果可靠的情况下才会这样做。结合多次观测的问题在 18 世纪中期引起了托比亚斯·迈耶、罗杰·约瑟夫·博斯科维奇（Roger Joseph Boscovitch）和皮埃尔－西蒙·拉普拉斯的注意，但主要是针对简单的一维问题。不过，就是简单的一维问题，催生出了高斯和欧拉（Euler）在 1805 年左右提出的最小二乘法。

剑桥数学家罗杰·科茨（Roger Cotes，1682—1716 年）曾与牛顿密切合作，他有个想法，即使用加权平均值，将不同精度的观测结果组合起来，各权重与精度成反比。[2] 图 6.3 显示了他在 1722 年去世后出版的《平面和球面三角平面变化混合数学中的误差估计》（*Aestimatio Errorum in Mixta Mathesis, per Variationes Planitum Trianguli Plani et Spherici*）中使用的示意图。他在文中说，如果有四个观测值，*p*、*q*、*r* 和 *s*，并且它们被赋予权重 *P*、*Q*、*R* 和 *S*，那么从它们中得到的最佳估计将是它们的加权平均值，对应于几何图形中的重心，即显示为点 *Z*。这一论点显然需要一个二维图来佐证。这又具有散点图的特征，但科茨显然并不打算这样做。[3]

到了 18 世纪末，散点图又有了新的发展。1794 年，伦敦的一位内科医生巴克斯顿（Buxton，关于他的情况鲜为人知）博士获得了一

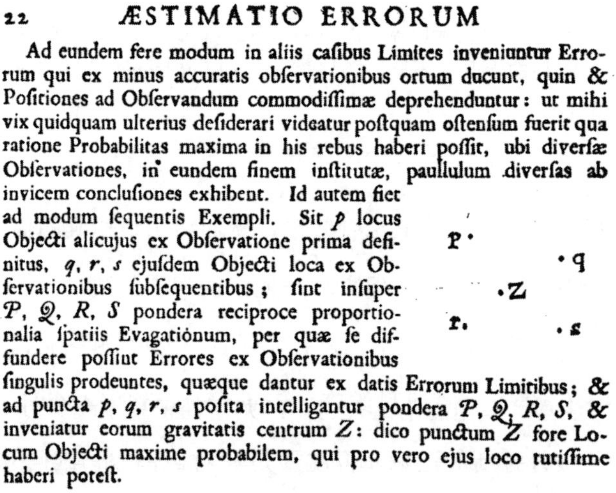
22 ÆSTIMATIO ERRORUM

Ad eundem fere modum in aliis caſibus Limites inveniuntur Errorum qui ex minus accuratis obſervationibus ortum ducunt, quin & Poſitiones ad Obſervandum commodiſſimæ deprehenduntur: ut mihi vix quidquam ulterius deſiderari videatur poſtquam oſtenſum fuerit qua ratione Probabilitas maxima in his rebus haberi poſſit, ubi diverſæ Obſervationes, in eundem finem inſtitutæ, paullulum diverſas ab invicem concluſiones exhibent. Id autem fiet ad modum ſequentis Exempli. Sit *p* locus Objecti alicujus ex Obſervatione prima definitus, *q*, *r*, *s* ejuſdem Objecti loca ex Obſervationibus ſubſequentibus; ſint inſuper *P*, *Q*, *R*, *S* pondera reciproce proportionalia ſpatiis Evagationum, per quæ ſe diffundere poſſint Errores ex Obſervationibus ſingulis prodeuntes, quæque dantur ex datis Errorum Limitibus; & ad puncta *p*, *q*, *r*, *s* poſita intelligantur pondera *P*, *Q*, *R*, *S*, & inveniatur eorum gravitatis centrum *Z*: dico punctum *Z* fore Locum Objecti maxime probabilem, qui pro vero ejus loco tutiſſime haberi poteſt.

图 6.3　科茨的图表：罗杰·科茨对 4 个二维易出错观测值的描述，这些观测值可以在重心 *Z* 处使用加权平均值进行组合，以给出更精确的估计

出自：罗杰·科茨，《平面和球面三角平面变化混合数学中的误差估计》，1722 年。

项专利，并开始销售第一批带有直角坐标网格的印刷方格纸。1796年，约翰·萨瑟恩（John Southern）和詹姆斯·瓦特发明了一种笔控式装置，可以同时**自动**记录蒸汽机中的压力和体积两个变量。这都是推动散点图概念发展的实质性贡献。

约翰·兰伯特

1760—1777年，约翰·海因里希·兰伯特（Johann Heinrich Lambert, 1728—1777年）描述了经验数据的曲线拟合和插值。兰伯特是一位瑞士博学家，在数学、天文学、色彩理论和实验科学方面做出了很多贡献。他是最早使用图表来表示实验数据的科学家之一，旨在展示如何将代数方法应用于表示经验观察的手绘曲线。[4]他是支配物理现象的数学定律的探索者。

图6.4显示了在一年中的某些时间段内，一定纬度范围（单独的曲线）内以华氏度为单位的土壤温度。这些曲线来自观测数据，但没有显示数据点。这是早期图表的不错例子，非常清楚地显示了他试图描绘的现象——赤道土壤温度的变化很小，而越向两极走，土壤温度的变化则大得多。

然而，仔细阅读兰伯特的作品可以发现，他有散点图的基本思想，应该被视为数据可视化的创始人之一，尤其是在科学现象方面。1760—1780①年，在关于死亡、物理（颜色、光、湿度）和天文学的各种作品中，他始终使用数据图表，试图以处理误差理论的方式从易出错的观

---

① 此处年份似不对，为作者笔误。——编者注

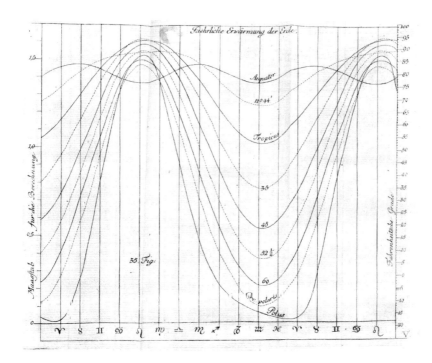

图 6.4　土壤温度表：约翰·海因里希·兰伯特绘制的不同纬度土壤温度随时间变化的图表，横轴用天文符号表示一年内的时间

出自：约翰·海因里希·兰伯特，《高温测量法，也可以说是测量火与热——借助 8 块铜板》(*Pyrometrie; oder, vom maasse des feuers und der wärme mit acht kupfertafeln*)[①]，柏林：Haude & Spener 出版社，1779 年。

测中总结出理论。在几部作品中，他以一种相当前卫的方式描述了自己对图形的使用。他在 1765 年做出了特别明确的声明：

一般来说，有两个变量 x 和 y，我们通过观察将它们一一对应，这样我们就可以为 x（可以被认为是横坐标）的每个值确定

---

① 这是兰伯特最重要的作品，包括了他关于热实验的记录和充分讨论。凭借其数学技能，兰伯特对统计显示的架构进行了清晰而深入的思考。——译者注

对应的纵坐标 y。如果实验或观察完全准确，由这些坐标将推断出很多其他点，通过这些点可以画出一条直线或曲线。但事实并非如此，这条线或多或少地偏离了观察点。因此，它必须以这样一种方式绘制，即通过给定观察点的中间，使之不偏离任意一点过远。[5]

这里所表达的思想确实具有革命性。他不仅描述了 (x, y) 散点图的范例，而且还描述了一种想法，即用拟合曲线来解释观测误差。

但是，如果之前兰伯特没有被认为是散点图的创始人，那可能是具有讽刺意味的，因为他正在研究的物理现象是如此有规律，以至于一旦数据点被绘制出来，平滑曲线本身就可以作为点本身的代表，没有错误并避免视觉混乱。从图 6.4 和他画的很多其他图中可以发现，兰伯特的目标甚至更高——他的主要愿望是用数学方程来描述类似定律的规律性。

为什么不是普莱费尔？

因此，还未到 1800 年，就已经具备了在抽象的二维坐标系上绘制经验数据所需的所有知识。那么，在普莱费尔设计了几乎所有常见的统计图表（首先是《商业与政治图解集》中的折线图和条形图，后来是《统计学摘要》中的饼图和圆形图）后，人们可能会想，为什么他没有为数据开发散点图，绘制一个变量与另一个变量之间的关系？

普莱费尔主要关注的是一段时间内记录的经济数据，通常用于比较，因此时间序列折线图似乎是一种理想形式。事实上，在《商业与政治图解集》第一版的44张图表中，除一张外，其余都是折线图，通常显示两个时间序列（进口和出口），因此他可以将贸易差额作为曲线之间的差异来讨论。

他显然没有想到绘制进口与出口的对比，可能也无助于他的论点。1821年，在一本简短的小册子《关于我国农业困境、原因和补救措施的信》中，普莱费尔尝试了一件更加雄心勃勃的事情：试图展示**不同时间序列之间的关系**，以及这些关系如何与历史事件相吻合。图10显示了250年间3个平行时间序列，反映了价格（四分之一蒲式耳小麦的价格，以先令为单位）、工人工资（一名优秀技工的周薪，以先令为单位）和不同时期执政的英国君主。

普莱费尔以折线图显示工资的时间序列：其左侧的垂直刻度范围为0—100，但数据（工资）的范围仅为0—30。小麦价格的时间序列显示为使用右侧垂直刻度的条形图，范围也是0—100。

两个垂直轴都以先令为单位，但如果将刻度从周薪改为日薪或月薪，或者如果将小麦价格改为一个面包或整蒲式耳的，则对它们**相对趋势**的看法将发生巨大变化。但是在同一张图上结合使用不同的刻度（y轴）——这里是工资和小麦价格——在今天会被认为意图不良，因为绘图员通过这种形式可以独立操纵这两个刻度，并以其喜欢的任何形式解释这两个变量之间的关系。

普莱费尔的主要目标是展示两个世纪以来，消费力（工资）与购买力（价格）之间的关系是如何变化的，并让人们认为，小麦（或面包）对工人来说越来越便宜了。他总结道："值得考虑的主要事实是，在以前的任何时期，以机械劳动的比例来衡量，小麦从未像现在这样便宜。"[6]

彩图 1 拉斯科：拉斯科洞穴"公牛厅"一侧的一部分。出自：HistoriaGames 网站。

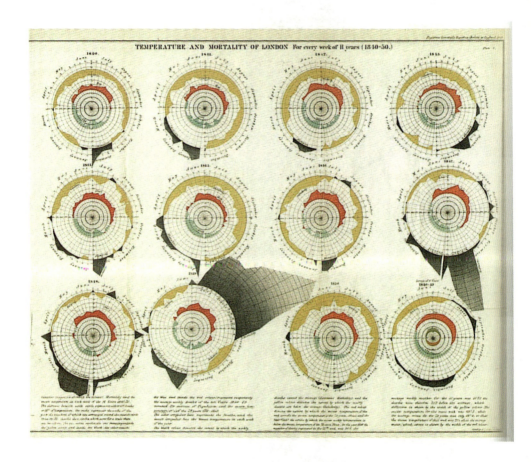

彩图 2 径向图：法尔的 1840—1850 年间伦敦每周气温和死亡率的径向图。年度图表按行排列，从左上角的 1840 年开始。右下角的图表显示了 1840—1849 年的平均值。每张图表都从 1 月 1 日 6:35 开始，一年中的星期按顺时针方向排列。出自：登记总局，《1848—49 年英国霍乱死亡率报告》。伦敦：由 W. 克劳斯为 H.M.S.O. 印刷，1852 年。

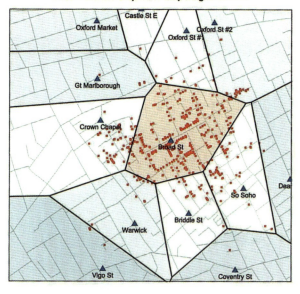

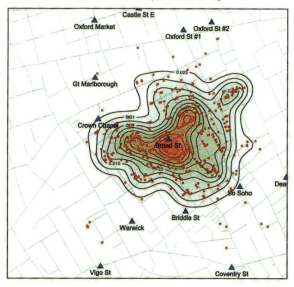

彩图3　改进的斯诺地图：重新绘制的改进版斯诺地图中央部分的霍乱数据，使用了地图中最具历史精确性的已知数字化数据。死亡人数用抖动的点表示，这个区域的六台泵用标记的三角形表示。增加了两个解读指南：沃洛诺依多边形显示了地图上离每台泵最近的区域（上图），以及霍乱死亡密集度的阴影等高线（下图）。（本书作者提供。）

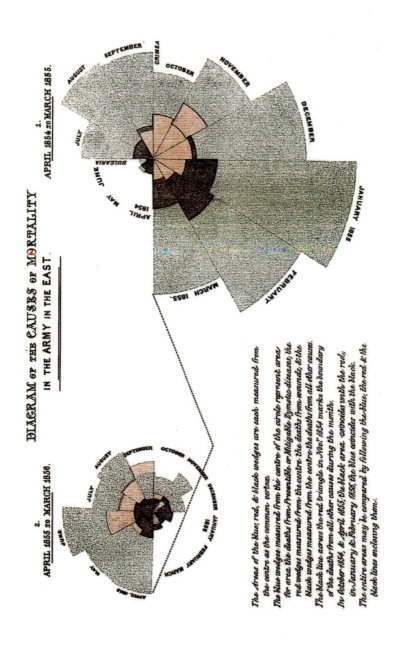

彩图 4 南丁格尔死亡率图：径向图比较了可预防的滋生性疾病（外部，蓝色楔形）与伤口（红色）和所有其他原因（灰色）导致的死亡人数。右：1854 年 4 月至 1855 年 3 月的数据；左：卫生委员会成立后 1855 年 4 月至 1865 年 3 月的数据。出自：维基共享资源。

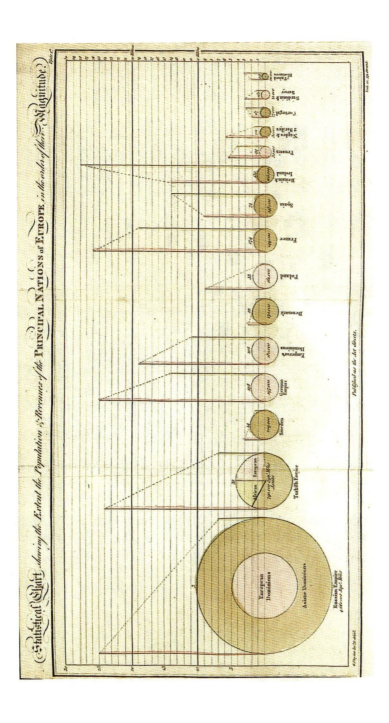

彩图 5 第一张饼图：普莱费尔 1801 年对十五个国家的规模、位置、人口和收入的图形描述。它对土耳其帝国位置的描述是第一张饼图。出自：威廉·普莱费尔,《统计摘要》(伦敦), 1801 年。

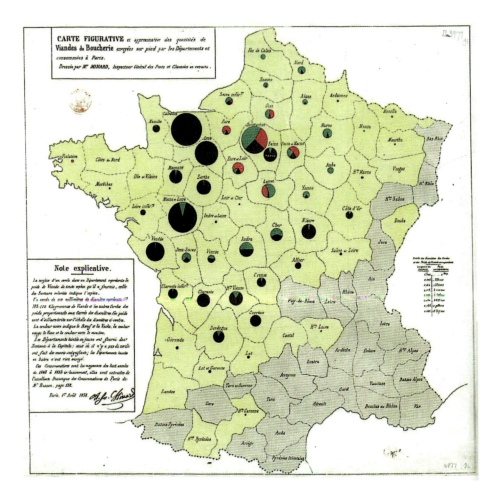

彩图 6 地图上的第一张饼图：米纳德 1858 年的分割圆形地图，显示了供应巴黎市场的肉类数量和比例。扇形显示牛肉、猪肉和羊肉的相对比例。这是首次在专题地图中使用饼图，并按区域显示总量。出自：维基共享资源。

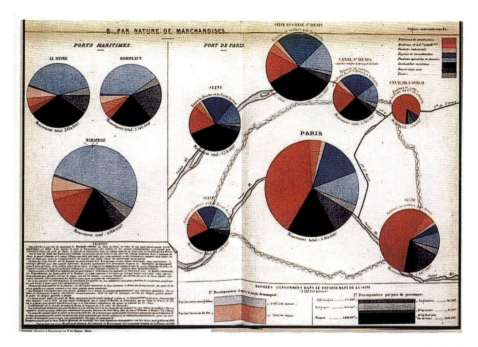

彩图7 巴黎交通饼图：图17的底部来自1885年的《统计图册》，显示了1883年货物运输到巴黎港口和主要海港的情况。圆图的扇区显示按类型划分的组成，而弧线显示总吨位。出自：公共工程部，《1885年统计图册》。巴黎：国家印刷厂，1885年，图17。

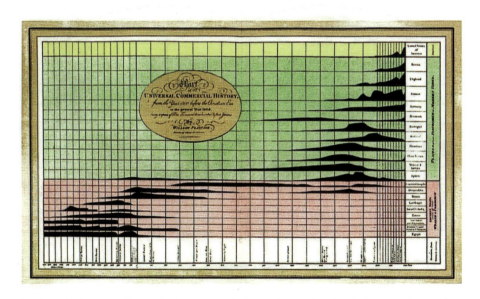

彩图8 历史长河：普莱费尔的"世界商业史图表"。出自：威廉·普莱费尔，《强国和富国衰落的永久原因调查》……旨在向世人展示大英帝国的繁荣可能如何延续。伦敦：GN出版社，1805年。

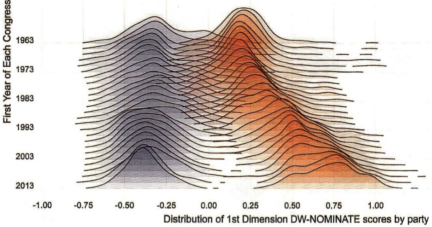

彩图9　政治两极化：脊线图显示了1963年至2013年美国众议院和参议院在民主党（左，蓝）和共和党（右，红）中日益两极分化的情况。DW-NAMMETE 分数试图描述区分美国议员投票模式的主要维度。这里绘制的第一个维度被解释为自由—保守或左—右维度。出自：Rpubs 网站。

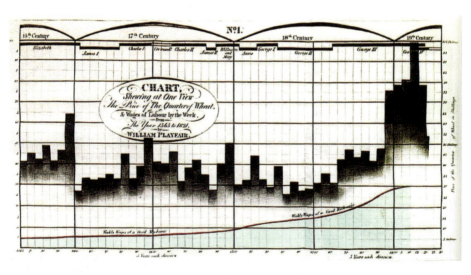

彩图10　普莱费尔的时间序列图：威廉·普莱费尔1821年的250年价格、工资和君主统治时间序列图。出自：威廉·普莱费尔，《关于我国农业困境、原因和补救措施的信》。伦敦：W. 萨姆斯出版社，1821年。图片由斯蒂芬·施蒂格勒提供。

彩图 11　多变量符号图：1861 年 12 月 7 日晚上，高尔顿的风、云层和雨的符号图。U 形图标开口与风向一致，并根据其强度填充；圆圈表示静止。点刻和阴影背景的范围从无云、不同厚度的云层到雪和雨。出自：弗朗西斯·高尔顿，《气象图或绘制天气图的方法》。伦敦：麦克米伦出版社，1863 年。

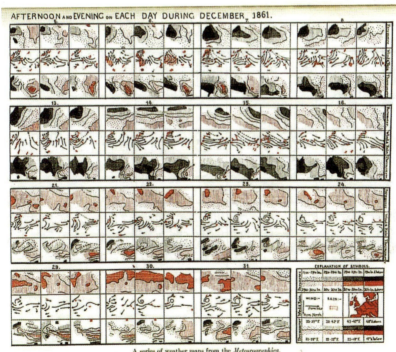

彩图 12　多变量迷你示意图：弗朗西斯·高尔顿，"1861 年 12 月每天早上、下午和晚上的温度计、风、雨和气压计图表。"每张每日图都以 3×3 的形式显示上午、中午和下午的气压、风雨和温度的组合。出自：弗朗西斯·高尔顿，《气象图或绘制天气图的方法》。伦敦：麦克米伦出版社，1863 年。

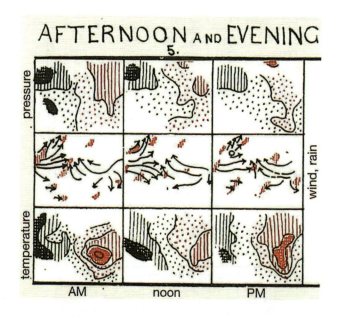

彩图 13 多变量迷你示意图：图例：上：图例在图 12 的右下角，显示了使用颜色、形状、纹理和其他视觉属性来描绘定量变量。下：12 月 5 日的详细信息，从左上角开始。出自：弗朗西斯·高尔顿，《气象图或绘制天气图的方法》。伦敦：麦克米伦出版社，1863 年。

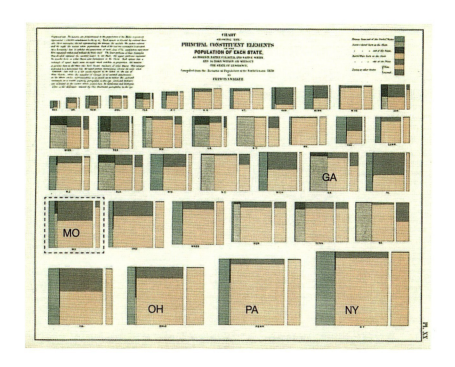

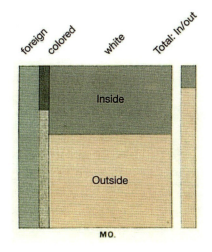

彩图 14 马赛克／树形图：弗兰西斯·沃克，显示每个州的主要组成部分的图表（1874 年）。左下：密苏里州的详细信息，显示了按种族内部和起源的细分；上：全图，添加了注释标签。出自：美国人口普查局，《基于 1870 年第九次人口普查结果的美国统计地图集》。纽约：朱利叶斯·比恩，1874 年，图 20（注释由作者添加）。

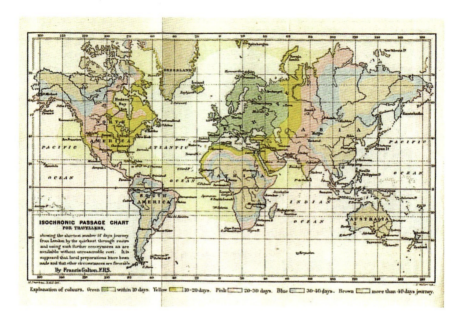

彩图 15　高尔顿的旅行时间等时图：从伦敦出发的等时等位线轮廓用阴影表示。出自：经皇家地理学会许可转载，S0011891。

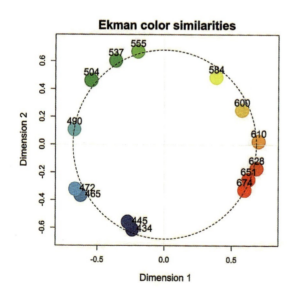

彩图 16　MDS 解决方案：重新创建 MDS，埃克曼颜色相似性数据的解决方案。该图表示 MDS 电影最右侧幻灯片中所示点的最终配置，如图 9.12 所示。虚线圆圈位于点到原点的平均距离处（本书作者提供）。

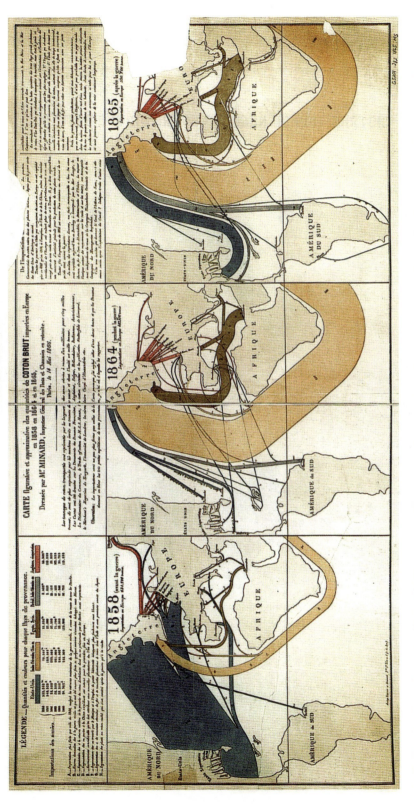

彩图 17 米纳德：棉花进口：三张图表展示了 1858 年、1864 年和 1865 年欧洲棉花进口的来源。蓝色"河流"象征着从美国进口，橙色象征着从印度进口。出自：国会图书馆，藏品编号 99463789。

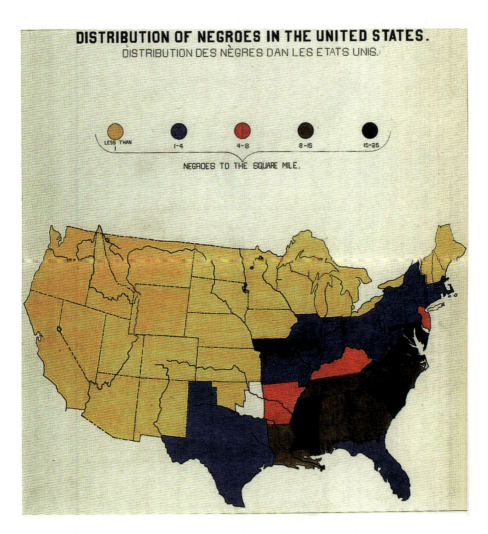

彩图 18　人口密度地图：美国黑人人口的分布。阴影颜色显示"每平方英里的黑人"。出自：美国国会图书馆，印刷和摄影部，LC-DIG-ppmsca-33900。

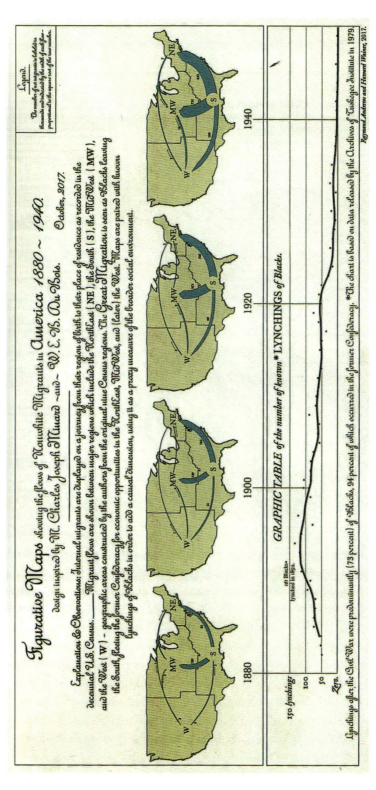

彩图 19 移民流程图：显示 1880 年至 1940 年美国非白人移民流动的图形地图，使用了米纳德和杜波依斯启发的设计。出自：R.J. 安德鲁斯和霍华德·魏纳，"大迁徙：一部图形小说"，《显著性》，14:3 (2017)，第 14–19 页，图 5。© 皇家统计学会。

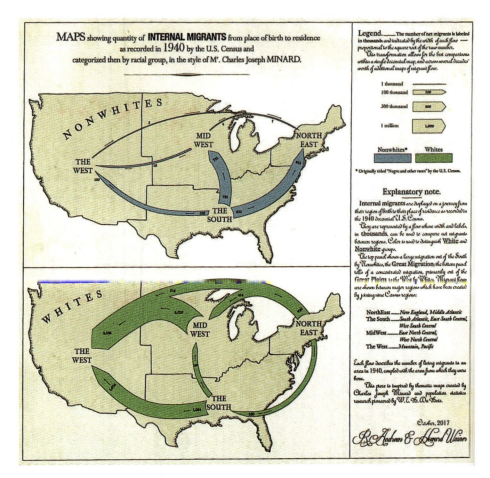

彩图 20　1940 年的流程图：1940 年美国人口普查中记录的按出生地和居住地划分的内部移民数量地图，按种族分类，采用受米纳德启发的设计。出自：R.J. 安德鲁斯和霍华德·魏纳，"大迁徙：一部图形小说"，《显著性》（*Significance*），14:3 (2017)，第 14-19 页，图 6。© 皇家统计学会。

彩图 10 中则**直接**显示了完全不同的情况。最强烈的视觉信息是，工资变化相对稳定（直到安妮女王统治时期增长非常缓慢，此后增长速度略有加快），而小麦（以及用这些薪水可以购买的面包和其他物品）的价格波动很大。最后，工资相对于价格上涨的推论充其量是间接的，并不具有视觉上的说服力。

普莱费尔想做的是关注小麦的成本，以及购买小麦所需的劳动力。为了做到这一点，他可以计算出一个新的派生变量：小麦价格与工资的比率，代表购买 1/4 蒲式耳小麦所需的劳动力成本（工作周数）。如图 6.5 所示，绘制这个派生变量随时间的变化，可以直接显示并说明他的结论，即小麦对工人来说越来越便宜。在这个现代版本中，我们添加了一条平滑曲线来显示整体趋势。它强调了一个事实，即小麦价

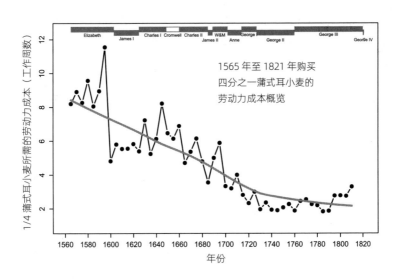

图 6.5 **绘制小麦价格与工资的比率**：重新绘制了普莱费尔的时间序列图，显示了小麦价格与工资的比率，以及一条非参数平滑曲线（本书作者提供）

格与工资的比率平均而言一直在下降且下降得相当稳定,在最近几年趋于平稳。"证明完毕!"

可以合理地推断,普莱费尔在他几乎所有的作品中,都把数据看作**单独**的时间序列的集合,每个序列都是由一个占主导地位的时间维度排列的一系列数字。而且没有证据表明他曾考虑过绘制派生变量,比如价格与工资的比率。[7]

同样,在他的进出口图表(见图5.5)中,他没有考虑绘制"贸易差额",即出口与进口的差额,而这**正是**他想要在比较图表中传达的内容。

如果普莱费尔对这些数据使用散点图,例如,绘制小麦价格随工资的变化图,那么结果就不会很好地支持他的论点。图6.6是小麦价格与工资的关系图,各点按时间顺序连接。线性回归线显示出增长趋

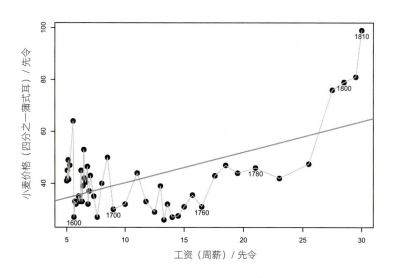

图6.6 普莱费尔数据的散点图版本:按时间顺序连接各点,并显示小麦价格对工资的线性回归(本书作者提供)

势，反映了工资和小麦价格均随时间上涨的事实。

约翰·赫歇尔与双星轨道

1750—1850年的100年里，大多数现代图形形式被发明出来。在这期间，最重要的测量问题吸引了最优秀的数学家，包括欧拉、拉普拉斯、勒让德尔、牛顿和高斯，并因此发明了微积分、最小二乘法、曲线拟合和插值。[8] 在这些自然科学和数学领域，图形在解释科学现象中的作用越来越大，正如我们之前在介绍约翰·兰伯特的情况时所描述的。

在这些著作中，我们发现了约翰·F. W. 赫歇尔爵士《关于公转双星轨道研究》（*On the Investigation of the Orbits of Revolving Double Stars*）的著名论文，他于1832年1月13日向皇家天文学会宣读了这篇论文，并于次年出版。长期以来，双星在天体物理学中一直发挥着特别重要的作用，因为它们提供了测量恒星质量和大小的最佳方法，而这篇论文是作为1833年另一篇论文的补充而撰写的。赫歇尔在这篇论文中对364颗双星的轨道观测值进行了仔细的编目。

可惜的是，《皇家天文学会汇编》（*Memoirs of the Royal Astronomical Society*）中印刷的版本不包括在会上宣读版本中的4张图，大概是因为雕刻成本。赫歇尔指出："这篇论文所附的原始图表和图形都存放在学会。"[9] 历史学家可能已经无法找到这些资料了，但托马斯·汉金斯（Thomas Hankins）在为撰写论文做研究的过程中发现了这些资料的副本。这篇于2006年发表的关于赫歇尔图解法的论文见解深刻。

为了理解赫歇尔的论文为何如此引人注目，我们必须了解他对目标的阐述、散点图的构造以及关于视觉平滑的想法，他这样做的目的是为获得双星轨道参数提供比分析方法更令人满意的解决方案。

印刷的论文一开始就对他的目标和成就做了强有力的陈述：

> 在接下来的几页中，我的目的是解释一个过程，通过这个过程，我们可以从我们实际拥有的这种不完全的观测中，获得双星轨道的椭圆要素，这不仅比迄今所述的任何计算系统所能实现的更方便，而且实现的可能性更高。[10]

赫歇尔注意到，重力定律意味着，双星的椭圆轨道可以通过测量子午线和它们的中心线之间的角度，以及在相对较长时间内记录的它们彼此的视距来确定。如果这些测量值是精确的，或是在相对较小的误差下测定的，那么众所周知的椭圆运动原理和球面三角将为常数（7个）提供精确的答案，这些常数确定了轨道及其随时间变化与地球观测者位置的关系。但是，他指出，双星之间角度和距离的测量存在"巨大误差"，尤其是在距离方面，而以前依赖于求解7个方程中的7个未知数的分析方法并不令人满意。他宣称他使用了一种更好的图形化解决方案：

> 我提出的实现这一点的过程基本上是一个图形化的过程。我所理解的"图形化"这个术语，不是仅仅用几何作图和测量来代替数值计算，而是指只有判断（而不是计算）是有用的情况下，

借助眼睛和手来指导判断,从而使它完成任何计算系统都不可能完成的事情。(赫歇尔,1833b,第 178 页)

赫歇尔随后描述了制作一张方格纸的过程:"上面覆盖着两组互相垂直的等距线,其中横轴以十年为基本单位间隔,纵轴每格变化为 10º。"然后,在方格纸上绘制由位置角(y)和观测日期(x)组成的点。"那么,我们的下一步,必须仅凭眼睛的判断,用一只自由而谨慎的手,不是**通过**这些点,而是在它们**之间**画出一条尽可能轻微偏离它们的曲线,与轨道那大而优美的弯曲特征保持一致,这种弯曲特征无论如何都必须保持(原文强调)。"[11]

赫歇尔利用散点图和视觉平滑在其分析中发挥的作用充分体现在他分析的第一个例子——双星室女座的轨道中。[12] 在这里,他引用的是原始数据[13],其中包括 1718—1830 年这颗双星的方位角和分隔距离的 18 次观测值。如图 6.7 所示,他这些观测结果的图表是我们所说的第一张真正的散点图。

双星的(视)轨道可以完全用从北天极测量的较亮的中心恒星与其孪生恒星之间的方位角,以及以弧秒为单位测量的两颗恒星之间的角距离来描述。实际情况示意图如图 6.8 所示。一次天文观测给出了轨道上的一个点。双星的相对位置变化很慢,所以在很长一段时间内,这样的测量会给出其他点,这些结果可以用来计算视轨道。

赫歇尔的问题是,记录的数据不完整且精度不一:14 次观测记录了方位角,9 次测量了角距离,但只有 5 次同时记录了方位角和角距离。他指出,其中一些是"非常不确定的,不应被视为观测结果"或"一晚的测量,不可靠",这表明了之前提到的可能的"巨大误差"(赫歇

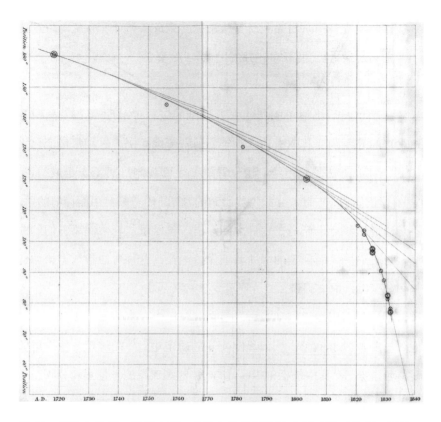

图 6.7 赫歇尔的第一张散点图：赫歇尔将其图解法应用于显示他所观测的双星室女座轨道的数据

注：图中在垂直轴上显示了分离双星的方位角，在水平轴上则显示了双星分离的时间。一些被认为更可靠的观测结果显示为双圈。图中的关键是平滑曲线，他还画出了每个点处的切线，给出了沿曲线均匀间隔距离的角速度。

出自：约翰 F. W. 赫歇尔，"关于旋转双星轨道的研究：作为一篇题为《364 颗双星的显微测量》的论文的补充"，《皇家天文学会汇编》，第 5 卷，1833 年，第 171—222 页。

尔，1833a，表，第 35 页）。

为了理解哪怕是微小的误差也可能发挥的作用，赫歇尔后来在他的《天文学概论》（*Outlines of Astronomy*，1860 年）一书中写道，方位角的误差仅为半秒，这意味着在直径为 6 英尺的圆上，这样的误差

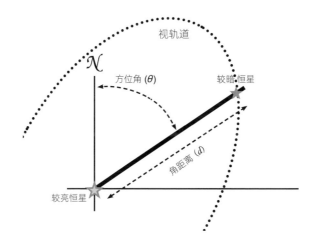

图 6.8　**恒星测量**：对双星的观测包括测量两个量来确定轨道：较暗恒星的方位角和它与较亮恒星之间的角距离（本书作者提供）

只相当于 1/12000 英寸，远小于任何物理仪器的测量精度。

赫歇尔对这些数据问题和技术问题的解决方案在概念上必须被视为独创，几乎可以肯定，这是第一个通过散点图得出科学问题答案的案例。他没有使用只有 5 个点的方位角—角距离对，而是选择使用方位角随时间变化的图表。图 6.9 所示是对他 14 次观测记录的再现[14]，每一个点都以所引用的权威作注解（"H"指赫歇尔的父亲威廉，他发现了天王星；"h"指赫歇尔本人）。

然而，他指出：

> 但是，由于可能无法对所有的观测值都给予同样的信赖，因此我们必须注意区分出那些与可信度最高的观测值相对应的点……这些点应该以某种特殊的方式标记在图表上……以便一目了然，例如，通过更大或更暗的点……当我们绘制曲线时，我

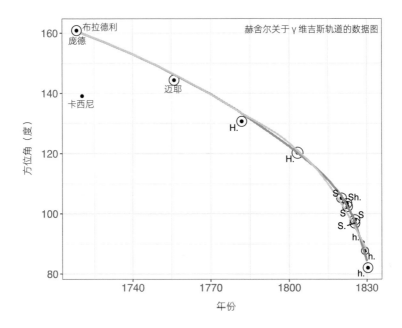

图 6.9 重现赫歇尔观测记录的图表：重现赫歇尔关于双星室女座轨道的数据图、他的视觉平滑插值曲线（浅灰色）和局部加权回归平滑曲线（深灰色），围绕每个数据点的圆的面积与赫歇尔的观测权重成正比（本书作者提供）

们必须注意使它通过或非常接近所有最明显的那些点。（赫歇尔，1833b，第79页）

因此，我们在 0.5—6 的范围内为每个观测结果分配了一个权重，这反映了我们对赫歇尔在注释中表现出的信心的判断。图 6.9 中的浅灰线为赫歇尔的插值曲线，将空心圆连接起来；很明显，他完全忽略了卡西尼的观测结果（我们给它的权重为 0.5）。为了了解我们对赫歇尔方法的掌握程度，我们还使用我们的权重拟合了一条统计平滑（局部加权回归）曲线。在后面那段观测最密集的年份范围内，这两条曲线非常接近；但在 1730—1790 年，这两条曲线明显不同。[①] 然而，通过"手和眼指导判断"来拟合的赫歇尔曲线，比现代非参数回归平滑法获得的结果更平滑（"大而优美的曲线"）。他总结道，"很明显，这条曲线一旦画出来，就必须代表方位角随时间变化的规律，不仅是在观测日期之间的每一瞬间，甚至在**观测时的瞬间**。它要比单个**原始观测值**（平均）可能达到的效果要好得多。"（赫歇尔 1833b，第 179 页；原文强调）

他的下一步是通过计算插值点处曲线的斜率，来获得角速度 $d\theta/dt$。这些计算就像作出图 6.7 中曲线的切线一样。从这些数据中，他可以计算出"完全独立于直接测量"的分隔距离，即距离 $\sim 1/\sqrt{d\theta/dt}$，因为不论是在真实的还是在视轨道中，随时间变化扫过的区域必须与时间成正比，因此距离与角速度的平方根成反比。最后，他可以绘制出视轨道的平滑椭圆，从而计算确定双星室女座完整运动的参数。

以上这些工作的结果如图 6.10 所示。在这幅图中，赫歇尔仔细地将图 6.7 中的 1720—1830 年的插值数据点，转换过来。其方法的证明在很大程度上是直观的：根据其平滑曲线进行的计算给出了一个近乎完美的椭圆。[15] 这样的精度、这一工作背后的付出多么让人敬佩！因为完整的轨道需要大约 600 年才能完全观测到，而赫歇尔只有大约 100 年的数据！我们可以想象赫歇尔在黑板上写下"证明完毕！"来结束他的演讲时，台下的观众多么激动地站起来报以雷鸣般的掌声。

因此，一个困扰了天文学家和数学家至少一个世纪的难题，优雅

---

① 这句似表述有误，根据图 6.9 所示，分号前后对曲线的描述似说反了。——编者注

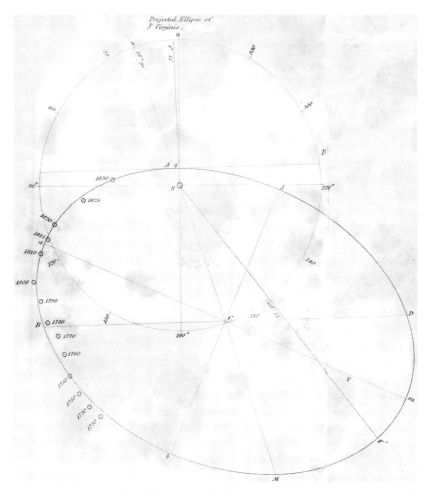

图 6.10　椭圆几何形状：根据图 6.7 的计算，赫歇尔给出了双星室女座视轨道的几何结构，主星标记为"S"，椭圆周围的标记点为转换过来的观测结果插值

出自：约翰·F. W. 赫歇尔，"关于旋转双星轨道的研究：作为一篇题为《364 颗双星的显微测量》的论文的补充"，《皇家天文学会汇编》，第 5 卷，1833 年，第 171—222 页。

地让位于一个基于散点图的图形解决方案：关键的步骤是使原始观测结果变得平滑，并了解理论可能远远超出现有数据的范围。

赫歇尔的图形影响系数

挑剔的读者可能会持反对意见，认为赫歇尔的图解法尽管可能很巧妙，但并没有产生现代意义上的真正散点图，这是因为图 6.9 中的横轴是时间而不是关于时间的变量。因此，有人可能会争辩说：这只不过是另一个时间序列图，故优先权实际上属于普莱费尔，或者再往前追溯，属于兰伯特，他陈述了基本思想。从表面上看，这是真的。

但这只是表面上的事实。我们认为，仔细分析赫歇尔对其图解法的描述可以发现，这至少可以被认为是视觉思维的真正创新。更重要的是，赫歇尔的真正目的是根据方位角和角距离之间的关系来计算获得双星的轨道参数。时间的使用在图表中作为替代或间接工具出现，以避免角距离数据中的观测结果不足和可能存在的巨大误差。

然而，赫歇尔基于散点图计算的图形发展在天文学领域之外几乎没有引起注意。不过，上面叙述的他对室女座双星轨道参数的获取工作在皇家天文学会被广泛誉为具有开创性。但这一评论是因为他的科学成就，而不是因为他对图解法的贡献，科学家们可能有理由认为图解法只是达到目的的一种手段。

又过了 30—50 年，图解法才完全被纳入基于数据的科学解释体系，并被视为不仅仅是插图。这一变化在 1885 年皇家统计学会银禧庆典的演讲中得到充分体现。即使在那个时候，大多数英国统计学家仍然认为自己是"统计学者"，仅仅是数字表格中统计事实的记录者；但"绘图者"最终还是受邀参加了聚会。

1885 年 6 月 23 日，有影响力的英国经济学家艾尔弗雷德·马歇尔向与会者发表了关于图解法优势的演讲，此时图解法对统计学家来说仍然是一种比较激进的方法。他的法国同行埃米尔·勒瓦瑟介绍了对当时使用的各种图表和统计地图的调查。然而，即使在那时，兰伯特和赫歇尔的科学工作，以及散点图作为一种新的图形形式的概念，在很大程度上仍然不为人所知。弗朗西斯·高尔顿很快就会改变这种情况。

弗朗西斯·高尔顿与相关概念

弗朗西斯·高尔顿是最早使用实际数据以图形形式展示纯经验双变量关系的人之一，他的工作是研究性状的遗传力问题。高尔顿从展示人类身体特征（头围和身高）之间或父母与后代之间关系的图表开始，将之作为研究性状关联和遗传的手段：高个子的头比一般人的大吗？高个子父母的孩子比一般人高吗？

高尔顿从其图表中检查和计算后，发现了一种他称之为"向均值回归"的现象，他在这些问题上的工作可以被认为是现代统计方法的基础。他从这些图表中得出了更多的见解：相关性和线性回归的思想；二元正态分布；以及几乎所有的经典统计线性模型（方差分析、多元回归等）。

已知最早的关于相关性的例子是高尔顿的笔记本（约 1874 年）"特殊特性"上的一幅头围与身高的对比图，如图 6.11 所示。[16] 在这张手绘的图表中，身高在水平方向显示，而头围在垂直方向上显示。图中主体部分列举了成组数据。高尔顿将身高和头围的情况分别列举在图的右部分和下部分，并绘制平滑曲线来表示其频率分布。从这两

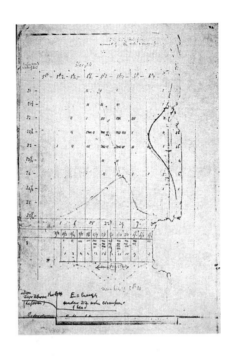

图 6.11　第一张相关图：高尔顿的第一张相关图来自其未注明日期的笔记本"特殊特性",显示了头围和身高之间的关系

出自：维克托·L. 希尔茨(Victor L. Hilts)的《弗朗西斯·高尔顿的英国科学家指南》(*A Guide to Francis Galton's English Men of Science*),第 65 卷,第 5 部分,宾夕法尼亚州费城,《美国哲学学会汇刊》(*Transactions of the American Philosophical Society*),1975 年,第 1—85 页,图 5。

个变量的最小值显示在左上角(第一行和第一列),而不是右下角(在图中更常见)的事实就可以看出这张图更应被看作表而不是图。

有人可能会争辩说,高尔顿的双变量关系图形展示的内容比如今使用的真正的数据散点图更少,也更多。之所以更少,是因为乍一看,它们只不过是带有一些图形注释的表格;之所以更多,是因为他用这些东西作为计算和推理的工具。[17] 他这么做是因为他所寻求的回归线最初被定义为垂直变量 y 的均值随水平变量 x 变化的轨迹[18](我们现

在认为的条件均值函数，$\varepsilon(y|x)$)，因此至少需要将 x 变量按组分类。高尔顿对这些数据的显示本质上是这些表格的图形化，使用计数符号（/、//、///、……）或数字来表示每个单元的频率。1972 年，普林斯顿大学的博学者约翰·图基将其称为"半图形显示"，把它们当成一种视觉的嵌合体：部分表格，部分图表。

尽管这个嵌合体只能算作一个简单粗糙的散点图，但从双变量频率表到半图形显示的这一步对高尔顿来说至关重要，对统计学和统计图形的历史来说也是如此。正如图基指出的那样，半图形显示（图 6.11 底部的计数）和全图形形式（频率多边形）之间的一个关键区别在于，人们可以根据前者进行合理的计算，但无法根据后者达到这一目的。图 6.11 中模糊的对角线显示了高尔顿关于如何根据身高计算头围平均趋势的初步草图。

高尔顿的下一步遵循了他在早期作品（1861 年揭示天气模式，见第 7 章"弗朗西斯·高尔顿最伟大的图形发现"一节）中开发的众包数据收集方法，这也是最早设计实验来控制额外因子的例子之一。

1875 年，高尔顿将很多包甜豌豆种子分发给 7 个朋友，并要求他们仔细地种植，以收获新一代甜豌豆的种子，然后把这些子种子还给他。[19] 每个朋友收到 7 包种子，每包里有 10 颗大小、重量差不多的种子。这 7 个种子包的大小大致相同，只用字母"K"到"Q"标识以示区别。因此，他送出了 7 × 7 × 10 = 490 颗种子，在今天这被称为双向析因实验，用 7 个朋友和 7 种处理（大小）作为因子。当他的朋友归还收获的二代种子时（分别对应每个小包），他仔细测量了返回的种子的大小，并在表格中将它们与母种子的大小进行对比。[20]

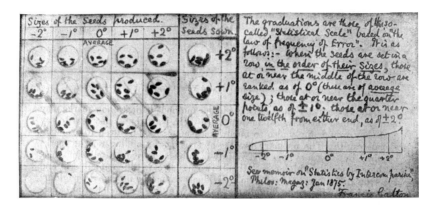

图 6.12　甜豌豆图：高尔顿甜豌豆数据的半图形显示，按母种子和子种子相对平均值的偏差表示，单元格中的标记应该代表每个组合中的种子数量

出自：galton.org 网站。

图 6.12 所示的半图形显示是他第一次尝试将这种关系可视化。正如旁注所解释的，他主要感兴趣的是证明播种的种子及其后代的大小分布遵循"误差频率定律"（正态分布）。

1877 年，在皇家学院的一次演讲中，高尔顿绘制了一张合适的图表，显示了不同大小组别的母种子产生的子种子的平均大小。原作可能已经遗失，但卡尔·皮尔逊在他的多卷本《弗朗西斯·高尔顿的生活、书信和劳动》（The Life, Letters and Labours of Francis Galton）中转载了这张图表（第 3A 卷，第 14 章，图 1），并将其命名为"第一条回归线"。图 6.13 所示是该图的现代重构，显示了它所基于的实际数据[21]，并说明了高尔顿的推理。

高尔顿发现，从特定大小的母种子到子种子的平均大小，可以近似地用一条直线来描述。这是一种关键见解，如果他就此止步，这已足以在数据可视化的历史上引起注意，因为这是一种描述两个观察变量之间近似线性关系的方法。但高尔顿的抱负更大，这是因为他关心

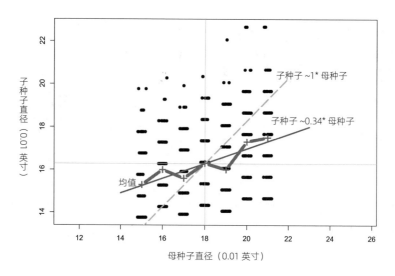

图 6.13 回归的视觉论证：从高尔顿 1877 年的图表中重构他关于甜豌豆的实验论证

注：图中的点显示了高尔顿后来在其 1889 年《自然遗传》(*Natural Inheritance*)中报告的数据（表 2，第 226 页）。由于母种子的大小是离散的，所以水平方向上出现了抖动。细实线显示了由粗线连接的均值（+）的拟合线性关系，其斜率小于 1.0，这一事实暗示了高尔顿后来所说的子代特征"向均值回归"。（本书作者提供。）

的是性状的遗传问题。如果遗传是最重要的，那么人们就会认为后代的平均大小会偏离平均值，就像亲代种子表现的一样。也就是说，均值线的斜率为 1.0，如图 6.13 中的细虚线所示。

但均值线的斜率远小于 1，约为 1/3，因此高尔顿能够得出一个更有趣、更普遍的结论："向平均数回归"（后来被称为"向均值回归"）。他说：

> 子代在大小上并不趋向于与母代相似，而总是比它们更普通，如果母代过大，那么子代就会比母代小；如果母代非常小，则子代就会比母代大。（高尔顿，1886 年，第 246 页）

1900 年，卡尔·皮尔逊提出了这种线性关系背后的统计理论，并发明了一种测量相关性强度的方法，我们现在称之为"皮尔逊的 r"。皮尔逊承认，高尔顿首先使用这个符号 r 来表示部分遗传过程中的"回归系数"。在图 6.13 中，均值线的斜率为 0.34；在这种情况下，该值也代表母种子和子种子大小之间的相关性。用现代的话来说，可以说母种子大小对子种子大小的影响占比为 $r^2 = (0.34)^2 = 0.12$，或 12%。

高尔顿的椭圆见解

结果证明，高尔顿在亲子相关和回归问题上的下一步研究是统计学史上最重要的问题之一。1886 年，他发表了一篇题为《遗传身高向平均数回归》("Regression Towards Mediocrity in Hereditary Stature")的论文，其中包含图 6.14 所示的表格。该表记录了 205 对父母所生的 928 名成年子女的身高分布，按父母的平均身高（"中亲身高"）分组。[22]

对于这张表，普通观者可能只会将之看作一张普通的数字表格：中间的值较大，左上角和右下角有一些横线（意思是 0）。但对于高尔顿来说，这是他可以**计算**的东西，无论是在他的脑海中还是在纸上都是如此。

> 起初，我发现很难理解表中条目的全部意义，这些条目之间有着奇怪的关系，研究起来非常有趣。当我通过在水平列与垂直列的每个交叉点处写下 4 个相邻方格中的条目的总和，并使用这些总和进行处理以"平滑"条目时，它们就变得很清楚。（高尔顿，1886 年，第 254 页）

因此，高尔顿首先对表格中的数字进行了平滑处理，他的方法很简单，就是对 4 个相邻单元格的每一组进行求和（或取平均值）。

中亲身高	<61.7	62.2	63.2	64.2	65.2	66.2	67.2	68.2	69.2	70.2	71.2	72.2	73.2	>73.7
>73.0	—	—	—	—	—	—	—	—	—	—	—	1	3	—
72.5	—	—	—	—	—	—	1	2	1	2	7	2	4	
71.5	—	—	—	1	3	4	3	5	10	4	9	2	2	
70.5	1	—	1	—	1	3	12	18	14	7	4	3	3	
69.5	—	—	1	16	4	17	27	20	33	25	20	11	4	5
68.5	1	—	7	11	16	25	31	34	48	21	18	4	3	—
67.5	—	3	5	11	15	26	38	28	38	19	11	4	—	—
66.5	—	3	3	5	2	17	17	14	13	4	—	—	—	—
65.5	1	—	9	5	7	11	11	7	7	5	2	1	—	—
64.5	1	1	4	4	1	5	5	—	2	—	—	—	—	—
<64.0	1	—	2	4	1	2	2	1	1	—	—	—	—	—
总计	5	7	32	59	48	117	138	120	167	99	64	41	17	14
中位数	—	—	66.3	67.8	67.9	67.7	67.9	68.3	68.5	69.0	69.0	70.0	—	—

上表标题：成年子女身高

图 6.14 半图表：高尔顿关于父母和子女身高之间关系的"表 I"，表中的条目是成年子女的人数

出自：改编自弗朗西斯·高尔顿的《遗传身高向平均数回归》，《大不列颠和爱尔兰人类学研究所期刊》（*Journal of the Anthropological Institute of Great Britain and Ireland*），1886 年第 15 期，第 246—263 页，表 I。

我们可以想象，他用红墨水和更大的字体标记出的和，正好在这 4 个单元格的交叉处。当他完成这项任务时，也许他会拿着另一支笔站在桌子旁，试图连接点来绘制曲线，将和大致相等的点连接起来。

我们试图在图 6.15 中重现这些步骤，只不过我们使用计算机算法以机械方式完成了最后一步，而高尔顿可能以赫歇尔的方式通过眼睛和大脑来完成，目的是让生成的曲线优美平滑。

他可以清楚地看到，越往中间（父母及其子女的平均身高），人数越多（和越大）。但更重要的是，

> 然后我注意到，通过相同值的条目绘制的线形成了一系列相似且同心的椭圆……将水平切线经平移后在每个椭圆上的切点连起来的直线，斜率为 2/3；而将垂直切线经平移后在每个椭圆上的切点连起来的直线的斜率为 1/3。（第 254—255 页）

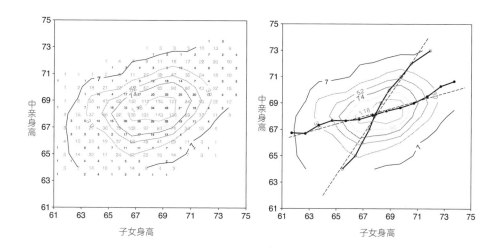

图 6.15 **寻找等值线**：高尔顿方法的重构，用于在父母及其子女的身高关系中找到近似相等频数的等值线。左：半图表（图 6.14）中的原始数据以小字体（深色）显示，平滑后的值以大字体（浅色）显示。右：增加了将 y|x 的均值和 x|y 的均值连接起来的线，还有相应的回归线（本书作者提供）

高尔顿在图 6.16 中分析了这种视觉结果。这些"相似的同心椭圆"现在被称为双变量正态分布等值线,即两个相关正态分布变量的三维频数图。它们也被称为数据(或集中)椭圆,现在被用作散点图的视觉摘要。这些椭圆在理解统计关系方面具有显著的特性。[23]

图 6.15 的右图为作品重构,从这些相似的同心椭圆可引出高尔顿视觉化分析的另一个方面。他计算并绘制了 $y|x$ 和 $x|y$ 的均值,并指出它们相当接近椭圆的水平或垂直切线。图 6.16 显示了高尔顿从他对身高遗传的图形分析中发现的几何关系。垂直切线和水平切线(称为

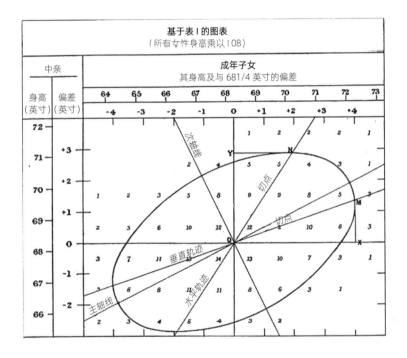

图 6.16 椭圆分析:父母和子女身高数据的高尔顿平滑相关图,显示一个恒定频数的椭圆,还显示了回归线和切线以及长轴和短轴之间的几何关系

出自:弗朗西斯·高尔顿的《遗传身高向平均数回归》,《大不列颠和爱尔兰人类学研究所期刊》,1886 年,第 246—263 页,图 10。

椭圆的共轭直径）的轨迹被证明作为回归线或从 x 预测 y 和从 y 预测 x 的线，有明确的统计解释。如高尔顿的图所示，椭圆的长轴和短轴与数据的主要内容相对应，这是卡尔·皮尔逊于 1901 年发现的关系。[24]

这些几何关系很快就产生了很多重要的发现和发明。早在 1877 年，高尔顿就使用了"复归"一词，后来又使用了"回归"这个词，指的是后代与其父母的相同特征具有近似线性关系的倾向，其斜率 $r<1$。他感到奇怪又有趣的是，由切点形成的线的斜率呈反比关系，$\frac{1}{3}:\frac{2}{3}$，并且 y 对 x 的斜率几乎与他发现的甜豌豆的数据相同。

后来，在 1888 年深秋和 1890 年间，高尔顿又有了一次灵感乍现，有点类似于牛顿和苹果的故事（苹果的掉落导致万有引力理论的诞生）。如图 6.13 所示，在他对甜豌豆的早期研究中，他将均值斜率 <1 的现象与他称为"向平均数回归"的遗传特征联系起来。

从他的表 1（图 6.16 所示）来看，高尔顿可以看到子女的身高和"中亲身高"是对称的，并且由切点形成的**两条线**的斜率都小于 1。因此，在每个方向上都有复归：子女的平均身高相对于其"中亲"的复归，以及"中亲"相对于其子女的复归。很明显，复归现象与遗传无关——复归的概念只是相对未来而言！但如果不是遗传，那是什么在起作用？

这项工作还有更多成果：提出相关性的概念。[25] 1888 年底，高尔顿还在研究两个看似无关的问题：人类学家如何通过从坟墓中找到的一块骨头（例如大腿骨）来估计一个人的总身高？犯罪调查人员如何使用部分测量值（例如脚印大小）来确定一个人的身材或体重？

刹那间，他意识到这些只是他观察到的问题，即父母及其子女的身高、豌豆及其后代的大小的另一个例子。在 1890 年发表的一篇文章《亲属关系和相关关系》（Kinship and Correlation）[26] 中，他指出：

均值回归的现象在很大程度上是一种统计现象。进一步而言,每当两个定量变量不完全相关（|r|<1）,就会出现均值回归。

反思后我很快明白,这两个新问题不仅在原则上与我已经解决的亲属关系这个老问题相同,而且这3个问题都只不过是一个更普遍问题的特例——相关性。

相关性的数学理论及其与二元正态分布的关系,很快就会由包括皮尔逊在内的其他人解决。皮尔逊在他1920年关于相关性历史的论文中,对高尔顿贡献的评价很中肯:

> 高尔顿本应该研究出所有这些……在我看来,它们是最值得注意的科学发现之一,是通过对纯观察的分析而产生。（皮尔逊,1920年,第37页）

另一个不对称

这段对高尔顿回归和相关性概念的发展的描述还有一个虽小但令人费解的问题。在显示高尔顿甜豌豆数据的图6.13中,我们小心地在y轴上绘制子种子的大小,在x轴上绘制母种子的大小,这是散点图的现代习惯,其目的是显示y如何取决于x或随x变化。高尔顿和皮尔逊的现代统计方法都是关于**方向**关系的,他们试图从x预测y,而不是从y预测x。问子女的身高与父母的身高有何关系是有道理的,但反过来思考子女的身高可能会如何影响父母的身高,这就超出了人们的想象力。

那么，为什么高尔顿没有像人们现在这样，在图 6.16 中把子女身高放在 y 轴上，把父母身高放在 x 轴上呢？可能的原因是，当时这种图表还处于萌芽阶段，还没有形成在纵坐标上绘制结果变量的惯例。然而，在普莱费尔的时间序列图（彩图 10）和所有其他不完全散点图，如哈雷的图（图 6.2）中，结果变量总是在 y 轴上。

很容易推测的是，高尔顿的图 6.16 一开始是一个表格，在行中列出了"中亲身高"，在列中列出了子女身高。父母身高是第一个分组变量，他在列中计算了他们子女的身高。

在表中，行通常从上到下按 (y) 递增的顺序显示；图则相反，显示 y 值从下到上递增。因此很明显，高尔顿制作了他的表 1（图 6.14）后才给出了基于它的图（图 6.15 和图 6.16），就好像它们由表自动生成似的。

一些精彩的散点图

正如高尔顿的作品所示，散点图比早期的图形形式具有优势：能够看到点云中的集群、模式、趋势和关系。也许最重要的是，可以给它添加视觉注释（点符号、直线、曲线、封闭等值线等），让这些关系更连贯，讲述更微妙的故事。这种二维形式的散点图可以让这些更高层次的视觉解释在显著的位置呈现。约翰·图基后来将此表述为，"一幅画的最大价值在于它迫使我们注意到我们从未想过会看到的东西"。（1977 年，第 6 页）

20 世纪上半叶，数据图形进入主流科学，而散点图很快成为新发现的重要工具。下面用两个简短的例子来说明它在物理科学和经济学中的应用。

赫罗图

关键特征是这样一种想法，即有趣的发现可能来自对基于集群、分组和相似模式的对象**分类**的感知和理解，而不是线性或非线性的直接关系。散点图中显示的观察结果可能属于不同的组，揭示了其他规律。最著名的例子是赫罗图（Hertzsprung-Russell Diagram, 简称 HR diagram），它彻底改变了天体物理学。

赫罗图的原始版本，如图 6.17 所示，并不是一张非常漂亮的图，尽管如此，它还是从根本上改变了天体物理学的思考方式。它表明，恒星测量值的散点图可以带来对恒星演化的新理解。

天文学家早就注意到恒星的变化，不仅亮度（光度）有变化，而且颜色也有变化，从蓝白色到橙色、黄色和红色。但直到 20 世纪初，他们还没有通用的方法来对它们进行分类或解释颜色的变化。1905 年，丹麦天文学家埃纳尔·赫茨普朗（Ejnar Hertzsprung）制作了光度和恒星颜色表。他指出了一些明显的相关性和趋势，但缺乏整体情况介绍，即一种可解释的分类，能推导出理论。这可能是因为他以表格而不是图来呈现他的数据。

这一切都在 1911 年和 1913 年发生了改变，当时美国的赫茨普朗和亨利·诺里斯·罗素（Henry Norris Russell）各自绘制了光度（或绝对星等）与恒星颜色（按温度或光谱颜色分类）的散点图。他们注意到，大多数恒星都沿着对角带落下，从左上角（高光度，低光谱颜色）到右下角（低光度，高光谱颜色），这就是现在所谓的恒星"主序列"。他们还注意到，与主序星不同的其他星团也很明显，其中包

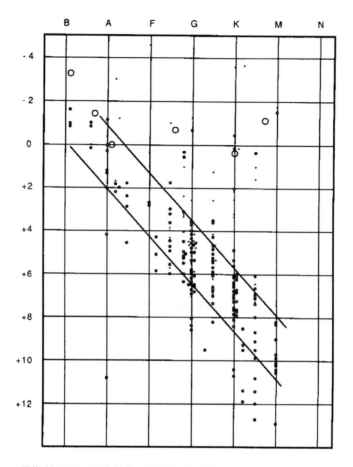

图 6.17　早期赫罗图：罗素的绝对星等与光谱等级的对比图

出自：伊恩·斯彭斯和罗伯特·F. 加里森（Robert F. Garrison），《美国统计学家》（*The American Statistician*）"一张精彩的散点图"，1993 年第 47 卷第 1 期，第 12—19 页，图 1。经泰勒 – 弗朗西斯有限公司许可转载。

括现在所谓的蓝巨星和红（超）巨星，以及红矮星和白矮星。

赫罗图显示恒星不是随机分布，而是集中在不同的区域。这种规律性表明，恒星结构和恒星演化有一定的规律。1993 年，斯彭斯和加里森详细分析了赫罗图的起源及其后来的发展，加上它与现代统计图形的关系。他们总结道,"在首次被设计出来近一个世纪后,赫罗图继续指引着天文学研究的新方向"[27]。

图 6.18 所示是 CYG OB1 星团中恒星的赫罗图现代版本,其中包含天鹅座方向的 47 颗恒星,由 C. 杜姆(C. Doom)记录。[28] 这个版本绘制了恒星光度与表面温度(以颜色呈现)之间的关系,两者均用对数刻度绘制。图中数据明显分为两组:左上角有一个由四个点组成的集群(称为"巨星"),其余的点("主序列")图的右侧形成一个类似陡峭山峰的带状。数据椭圆是对散点图中数据表示的另一种现代增强。

由图 6.18 中左图可见,若考虑左上角的 4 个点,那么由最小二乘法拟合的线将扭曲。高尔顿或赫歇尔不会上它的当,他们会意识到左

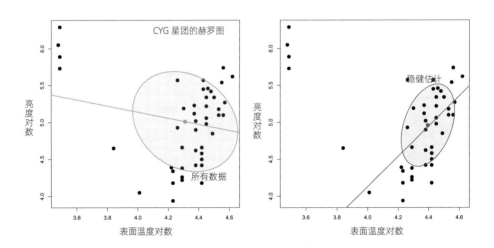

图 6.18 CYG OB1 星团中一组恒星的赫罗图:离群值"愚弄"了最小二乘回归
注:左图中,回归线和数据椭圆覆盖 50% 的点,用标准最小二乘法拟合;右图中,回归线和 50% 数据椭圆,使用一种稳健的方法,这种方法对左上角明显的异常点不敏感。(本书作者提供。)

上角的点有一些不寻常的地方,这也许要做一些特别的解释。图6.18的右图使用了一种现代的**稳健估计**法,该方法有效地减少了异常点。

菲利普斯曲线

在经济学领域,很多人研究了通货膨胀、失业、进口价格和其他变量随时间的变化,但最常见的是将这些作为单独变量来绘制其与时间的关系,就像普莱费尔所做的那样(彩图10)。那时,将一个变量与另一个变量进行对比绘图的想法通常不会出现在科学工作中。

1958年,新西兰经济学家奥尔本·威廉·菲利普斯(Alban William Phillips)发表了一篇论文,在这篇论文中,他绘制了1861—1957年英国工资增长率(通货膨胀)与失业率的**直接**关系图。菲利普斯发现,这两个变量均随时间周期性变化,且彼此呈反比关系。他的平滑曲线,如图6.19所示,成为经济理论中最著名的曲线之一。[29] 它之所以变得重要,是因为经济学家可以将这两个变量的**协变**理解为权衡经济的结构性约束:为了降低失业率,经济必须承受更高的通货膨胀(例如,通过支付更高的工资);为了降低通货膨胀,就必须有更多人失业。有了这一认识,政策制定者可以考虑两者之间的理想平衡。

图6.20所示是菲利普斯的论文[30]中的11张其他散点图之一用来说明通货膨胀和失业率的周期性。这张图也说明了为什么散点图在这里是有效的,而时间序列图则无效:散点图直接显示反比关系,但随时间变化的趋势比较,如普莱费尔的工资和价格图表(彩图10),充其量是间接的,并且会凸显使用两种不同垂直刻度的困难。

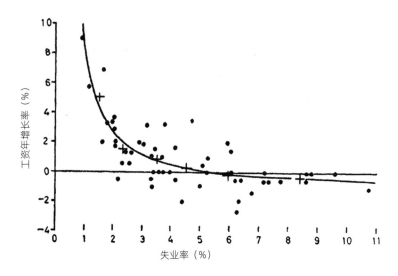

图 6.19　菲利普斯曲线：菲利普斯关于工资增长率和失业率的数据，1861—1913 年，带有拟合的菲利普斯曲线，拟合过程中使用的点用 + 号表示

出自：奥尔本·威廉·菲利普斯，《1861—1957 年英国失业率与工资增长率之间的关系》("The Relation between Unemployment and the Rate of Change of Money Wage Rates in the United Kingdom")，《经济学刊》（*Economica*），1958 年第 25 卷第 100 期，第 283—299 页，图 1。

菲利普斯不是第一个使用散点图的经济学家——即使是对基于时间的数据，也不是第一个以自己的名字命名图形化曲线的人。[31] 无论谁先谁后，菲利普斯手绘的整体散点图（图 6.19），再加上他对拟合曲线一个周期的仔细解析（图 6.20），给出了图基格言的最后一个例子，这是用散点图达到的另一个目标。

虚假相关性和因果关系

随着散点图思想的发展，错误的想法也随之产生，即认为可以画

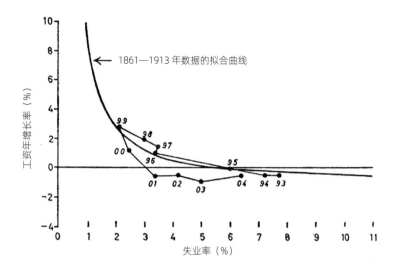

图 6.20　失业周期：菲利普斯的数据显示了工资增长率和失业率的一个周期，1893—1904 年，拟合曲线的数据来自 1861—1913 年

出自：奥尔本·威廉·菲利普斯，《1861—1957 年英国失业率与工资增长率之间的关系》，《经济学刊》，1958 年第 25 卷第 100 期，第 283—299 页，图 6。

图将任何变量 y 与另一个变量 x 进行对比，然后"结果立现！"由此揭示的关系可以用因果关系来解释。尽管这种谬误，即"**后发者因之而发**"，长期以来一直被认为是无稽之谈，但有时散点图中的数据似乎加强了因果关系。

2012 年反映这种关系的一幅插图既幽默又微妙。[32] 在著名的《新英格兰医学杂志》（*New England Journal of Medicine*）上发表的一篇文章中，弗朗茨·梅瑟利（Franz Messerli）博士想知道，[33] "据推测，巧克力消费不仅可以改善个人的认知功能，而且可以改善整个人群的认知功能。一个国家的巧克力消费水平与其人均诺贝尔奖获得者总数之间是否存在相关性？"（梅瑟利，2012 年，第 1562 页）

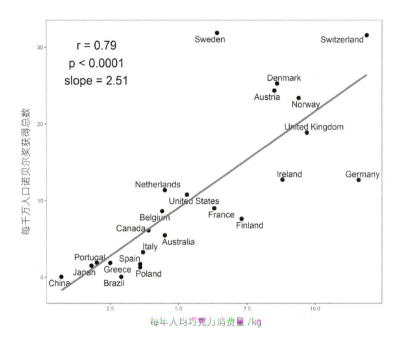

图 6.21　虚假相关性：23 个国家的人均巧克力消费量和每千万人口诺贝尔奖获得总数

出自：改编自弗朗茨·梅瑟利，《巧克力消费、认知功能和诺贝尔奖获得者》（"Chocolate Consumption, Cognitive Function, and Nobel Laureates"），《新英格兰医学杂志》，2012 年第 367 卷第 16 期，第 1562—1564 页，图 1。© 2012 马萨诸塞州医学协会。经马萨诸塞州医学协会许可转载。

23 个国家的数据如图 6.21 所示。该图中显示的相关性为 $r = 0.79$，这并不理想，但表明二者之间存在非常强的关系，梅瑟利将其归因于巧克力中含量较高的黄烷醇。路透社的一篇热门文章使用了《多吃巧克力，赢得诺贝尔》（"Eat More Chocolate, Win the Nobel Prize"）的标题。[34] 根据这些数据推测，如果普通公民每年仅多吃 1 千克巧克力，他们的国家就会多获得 2.5 个诺贝尔奖。

皮埃尔·莫拉格（Pierre Maurage）和其他人很快在《营养学杂志》

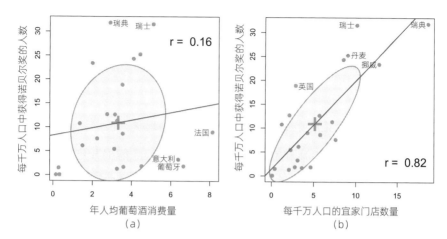

图 6.22　更虚假的相关性：各国每千万人口中获得诺贝尔奖的人数与其他虚假解释的相关性，（a）年人均葡萄酒消费量与此人数的关系，（b）每千万人口的宜家门店数量与此人数的关系

数据来源：皮埃尔·莫拉格、亚历山大·黑伦（Alexandre Heeren）和毛罗·佩森蒂（Mauro Pesenti），《巧克力消费真的能增加获得诺贝尔奖的机会吗？健康研究中过度解释相关性的危险》（"Does Chocolate Consumption Really Boost Nobel Award Chances? The Peril of Over-Interpreting Correlations in Health Studies"），《营养学杂志》，2013 年第 143 卷第 6 期，第 931—933 页，图 1B 和 1C。

（*Journal of Nutrition*，2013 年）上提出了反驳并揭示了问题的答案。为了验证巧克力对不同国家诺贝尔奖获得数量惊人影响的其他可能解释，他们收集了更多的数据，其中一些数据如图 6.22 所示。

一位细心的科学家通过比较相互矛盾的假设来检验解释。如果巧克力中黄烷醇的浓度是作用机制，那么其他富含黄烷醇的物质——茶和酒的消费肯定应该与诺贝尔奖的获得数量显示出类似的强烈正相关关系。但遗憾的是，数据显示并非如此，如图 6.22 的 (a) 图所示。

灵光乍现，他们对各国获得诺贝尔奖的情况有了另一种解释：人均宜家（IKEA）门店的数量。原来如此！从图 6.22 (b) 中可以清楚地看到，宜家门店的数量是诺贝尔奖获得人数的更强预测指标，其 $r = 0.82$。遵循宜家组装说明所需的培训是否可能比巧克力更能改善人群的认知功能？

只有一位真正的诺贝尔奖得主——美国物理学家埃里克·康奈尔（Eric Cornell，于 2001 年获得诺贝尔物理学奖）才能揭开这个谜团："国民巧克力消费与国家财富相关，高质量的研究也与国家财富相关。"相关性并不意味着因果关系；通常，正是缺失的一些其他第三变量在影响你正研究的两个关联变量。

散点图思维

散点图的视觉显示和分析超越了一维问题，延续了哈雷绘制函数关系的想法，也体现了普莱费尔的时间序列折线图的想法，其中横轴表示时间（我们称之为 1.5 维）。散点图的结果是一个完全二维的空间，在笛卡尔框架中表示数据的点可能看起来非常杂乱无章，它们仅受观察到的和需要解释的变量之间关系的约束。

当科学家必须直接检查不同变量之间的双变量关系时，就需要散点图。与饼图、折线图和条形图等其他图形形式不同，散点图有独特优势：

> 通过添加平滑线条或曲线来发现经验数据（显示为点）的规律。这些线条或曲线旨在"不通过点，但在它们中间"，以便从原始数据中提炼出基于理论的描述、分析和理解。（赫歇尔，1833b，第 179 页）

在现代数据图形的工具箱中，散点图继续占有一席之地，也许还是一个很有分量的位置。本章中的一些图说明了现代统计方法（回归线、平滑、数据椭圆等）的使用，以增强对在点云中应该看到什么的感知。它还为图形开发人员提供了一个框架，将赫歇尔、高尔顿和其他人的思想提升到更高的维度并用来解决更复杂的问题。

从 20 世纪 60 年代开始，计算机生成的统计图形和软件的出现带来了图形的其他新用途和改进。其中有一个重要的想法，即人们可以通过在单个连贯的显示中绘制很多较小的散点图，来降低分辨率或减少细节并增加多变量范围，塔夫特（1983 年）后来将其称为"小倍数"。首先出现的这些新思想之一是**散点图矩阵**[35]：在 $p \times p$ 网格中 p 变量的所有成对关系图，其中每个子图显示行和列变量之间的二元关系。

数据可视化与图像传播的其他发展也将遵循这一思路：以三维形式可视化数据；使用运动和动态图形来描绘随时间或空间变化的其他数据特征；交互式图形，让查看者查询图形以了解更多详细信息。以下章节将探讨这些主题。

第 7 章

统计图形的黄金时代

> 1860—1890 年这一时期可以被称为图形的黄金时代，因为这一时期不仅统计学家，而且政府和市政当局都表现出了无限的热情，人们热切地讨论图形表示的可能性和问题，图形显示成为几乎每一门科学集会的重要辅助手段。
> ——芬克豪泽，1937 年，第 330 页

霍华德·格雷·芬克豪泽（1898—1984 年）通过这段评论将 19 世纪后半叶的这段时期命名为"图形的黄金时代"。1937 年，当他在哥伦比亚大学博士论文中写下这几句话时［这篇论文很快发表在历史杂志《奥西里斯》（*Osiris*）上］，他是第一位试图对统计数据图示进行全面历史研究或将其视为历史主题的现代作家。作为一名科学史学家，他发现了"很多被遗忘的知识"，这些知识构成了这一主题的早期研究对象，也为将图形作为具有知识史的科学对象进行研究提供了存在理由。

在很多方面，芬克豪泽称为"图形的黄金时代"的这一时期，也是整个数据可视化历史上最富有创新和美感的时期。在此期间，视觉思维有了令人难以置信的发展（具体体现在查尔斯·约瑟夫·米纳德的作品中），可视化在科学发现中发挥了更大的作用（如弗朗西斯·高尔顿的研究），还出现了图形杰作（具体体现在法国和其他国家制作的国家统计地图集中）。

图形史的年代

欣赏任何领域思想和技术发展的一种便捷方式是记录和记载其历史上的重大事件，这基本上就是芬克豪泽在他的图解法文字记载历史中的开篇。

"里程碑项目"（www.datavis.ca/milestone）[1]，囊括的内容更多。它是这段历史的综合在线存储库，具有代表性的图像、参考文献和文本描述，可以以各种方式搜索和显示，也可以提供用以分析这段历史的数据。

图 7.1 所示为"里程碑项目"概览，通过相对频率平滑曲线（核密度估计）和底部的离散里程碑事件边缘标记（"地毯图"），显示了从 1500 年到现在的代表性事件的发生情况。

不同时期的虚线和标签是对这段历史的一种简单解析。[2] 可见，图形的发展经历了 19 世纪初的快速崛起，在 19 世纪末达到顶峰，随后在 20 世纪初急剧下降，在 20 世纪后半叶再次增长且更迅猛。

19 世纪上半叶，在这张图表中被标记为"现代开端"，与第 3 章中描述的数据时代是同一时期，同时，在这一时期中，普莱费尔发明

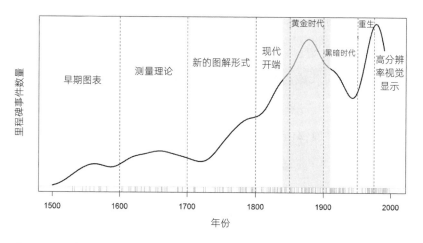

图 7.1 "里程碑项目"的时间线:事件的时间分布被认为是数据可视化历史上的里程碑,用地毯图和密度估计显示

注:数据包括 1500 年到现在的 $n = 260$ 个重要事件(弗兰德利,2005 年)。约 1840—1910 年这一突出时期的发展构成了本章的主题。

出自:改编自迈克尔·弗兰德利,《统计图形的黄金时代》(*The Golden Age of Statistical Graphics*),《统计科学》(*Statistical Science*),2008 年第 23 卷第 4 期,第 502—535 页,图 1。

其图表和图形形式,迪潘、盖里等人首次使用阴影地图来显示社会重要数据地理分布。

有了这些设计和技术上的创新,19 世纪上半叶也是一个热衷于图形显示的时代。[3] 统计图形和专题地图在这一时期出现爆炸式增长,其增长速度直到近代才能与之匹敌。这种快速增长从 1840 年左右一直持续到 1900 年左右,但不仅仅是渐进式创新。

在 19 世纪下半叶,这种萌发不久的热情逐渐高涨,统计学、数据收集和各领域技术的发展结合在一起,产生了数据图形的一场"完美风暴"。正如芬克豪泽指出的那样,政府机构和科学集会普遍对数据图形充满热情。其结果是,在那个各种技术水平完全比不上今天的时期，产生了精美程度和广度无与伦比的作品，在今天都很难复制。

采用一个更为广阔的视角，我们可以阐明黄金时代的内涵，以及是什么使一个时代成为黄金时代。"黄金时代"一词源于早期希腊和罗马诗人，他们用它来表示人类纯洁、生活在乌托邦的时代。从图7.1上看，它指的是取得伟大成就的某个可识别的时期：两个"山谷"之间的"成就高山"（或至少是"高原"）。各时代的历史组成一部"兴衰"史，黄金时代拔地而起，成为一座巍峨雄奇的山峰。

一些黄金时代包括：（1）雅典的黄金时代，即从波斯战争结束（公元前448年）到伯罗奔尼撒战争开始（公元前404年），这之间为期44年的伯里克利统治时期，是政治和公民社会、建筑、雕塑和戏剧发展相对繁盛的时期；（2）伊斯兰黄金时代（750—1258年），从伊斯兰哈里发国的巩固到莫卧儿对巴格达的洗劫，在此期间，艺术、科学、医学和数学取得了巨大进步；（3）伊丽莎白一世统治下的英格兰黄金时代（1558—1603年），这是文艺复兴时期文学、诗歌和戏剧的巅峰。这样的时期往往以一个或多个转折点事件结束。

统计学家可能会将黄金时代描述为历史上某些分布的局部最大值。在图7.1中，我们可以看到数据可视化历史上里程碑事件的数量在整个19世纪迅速增长，但在19世纪末出现下降。这只是黄金时代图解法发展的一个定量指标。

黄金时代的先决条件

正如我们在第3章和第4章所讨论的，在19世纪早期推动统计图形基本形式形成的一个重要发展是广泛收集关于社会问题（犯罪、自杀、贫困）和疾病暴发（霍乱）的数据。在很多关键情况下，图解法证明了它们的实用性，有时提出了解释或解决方案。使黄金时代得以实现的第二大进步涉及技术，如图 7.2 所示：（1）使用颜色复制和出版数据图形；（2）一次记录多个变量的原始数据；（3）制表，或者对部分数据进行微处理后以图形展现。

在黄金时代之前的时期，专题地图和图表采用铜版雕刻印刷：将图像刻在软铜片上，然后上墨并印刷。在雕刻家和印刷大师的手中，铜版画技术可以很容易地勾勒出细线条、小字体、点刻纹理等。阿尔布雷希特·丢勒（Albrecht Dürer）和其他雕刻师的作品证明，传达艺术家意图的手绘艺术品如何通过细线条和纹理雕刻技术，实现大量副本传播。这一时期的早期数据图形作品中，图片说明或文字说明都会提及作者和雕刻师，这是因为他们都对最终产品做出了贡献。

由此产生的图像远远优于以前木刻的方法。但铜版印刷速度较慢，成本较高，如果涉及不同颜色的油墨，则印刷程序会变复杂，所需时

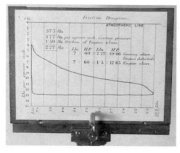

图 7.2　黄金时代背后的一些技术进步：左，自动记录之瓦特指示器，詹姆斯·瓦特（1822 年）；中，计算装置，巴比奇（1822/1833 年）；右，运动摄影，迈布里奇（1879 年）

出自：（左）美国国家历史博物馆，史密森学会；（中）Britannica.com；（右）美国国会图书馆，印刷和照片部，LC-DIG-ppmsca-23778。

间自然增加。例如，普莱费尔主要作品（普莱费尔，1786年，1801年）中的图是通过铜版印刷但手工上色的（通常由普莱费尔本人上色），因此它们的印刷数量有限。

1798年，阿洛伊斯·塞内费尔德（Aloys Senefelder, 1771—1843年）发明了平版印刷术。这是一种化学印刷工艺。与雕刻相比，平版印刷的地图和图表所需印刷时间更长，成本低得多，也更容易在填充区域实现精细的色调渐变。

到了1850年左右，平版印刷技术被应用于彩色印刷，使得彩色印刷的成本更低，使用频率更高。更重要的是，在专题地图和统计图表的设计中，可以更容易地将颜色作为一个重要的感知特征：高分辨率彩色印刷是黄金时代的重要特征。[4]

黄金时代的第二个主要技术特征是自动记录的显著进步。图形记录设备，即将时变现象转化为图形记录的仪器，可以追溯到古代（霍夫和赫德斯，1962年）。如第1章所述，罗伯特·普洛特制作了一个笔式装置，记录1684年牛津每天的大气压力，称其结果为"天气史"（图1.5）。自动记录的基本思路是找到一种方法，通常是机械方法，记录一些现象，然后将其转化为笔在移动纸卷上的运动。黄金时代的新技术发展为肉眼观察和分析提出了更广泛的科学问题。现代地震仪和脑电图（EEG）记录仪的功能仍然大致相同，都是用多支笔同时记录不同"道"①。

到1822年，詹姆斯·瓦特（与约翰·萨瑟恩）发表了关于"瓦特指示器"（图7.2，左）的描述。这是一种自动记录蒸汽中蒸汽压力

---

① 以往的模拟地震仪，一道检波器对应有一个放大器和一个记录器，共同组成地震记录道。野外有多少道检波器，地震仪中就有多少个放大器和记录器，这种数据的传输方式叫"多路并行"。现在的数字地震仪为了减少仪器的体积，在仪器中只有一个为各道共用的主放大器。——译者注

与其体积,并给出二者之间**双变量**关系的装置,目的是计算做功并提高效率。这个非凡的机制使用横轴和纵轴分别代表一个变量,让人们可以直接看到这两个测量值如何一起变化,或者一个如何随着另一个的改变而变化。

一旦你们看到设备,这样的思路就很容易理解了。19世纪下半叶,自动记录的范围得到极大地拓展,从天气和物理测量,到鸟类飞行和人体生理的问题。这项技术的一位关键参与者是艾蒂安-朱尔·马雷,我们将在第9章详细介绍他。

这一时期的第三个重大技术进步是在计算方面。19世纪早期收集的大量数据带来了对数据进行细致分析的需求,从而可得出总结并加以解释。17世纪早期开发了大量机械计算设备以满足这一需求,产生了四个功能(加法、减法、乘法和除法)计算器的雏形。[5]至少在理论上,这种情况在1822年发生了变化。当时查尔斯·巴比奇(Charles Babbage, 1791—1871年)已经有了"差分机"的构思,这是一种用于计算对数和三角函数的数学表并自动打印结果的机械设备。稍晚一点(1837年),他又设计了"分析机"。这是一种可编程的通用机械计算设备,通过穿孔卡接收程序指令和数据[例如用在约瑟夫·雅卡尔(Joseph Jacquard)的机械织布机上,对编织颜色序列进行编程]。阿达·洛芙莱斯①(Ada Lovelace)意识到巴比奇的设备具有巨大潜力,可以通过编程"编辑代数模式",并在1833年发明了被很多人认为是第一个计算机程序(用来计算伯努利数)的东西。这些实际上都不是在巴比奇的一生中构建的,但是在整个黄金时代,将大量数据制成表格的想法一直存在。

---

① 英国著名诗人拜伦之女,数学家,计算机程序创始人。——译者注

第一台已知的将大量数据制成表格的实际设备是安德烈-米歇尔·盖里在撰写1864年的作品时发明的,他的这部作品是对25年来英法两国的犯罪和自杀情况的研究。盖里的数据包括按年龄、性别,以及其他与被告、犯罪有关的因素分类的22.6万起人身犯罪案件,还有按动机分类的8.5万起自杀案件。他发明了一种仪器,即**统计学计算器**,以帮助对这些数字进行分析并制表。[6]

到了1890年,正好赶上10年一次的美国人口普查,赫尔曼·霍利里思(Herman Hollerith, 1860—1929年)推出了一种存储数字信息的现代穿孔卡。这是一种用于输入数据的打孔设备,也是一种用于按数据列对卡片进行计数和分类的机械设备。操作员将穿孔卡放入卡槽中,选中一列,按下"开始"按钮,卡片就会按年龄、职业、宗教或其他任何记录的因素进行分类和计数。问题的答案以每个箱子中出现的卡片数量和拨号盘上的数字来显示。

图形语言对黄金时代做出贡献的最后一个方面,尽管是间接的,源于土木和军事工程师的实际需求,即用简单的方法来进行复杂的计算:除了计算图[或"列线图"(nomograms)]、直尺和铅笔之外,无任何其他东西。例如,炮兵和海军工程师创建了用于校准其火炮射程的图形和表格;法国国立路桥学校(ENPC)的工程师莱昂·拉兰纳(Léon Lalanne, 1811—1892年)创建了一些图表,用来计算在修建铁路时必须移动的最小土方量,从而使工作既节省时间又节约成本(汉金斯,1999年)。

也许这些列线图中最引人注目的是拉兰纳(1844年)的"通用计算器",它能对算术(对数、平方根)、三角学(正弦、余弦)、几何学(几何形状的面积、周长和曲面)的60多种函数,以及度量单位和应用力学之间的换算系数进行图形计算。[7]实际上,拉兰纳将平行的非线性标度,例如计算尺上的标度(正弦和余弦的角度),与双对数坐标系统结合起来,在双对数坐标系统中任何三变量的乘法关系都可以用直线表示。对工程师而言,它取代了包含很多数值表的书籍。对统计图形来说,它预见了如今用来简化复杂图形显示的标度和线性化思想。

我们用图 7.3 来说明黄金时代的这段时期,这是查尔斯·拉勒曼德(Charles Lallemand,1885 年)绘制的一幅图形杰作,用于确定海上罗盘在纬度和经度上的精确磁偏差。这种多函数列线图同时考虑多

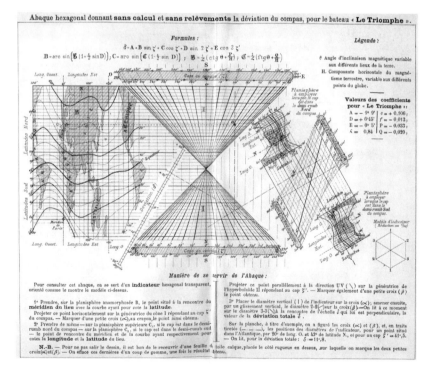

图 7.3 列线图:结合不同图形形式的计算图

注:这张由查尔斯·拉勒曼德(1885 年)绘制的列线图杰作使用了变形图、平行坐标和三维曲面来计算海上的磁偏差。

出自:经矿业学院许可转载。

个变量，通过复杂的三角公式直观地进行图形计算。它从左边一张自欧洲到美洲的通航世界地图开始，变成了所谓的"变形"地图，因此显示的磁偏差暗线模式比标准地图上的更为一致。它还结合了三维图形、平行坐标和六边形网格。在使用该图时，舵手将他在海上的位置绘制在左侧的变形地图上，将该点通过上部中央锥体投射，然后投影到右侧的网格和变形地图上，最后通过底部的中央锥体投射到磁偏差标尺上。原来如此！这样，舵手可以向船员们保证他们会及时回家吃星期天的晚餐。

查尔斯·约瑟夫·米纳德的图形视觉

我绘制图表和形象化地图的主要原则是尽可能地使各部分比例立即为眼睛所感知……我的地图不仅会说话，更重要的是，它们会计算——用眼睛计算。

——查尔斯·约瑟夫·米纳德（1862年）

查尔斯·约瑟夫·米纳德最为人所熟知的是他对1812年莫斯科战役中拿破仑大军所遭受的惨重损失的精彩描绘。爱德华·塔夫特称之为"有史以来最好的统计图形"（爱德华·塔夫特，1983年，第40页）。不过，米纳德其他大部分作品说明了视觉思维和视觉解释的兴起。视觉思维和视觉解释始于19世纪初，并在黄金时代结出硕果。

米纳德曾在著名的法国国立路桥学校接受工程师培训。他在那里有两段不同的职业生涯：他最初（1810—1842年）担任土木工程师，制定运河和铁路施工计划，后来（1843—1869年）担任可被称为现代法国政府视觉工程师的职务。

图 7.4 显示了他早期职业生涯中的一个视觉思维和视觉解释的例子。1840 年，米纳德被派往圣安德尔堡，调查一座横跨罗讷河的悬索桥倒塌的情况。由于这座桥才建成 10 年，因此它的倒塌对路桥学校来说是件颜面扫地的事。米纳德的发现基本上就是这个能自行给出解释的前后对比图。它所给出的视觉信息一目了然：显然，上游支座下的河床已经被侵蚀，使得桥的这头很大一部分没有支撑。他 1856 年出版的小册子包含了其他类似的工程视觉解释。

米纳德在 1843—1869 年期间创作了 63 幅图形作品。[8] 其中包括**数据图表**（表格和统计图）和**插图**（专题地图）。1851 年退休前，他的"面包和黄油"主题涉及贸易、商业和运输问题：在哪里修建铁路

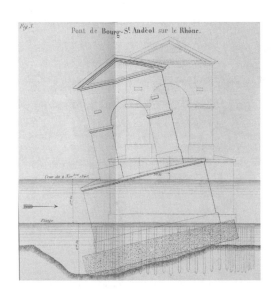

图 7.4 悬索桥倒塌的视觉解释：其中一个桥梁支座的横截面图，提供前后比较
出自：查尔斯·约瑟夫·米纳德，《大洪水中的桥梁倒塌》（*De la chute des ponts dans les grandes crues*），巴黎：ET 出版社，1856 年。转载 © 法国国立路桥学校，4_4921_C282。

和运河？货物运输和旅客交通如何收费？如何将时间上的变化和空间上的差异可视化？他的大多数专题地图都是流向图，他将之发展成一种近乎艺术的表现形式。他选择的术语**插图**表明，他的主要目标是表现数据，形成地图通常是次要的。

米纳德的图形视觉，其主要目标是表现数据，这在图 7.5 所示的一对前后情况对比流向图中清晰可见。他的目的是解释美国内战对欧洲和其他地区之间棉花贸易的影响。同样，视觉解释很直接且能让人留下深刻印象——它让人眼前一亮。1858 年，欧洲进口的大部分棉花来自美国南部各州——左图占主导地位的深色宽带（原图——彩图 17

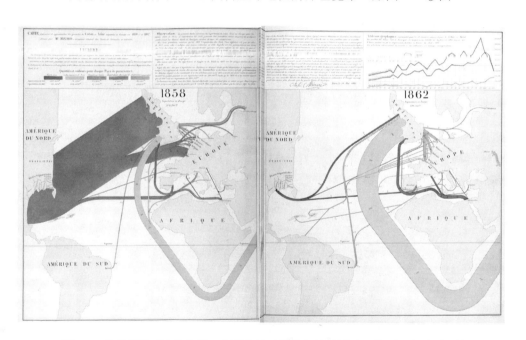

图 7.5　前后情况对比流向图：美国内战对棉花贸易的影响。从不同来源到目的地的欧洲原棉进口量由不同灰度带显示，其宽度与美国内战之前（左：1858 年）和之后（右：1862 年）的棉花量成比例

出自：查尔斯·约瑟夫·米纳德，"1858 年和 1862 年欧洲棉花数量的插图和示意图"，巴黎，1863 年。转载 © 法国国立路桥学校，4Fol 10975。

为蓝色）。到 1862 年，由于往返欧洲与美国南方的船只被封锁，棉花供应减少，变成了"涓涓细流"，完全通过新奥尔良的港口进入；埃及和巴西的棉花满足了部分需求，但大部分替代品来自印度。为了方便画流向线，他将英吉利海峡和直布罗陀海峡变宽；为了突出数据，他把北美的海岸线简化成一种纯卡通形式。

正如前面所提到的，米纳德最伟大的作品，被誉为"也许是有史以来最好的统计图形"[9]（图 7.6），描绘了拿破仑大军在 1812 年入侵俄国所造成的惨重生命损失。可能，看到它，你只会觉得"哦，这很好"。但是，不，这个用图表讲述的史诗般的故事一点都不好。

图 7.6 中，较淡的流向线始于波兰边境的涅门河（左），拿破仑于 1812 年 6 月 24 日在此开始入侵。流向线的宽度反映了军队规模，最初为 42.2 万人（包括来自其帝国的应征入伍者），其走向显示了军队

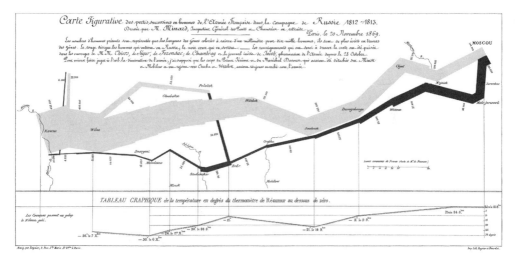

图 7.6 **拿破仑行军图**：查尔斯·约瑟夫·米纳德描绘的关于拿破仑 1812 年灾难性对俄战争的叙事性地图。灰色"河流"的宽度与拿破仑入侵军队的规模成正比；其黑色延续部分显示了返回军队的规模。
出自：经法国国立路桥学校档案馆许可转载。

所走的路线。沿途的关键战役和事件显示在俄国的示意图上，我们在图的右侧可以看到拿破仑的军队在接近莫斯科时实力如何减弱。

柴可夫斯基的《1812序曲》颂扬了一支规模小得多、装备不足的军队为保卫莫斯科，如何对抗拿破仑这支此前战无不胜的敌军。[10] 托尔斯泰的《战争与和平》作为有史以来最长的小说之一而为人所知，也传达了俄国方面对这段历史的看法。

米纳德只用了一张图，就讲述了这个拿破仑战败故事。据我们所知，这是在此之前（也许在此之后也是）从未在自己国家历史的图形描绘中做过的事情。这是一个爱国者的图形故事，是对为了军事征服发起愚蠢战争的悲惨反思。

拿破仑撤退的路线用黑色流向线显示，流向线已大大变窄，但仍有10万人活着离开莫斯科。当他们回到涅门河时，只剩下1万人（约原军队的2%）。图底部的下标图试图说明原因：拿破仑于1812年10月19日开始撤退，他的补给基本上耗尽了。当军队奋力撤退时，俄国冬季气温下降的图表象征着伴随士兵们惨烈撤退的残酷条件。

米纳德的作品印刷数量有限，在法国工程师和那些对图解法感兴趣的小圈子之外，他并不出名。艾蒂安–朱尔·马雷（1878年）第一次让人们注意到这张具有视觉冲击力的图形，否则它可能会被历史遗忘。在第一本关于图解法的综合性著作中，他说米纳德的作品"以其残酷雄辩挑战了历史学家的笔墨"。后来，芬克豪泽（1937年）在图解法的第一个现代概述中，用了几页篇幅来介绍米纳德的作品，并称他为"法国的普莱费尔"，暗示他的贡献。塔夫特也让这张图片引起了广泛的关注，他称这张图片显示出"多元复杂性如此和谐地融合在一起，以至于观众几乎没有意识到他们正在观察一个六维世界……这可能是有史以来最好的统计图形"(塔夫特，1983年，第40页)。

米纳德于1870年去世，他最后出版的作品包括著名的莫斯科行军图（出版于1869年11月20日），以及一幅汉尼拔在意大利的军队的类似图表。我们将在第10章再详细介绍米纳德。

我们最近在蒙帕纳斯公墓第7区（北纬48.8388°，东经2.3252°）发现了米纳德的墓地（弗兰德利等，2020年）。

弗朗西斯·高尔顿最伟大的图形发现

在第6章中，我们了解到，高尔顿1886年提出的著名的回归和同心椭圆思想正是二元正态分布的特征；10年后，卡尔·皮尔逊据此提出了相关理论。然而，早在23年前的1863年，高尔顿甚至就发现了更引人注目的数据图形——气压和风向之间的关系。这一关系现在构成了对天气的现代理解的基础。最值得注意的是，这是几乎完全通过图形手段实现科学发现的一个典范，"这是完全出乎意料的事情，纯粹是他高维图形的产物。"[11]

高尔顿是一位真正的博学家，在1858年左右被任命为英国伦敦邱园天文台台长后，他对气象学产生了兴趣。这项工作提出了很多与大地测量学、天文学和气象学有关的科学问题，但在他看来，任何答案首先取决于系统和可靠的数据，其次取决于在数据中找到连贯模式的能力，这些模式可以帮助我们对起作用的力量有一个大致的了解。

1861年，高尔顿开始了一项众包活动，从欧洲各地的气象站、灯塔和天文台收集气象数据，获得了300多名观测员的帮助。他需要的帮助包括在1861年12月整月的上午9点、下午3点和晚上9点填写数据收集表（见图 7.7），记录气压、温度、风向和风速等。根据返回的数据，他开始进行图形抽象，最终于 1863 年出版了《气象图》（*Meterographica*）。在这个过程中，他总共制作了 600 多幅图表，使用了平版印刷和摄影技术。在他的项目中，高尔顿收集了全欧洲的标准化数据，使所选取的 7 个变量的记录具有可比性；使图解法对揭示系统模式具有借鉴性；还突显了自己为个人目的发明或改造视觉符号的能力。

在第一阶段，高尔顿绘制了 93 张图（每天 3 张，连续 31 天都是如此），在这些图上，他使用自己设计的印章或模板记录了多变量符号，以显示降雨、云层、风向和风力，如彩图 11 所示。[12] 他解释说，这些用来表达风向的视觉符号与字母 N、NNW、NW 等一样精确，但

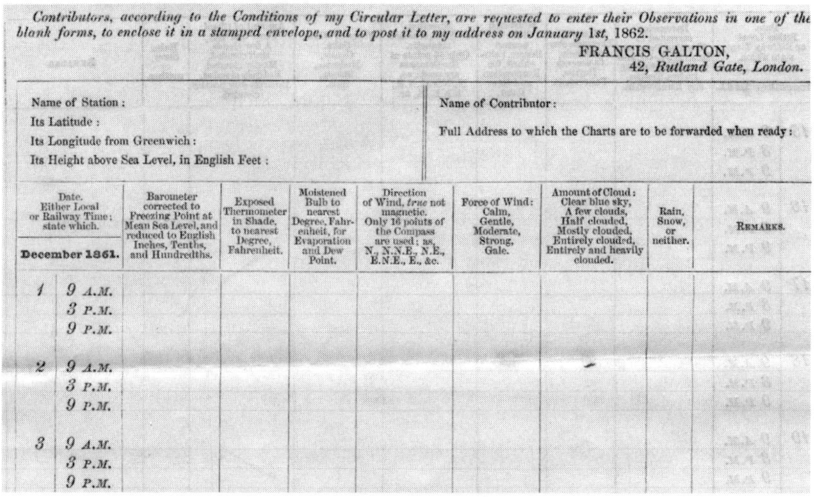

Contributors, according to the Conditions of my Circular Letter, are requested to enter their Observations in one of the blank forms, to enclose it in a stamped envelope, and to post it to my address on January 1st, 1862.

FRANCIS GALTON,
42, *Rutland Gate, London.*

Name of Station :
Its Latitude :
Its Longitude from Greenwich :
Its Height above Sea Level, in English Feet :

Name of Contributor :
Full Address to which the Charts are to be forwarded when ready :

Date. Either Local or Railway Time; state which. December 1861.		Barometer corrected to Freezing Point at Mean Sea Level, and reduced to English Inches, Tenths, and Hundredths.	Exposed Thermometer in Shade, to nearest Degree, Fahrenheit.	Moistened Bulb to nearest Degree, Fahrenheit, for Evaporation and Dew Point.	Direction of Wind, *true* not magnetic. Only 16 points of the Compass are used; as, N., N.N.E., N.E., E.N.E., E., &c.	Force of Wind: Calm, Gentle, Moderate, Strong, Gale.	Amount of Cloud: Clear blue sky, A few clouds, Half clouded, Mostly clouded, Entirely clouded, Entirely and heavily clouded.	Rain, Snow, or neither.	REMARKS.
1	9 A.M.								
	3 P.M.								
	9 P.M.								
2	9 A.M.								
	3 P.M.								
	9 P.M.								
3	9 A.M.								
	3 P.M.								
	9 P.M.								

图 7.7　高尔顿的数据收集表

注：在这张高尔顿发送给观测员的表格的上部，写了 1861 年 12 月整月要记录的天气变量。值得注意的是，高尔顿试图确定观测条件，并将记录 7 个天气变量中每一个的刻度标准化。

出自：弗朗西斯·高尔顿，《气象图或绘制天气图的方法》，伦敦：麦克米伦出版社，1863 年。

它们"具有直接向眼睛讲述故事的优势"。

尽管这些图直观地显示了所有的数据，但它们给出的信息太多，以至于高尔顿无法从中抽象出一般模式，尤其是当他面对 93 页这样的图表的时候。他需要一种压缩和汇总数据的方法，以掌握时间和空间两方面的系统变化。他萌生了在地理网格上以一些符号来绘制图形的想法，以显示气压（见图 7.8）。

图 7.8　标志性三维气压图，双极标度：高尔顿 1861 年 12 月 8 日的气压图，灰色和黑色符号分别代表比平均气压低和高的气压，偏离程度从低到高为，从○到⊙和 *，再到●

出自：弗朗西斯·高尔顿，《气象图或绘制天气图的方法》，伦敦：麦克米伦出版社，1863 年。

然后高尔顿有了一些惊人的发现。当时，一种气旋理论认为，在低气压地区，风向内盘旋，逆时针旋转。高尔顿能够从他的图表中证实这一点，但是他还注意到了其他东西。在整个地理空间中，高气压地区对应于以顺时针方向**向外**盘旋的风，他将这种关系称为"反气旋"（高尔顿，1863a）。这一观测结果为更普遍的天气模式理论奠定了基础，将气压与风和其他天气变量联系起来。

证实这一观点的关键在于，我们能看到风向和气压在空间上的**关系**，以及它们随时间在全球范围内的**变化**。因此，在抽象的第二阶段，他将每天的数据缩减为 3×3 网格的微型抽象等高线图：行显示了气压、风向、降雨和温度的迷你图；列代表上午、中午和下午。在这些迷你图中，高尔顿用颜色、阴影和等高线来表示近似的边界等，并用箭头来表示风向。

他将这些 31 天的迷你图组合成一张两页的多变量迷你示意图，其右页如彩图 12 所示，符号的文字说明参见彩图 13 的上图，12 月 5 日的数据参见下图。

顺带一提的是，12 月上半月的气压（每天的第一行）普遍较低，而在下半月则较高——得到风向箭头方向变化的证实。他根据达夫旋转定律（Dove's Law of Gyration）（高尔顿，1863a）解释了这些结果。根据这一理论和高尔顿的气旋－反气旋理论的预测——南半球将出现一种相反的气流模式——后来得到了证实。

高尔顿对天气模式的发现展示了复杂数据与视觉思维的结合。它还说明了简化数据以获得一般模式并最终产生理论描述所需的大量工作。他在气象学方面的进一步工作也说明了将理论转化为实际应用的过程，这是我们在黄金时代发现的另一个突出特征。

1861—1877 年，他发表了 17 篇关于气象主题的文章，比如风向图和风力图如何转化为海员旅行时间图。[13] 1875 年 4 月 1 日，伦敦《泰晤士报》发表了高尔顿绘制的天气图——这是我们今天在世界各地的报纸上看到的第一张现代天气图。[14]

统计册

黄金时代的最后一个范例是一系列政府项目，它们具有无与伦比的图形优势、范围和美感。约1820—1870年，大多数欧洲国家普遍都在收集、组织和传播有关人口、贸易和商业及社会和政治问题的官方统计数据。约在1870年后，欧洲很多国家的统计局和美国统计局对图形表示的热情开始高涨，编制了大量的统计地图集和统计图册。由于要适应于各国家机构，这些图册的统计内容和展示目标千差万别，主题往往平淡无奇，但即使在今天，它们所呈现的结果也是非常惊人的。

在美国，人口普查局在弗兰西斯·沃克的指导下，编制了统计地图集，按年龄、性别、宗教和国籍来描述美国人口，但有时也会涉及一些更广泛的主题：制造业和资源、税收、贫困和犯罪。而在法国，公共工程部主要关注贸易、商业和运输方面的人口情况。[15]

无论其内容如何，这些统计图册最终的出版物都令人印象深刻，这是因为其展示出的图解法多种多样、视觉呈现精妙绝伦。正如我们将看到的，他们经常预见的图形形式和理念，要到1970年之后才会由人们重新启用。

统计图册

米纳德在法国国立路桥学校的图形作品在法国政府机构中非常有影响力，以至于1850—1860年，几乎每一位公共工程部的部长都以米纳德的作品为背景绘制自己的官方肖像。[16] 1878年3月，该部在埃米尔·谢松的指导下成立了统计图形局。像米纳德一样，谢松在任职于公共工程部之前一直是法国国立路桥学校的工程师。从1872年起，他是法国在国际统计大会图解法标准化委员会中的主要代表。

到1878年7月，统计图形局接到了工作命令：负责"绘制（**形**

象化的）图表，以表达关于任意类型的交通线、海港客货运流量，以及这些线路、港口的建设和开发的统计数据。总之，与统计有关并可能对公共工程管理有意义的所有技术或财务经济事实"[17]。

1879—1897年，统计局出版了《统计图册》。这些册子都是大四开本（约28厘米×38厘米），很多图可以展开成4倍或6倍开本的大小。所有图均为彩色印刷，并且非常注重布局和构图。芬克豪泽指出（1937年，第336页），"《统计图册》展示了本世纪最优秀的法国图形作品，法国人民、统计学家和外行都对它们感到相当自豪。"毫不夸张地说，这些合订本是黄金时代的巅峰之作，是几乎所有已知图形形式的精美样本，其中有一些是首次出现。[18]

这些图册有两类常规主题：与公共工程规划、开发和管理相关的经济和财务数据——铁路、内陆水道和海港客货运运输；进出口和基础设施的支出。此外，每年偶尔有些其他不同的主题，如农业、人口增长、交通、巴黎国际博览会等。第一类常规主题是统计图形局的主要工作；第二类则允许谢松和他的团队用一些与当期主题相关的新东西来取悦他们的读者，如他们经常使用一些新颖的图形设计。收到这些报告的部长和官员的"菜单"很明确："面包"和"黄油"配以可视化统计数据的"主菜"，然后是眼花缭乱的元素作为"甜点"。

1889年的这一本图册是在当年的巴黎世界博览会之后出版的，它使用了几种新颖的图形设计来提供与该主题相关的数据分析。图7.9使用现在所谓的**星图**或**雷达图**来显示在巴黎举行的3届世界博览会的参观情况：1867年、1878年和1889年。这些图是以一种我们现在称为"网格显示"[19]的形式布置的双向图组，对行（年）和列（月）进

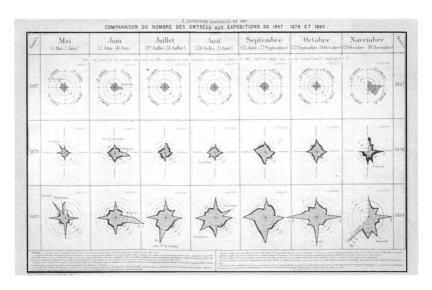

图7.9 双向星图/雷达图:《参观1867年、1878年和1889年世界博览会人数的比较》("Comparison of the numbers attending the Expositions of 1867, 1878 and 1889"),在每个星图中,径向尺寸的长度显示了当月每一天付费参观者的数量

出自: 国家退休养老基金,《统计图册》,巴黎:国家印刷厂,1889年,图21。

行比较。每个星图用光线的长度来表示每日的参观人数,黄色[①]表示付费入场,黑色表示免费入场,周日朝向罗盘方位。我们在这张图中可以看到:(1) 1867—1889年,参观人数大幅增加;(2) 周日的参观人数通常最多;(3) 在1889年,参观人数还有过几次额外增加,主要是在假期和节日,这些都在图表上用文字描述进行了说明。

同一册中的另一张图试图强调这些博览会对巴黎剧院观众人数的影响。图7.10显示了主要剧院的极坐标图,其中每个扇形的面积与1878—1889年的总收入成比例。1878年和1889年因举办世界博览会

---

① 原文如此。——编者注

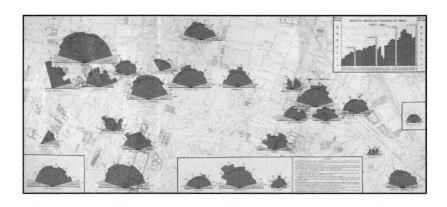

图 7.10 地图上的极区域图：《1878—1889 年巴黎剧院的总收入》（"Gross receipts of theaters in Pairs from 1878 to 1889"）

注：其中每张扇形图都使用了与 1878—1889 年各年特定剧院的总收入成比例的长度扇区，以较淡的阴影突出了世界博览会各年的价值。

出自：国家退休养老基金，《统计图册》，巴黎：国家印刷厂，1889 年，图 26。

年份用黄色[①]表示，而其他年份用红色表示。图中主体绘制的是巴黎右岸的剧院情况，而其他地方的剧院情况则绘制在方框中。这张图创造性地将极区域图与巴黎的模糊地图结合起来，以显示地理背景。右上角的直方图显示了从 1848 年到 1889 年所有年份的总收入。

图 7.11 所示是 1888 年《统计图册》中的另一张值得一提的插图。它使用所谓的**变形地图**来显示 200 多年来在法国（从巴黎出发）的出行时间是如何减少的。谢松的图形理念远远超前于时代，非常简单：缩小地图，使不同年份的出行时间与地图中的距离成比例。在这里，地图的外部边界代表了 1650 年沿每条径向线到各个城市的出行时间。然后，这些线按照 1789 年、1814 年和 1887 年缩短的出行时间的比例进行缩放，数值显示在右下角的表格中，并沿着每条径向线标注。[20]

---

① 原文如此。——编者注

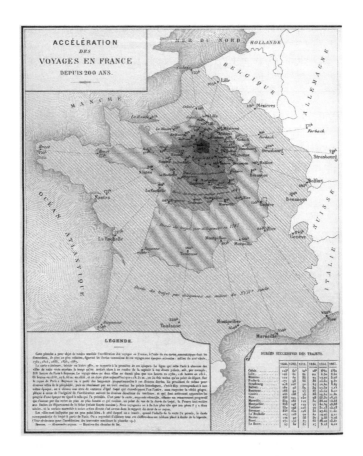

图 7.11 变形地图:《200 多年来法国出行的加速》("Acceleration of travel in France over 200 years")

注:一组以巴黎为中心的 5 幅地图,沿径向缩放至主要城市,显示 1789—1887 年出行时间的相对缩短。

出自:国家退休养老基金,《统计图册》,巴黎:国家印刷厂,1888 年,图 8a。

然后,法国地图的轮廓沿着这些"放射线"按比例缩放。显而易见的是,出行时间的缩短并不一致。例如,前往法国北部(加来、里尔)的出行时间缩短得相对较快;在南部,蒙彼利埃和马赛在这一时期比尼斯或巴约讷更"靠近"巴黎。

这种形式的图形现在更普遍地被称为**比较统计地图**：一些主题制图变量，如出行时间、人口、艾滋病毒感染率或政党投票，以区域面积或距离表示，因此地图的几何形状被扭曲，以直接传达这些信息。各种形式的比较统计地图现在提供了一种将数据融入地图中的强大方法，从而突出数据。[21]

谢松面临的一个挑战是如何同时显示与法国地理有关的两个或多个相关变量随时间的变化。《统计图册》为达到此目的使用了各种新颖的图形形式。例如，图 7.12 以"行星图"显示 1866—1894 年每 4

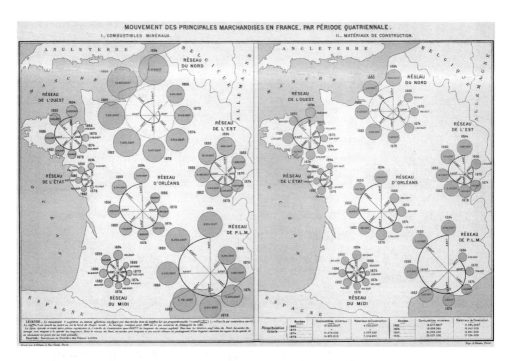

图 7.12　行星图：《每 4 年间法国主要商品的运输》（"Transportation of principal mechandise in France in four-year periods"）

注：左，可燃矿物，例如煤、焦炭；右，建筑材料。射线的长度表示平均距离；圆圈直径代表移动的吨数。

出自：国家退休养老基金，《统计图册》，巴黎：国家印刷厂，1897 年，图 9。

年间按地区划分的主要商品运输的两个时间序列。螺旋的射线与平均移动距离成正比；圆的直径与移动的吨数成正比。

美国人口普查地图集

代表黄金时代高峰的其他引人注目的例子出现在美国人口普查局出版的一系列统计地图集中，该系列地图集分为 3 卷，涵盖 1870—1890 年十年一次的人口普查数据。《第九次人口普查统计地图集》（*Statistical Atlas of the Ninth Census*）于 1874 年在弗兰西斯·沃克的指导下出版，是美国第一部真正的国家统计地图集，也是国家的生动写照。接下来是 1880 年和 1890 年人口普查部头较大的卷册，在亨利·甘尼特（Henry Gannett, 1846—1914 年）的指导下编制，他有时被称为美国政府制图之父。[22]

这一发展的动力主要来自美国内战后人口普查办公室职能的扩大。由美国前总统托马斯·杰斐逊（Thomas Jefferson）于 1790 年开始的十年一次的人口普查，最初是为了满足宪法的需要，在各州之间分配国会代表权。然而，到 1872 年 6 月，国会认识到"用一系列地图生动地说明美国第九次人口普查的 3 个四开本数据的重要性，这些地图直观地展示了美国各地区的不同定居程度，以及几个州之间的人口分布差异……大型制造业和采矿业的位置、每种主要农产品的种植范围、特定疾病的流行程度，以及通过此类普查获得的其他具有实际和社会重要性的事实"[23]。

因此，第九次人口普查的地图集由 54 张带有编号的插图组成，分为 3 部分。（1）美国的自然特征：河流系统、林地分布、气候、矿物等。（2）人口、社会和工业统计：人口密度、民族和种族分布、文盲率、财富、宗教信仰、税收、作物生产等。（3）人口动态统计：年龄、性别和种族分布，按年龄、性别、死亡原因分列的死亡率，"不同患病人群"（盲人、聋人、精神病患者）的分布等。这些图附有关于这些主题的11篇简短讨论，包括表格和其他插图。

在履行其职责时，沃克相对来说达到了他的主要制图任务要求。此外，他还预留了引入新的图形形式或对旧图形形式重新进行设计的空间，以更好地描绘美国的统计情况。

在他的创新中，尤其值得注意的是以"背靠背"的形式展现两个变量分布的想法，现在通常称之为**双边直方图**，若分类基于年龄则称之为**年龄金字塔**。图7.13所示是一个特别复杂的例子，可见地图集所尝试展现信息的具体程度。每个双边直方图比较了一年中几个月的男性和女性死亡人数，占主导地位的性别以阴影区域示之。上段显示了美国所有州的情况，除最后一行外，这些州都是按字母顺序排列的，这最后一行为以西部为主的小州。中段显示了按死亡原因分类的情况。在左边显示的细节中，可以清楚地看到这些直方图的形状在不同的疾病中有很大不同，有些疾病在冬季致死人数最多。下段由一组折线图构成，根据国籍（即本地白人、有色人种、外国出生者）纵向分类，并根据年龄、疾病组（特定疾病和儿童疾病）横向分类。

《第九次人口普查统计地图集》中另一个例子（彩图14）也很好，它使用马赛克图或树形图来显示州人口的相对大小（按总面积），并对居民按外国出生者、有色人种或白色人种进行分类（垂直划分）。最后两组根据他们出生在该州的内部还是外部进行细分，并在右侧添加了内部/外部的总计一栏。[24] 该地图集中的其他插图使用类似的图

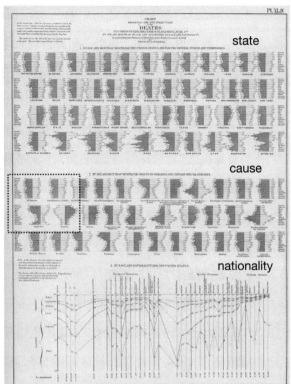

图 7.13　双边直方图：《显示死亡分布的图表……按性别、死亡月份、种族和国籍划分》("Chart Showing the Distribution of Deaths ... by Sex and Month of Death and according to Race and Nationality") 左，按死亡原因分类的细节；右，全版，附带三段的标签

出自：美国人口普查局，《基于1870年第九次人口普查结果的美国统计地图集》(*Statistical Atlas of the United States Based on the Results of the Ninth Census 1870*)，纽约：朱利叶斯·比恩，1874年，图44。

形形式来显示按教会隶属关系、职业、入学率等划分的人口，但我们认为这些在实现其展示目的方面不太成功。

　　各州图的大小传达了一个主要信息：纽约、宾夕法尼亚和俄亥俄是人口最多的州，这些州的外国出生者、有色人种和白色人种居民比例相似。细分部分提供了详细信息的解析视图。如彩图14左边的放

203

大部分所示，在密苏里州出生的白人居民比例相对较高。当然，乔治亚州、弗吉尼亚州和其他南部州的有色人种居民比例相对较高。

在随后的 1880 年和 1890 年的两次人口普查中，亨利·甘尼特指导绘制了更多不同的图形插图，并收入统计地图集。这些可以被认为是"人口普查地图集在覆盖面、创新性及图形和制图表达卓越性方面的最高标志"[25]。1880 年第十次人口普查卷册载有近 400 幅专题地图和统计图表，包含按自然地理、政治历史、国家进程、人口、死亡率、教育、宗教、职业、金融和商业、农业等划分的 151 张插图。1890 年第十一次人口普查卷册（甘尼特，1898 年）中图表的数量同样令人印象深刻，包含了 126 张插图。

然而，图形的狂热时代即将结束。由于制作成本太高，法国的《统计图册》于 1897 年停止刊印。瑞士也出现过精彩的统计地图集，与 1896 年和 1914 年分别在日内瓦和伯尔尼举办的公共博览会有关[26]，但此后再也没有出现过。最后两卷美国人口普查地图集，分别在 1910 年和 1920 年的人口普查之后出版，"都是常规制作，很大程度上缺乏色彩和图形想象力"[27]。第一次世界大战后，一些新兴国家（例如拉脱维亚、爱沙尼亚、罗马尼亚、保加利亚）出版了更多图形统计图集，作为民族肯定的具体象征和构建民族身份的一个步骤。然而，图形的黄金时代已经结束。

现代黑暗时代

我们把黄金时代定义为在此之前和之后水平都相对较低的高成就期，以图形表现就像一座山或一个高原。图形的黄金时代也是如此，从图 7.1 所示的 20 世纪 50 年代图形发展处于低洼处，随后大举创新中也可以看出这一点。如果说 19 世纪后半叶被称为统计图形的黄金时代，那么 20 世纪上半叶可以被称为数据可视化的"现代黑暗时代"[28]，这之间发生了什么？

如前所述，与政府赞助的统计图册相关的成本最终浇灭了买单人的热情。但更重要的是，一种新的时代思潮开始涌现，它将使理论学家和应用统计学家的注意力和热情从图形显示重又转移到数字和表格上，量化的兴起将取代可视化——现代统计方法已经出现。

有点讽刺的是，这种观点的转变反映了一种智力上的"弑父行为"。

由前可知，在高尔顿、皮尔逊等人的推动下，从概率游戏和天文观测微积分开始的统计理论发展成了统计模型的最初理念——相关性和回归，而且这一发展在很大程度上得益于可视化方法的诞生和对视觉思维的依赖。然而，到 1908 年，威廉·希利·戈塞特（William Sealy Gosset，以笔名 Student 发表作品）开发了 t 检验，使研究人员能够确定两组数字（使用或不使用肥料种植的小麦产量）各自的平均值是否存在"显著"差异——以一个统计量值（概率或 p 值）来表示。

1918—1925 年，罗纳德·艾尔默·费希尔（Ronald Aylmer Fisher）在他的众多发明中详细阐述了方差分析和实验设计的思想，将数字统计方法变成完整的体系，能够从综合测试多种因素（肥料类型和浓度、农药施用情况、灌溉水平）的实验中得出准确的结论。数字、参数估计——尤其是那些有标准误差的——开始被认为是精确的。数据的图片变得精致——好吧，只是图片呈现：也许很漂亮或令人回味，但无法将"事实"精确到小数点后三位及以上，至少在很多统计学家和从业者看来是这样的。²⁹ 然而，虽然在这一时期没有什么新的图形创新可以作为这一历史的里程碑，但发生了其他重要的事情：数据图形开始普及并进入主流。³⁰ 这种视觉解释的变化并没有像爱因斯坦的相对论那样具有普遍的影响（"一切都是相对的"成为用不同观点解释世俗观察的常用短语）。然而，约 1901—1925 年，大量关于图解法的市场书和教科书开始出现。很快，关于图解法的大学课程被开发出来，在同一时期，统计图表（大多平淡无奇）开始成为商业和政府报告的点缀。

其次，正如我们在第 6 章中所描述的，图解法在天文学、物理学、生物学和其他自然科学的很多新见解、发现和理论中被证明是至关重要的，其中很多使用散点图的形式。总的来说，自然科学在这一时期继续使用图解法，尽管相对来说没有什么新突破。

在 1950—1975 年，随着创新的大量涌现，人们对图解法再次产生了兴趣（图 7.1 中标注为"重生"），意识到图表能对意外情况、日益复杂的数据提供更精准的呈现，从而带来更深刻的理解。随着时代的发展，情况发生了变化，统计模型和单一数字汇总至少稍微变得更有利于可视化方法，以更严格地审查数据。1962 年，约翰·图基问道："现在不是在数据分析中寻求创新的好时候吗？"（约翰·图基，1962 年，第 3 页）随后，他开始用一种新的探索性数据分析（Exploratory Data Analysis）范式来回答这个问题，该范式侧重于图解法。数据图形的现代时期刚刚开始，它将把可视化带到更高的显示和数据维度。

第 8 章

逃离平地（二维到三维）

埃德温·阿博特（Edwin Abbot）1884 年的著作《平地：多维的浪漫》(*Flatland: A Romance of Many Dimensions*)深受读者喜爱，他在其中描述了通过运动将几何概念提升到多个维度的心理感受：

> 在一维空间中，一个移动点不是产生了一条有 2 个端点的直线吗？
>
> 在二维空间中，一条移动的直线不是产生了一个有 4 个端点的正方形吗？
>
> 在三维空间中，移动的正方形不是产生了——我的眼睛没有看到它吗，那个神奇的存在？——一个有 8 个端点的立方体吗？

因此，**平地**居民不得不思考一个三维世界，这个世界可能存在于他们感知和经验的纯二维世界范围之外。

在**平地**上,一个移动的正方形可以产生一个神奇的存在,这只能在视觉想象中"看到",尽管如此,它还是打开了新世界的大门。逃离平地是视觉思维发展的又一重要步骤。

不过,更抽象地说,事实上,无论是在统计学还是在数据可视化方面,大部分进展都可以被视为是预期维度数量的增加:

$$1D \to 2D \to 3D \approx nD,$$

分别代表单变量、双变量,然后是多变量的问题。[1] 一般而言,一旦你解决了某个三维问题,多维情况的解决方案就紧随其后(最初针对统计学)。

然而,尽管我们都生活在一个二维世界中,有些人却可以思考四个维度(只需加上时间)!甚至更重要的是,图解法长期以来仅限于二维表面:黏土平板、纸莎草卷轴、一张纸或电脑屏幕。本章将介绍数据图形是如何逃离平地的。

在数据可视化中,一维阶段以范·朗格伦的图表(图 2.1)为标志,图中给出了从托莱多到罗马的经度距离估计值。这就是他向国王菲利浦四世提出的所有论点,即以前所有的计算都有巨大误差,经度问题需要更精确的解决方案。

下一阶段,我们称之为"1.5 维"(超过一维但未达到二维),以沿常规轴(如时间或距离)分布的某些变量图表为标志。一个早期的例子是菲利普·布歇对塞纳河高低水位的图形描绘(见图 5.8),普莱费尔(第 5 章)将这一阶段提升到了新的高度,将多个时间序列绘制为折线图(图 5.3),以显示进出口情况,同时强调贸易平衡。他在 1821 年绘制的工资、小麦价格和君主统治的图表(彩图 10)是一个展示多个时间序列的杰作示例，使用不同的图形元素（线、直方条、细长段）绘制，令人一目了然。但横轴仍然用来表示时间。

这一发展的下一阶段是由赫歇尔提出但由高尔顿充实（第6章）的想法，即以纵轴表示因变量、以横轴表示预测变量的完全二维图（散点图）。

在从高尔顿的双变量相关椭圆（见图6.16）发展出统计方法后不久，卡尔·皮尔逊于1901年试图解决一个更普遍的问题，也是统计学史上第一个真正的多变量问题：在二维、三维或更高维空间中给定一组点，我们如何找到与这些点"最接近"的直线、平面或超平面？

皮尔逊对这个问题的解决方案是应用最小二乘法，但他从几何和视觉角度进行了论证。很遗憾，他只能在二维空间中展示它。他的读者，就像**平地**居民一样，只能靠想象才能获得三维、四维、五维，甚至更多维世界中的解答。

图8.1所示是他论文中的第一张插图，显示了点的集合，P_1，P_2，……，P_n。他认为，点集合的变化由围聚点云或椭圆体的大小和形状所体现。因此，最佳拟合的线或平面必须垂直于点的偏差方向，从而使线段p_1，p_2，……，p_n的平均平方长度尽可能的小。在这个过程中，有些问题促进了三维可视化的发展。

等高线图

地图始于由纬度和经度定义的二维表面。在诸如河流、城市和城镇等地理特征被记录下来之后，制图人员自然想要在后来被称为**地形图**的地图中显示海拔和地形特征，如山脉和高原。这个想法是三维思

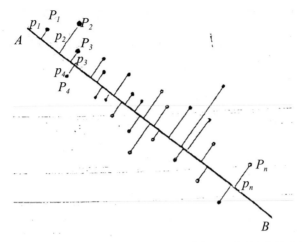

图 8.1 在二维平面中描绘更高维度：卡尔·皮尔逊试图解决拟合最接近平面的问题，在二维中平面，拟合平面显示为一条线

出自：卡尔·皮尔逊，《LIII. 论最接近空间点系的直线和平面》("LIII. On Lines and Planes of Closest Fit to Systems of Points in Space")，《伦敦、爱丁堡和都柏林哲学杂志和科学杂志》(*London, Edinburgh, and Dublin Philosophical Magazine and Journal of Science*)，1901 年第 2 卷第 11 期，559—572，第 560 页。

维和可视化描述的自然初始动力。

法国天文学家和测量师塞萨尔·弗朗西斯·卡西尼·德·图里（César-François Cassini de Thury, 1714—1784 年）绘制的第一张全国大比例尺地形图是《法国地图》(*Carte géométrique de la France*)[2]，于 1789 年完成。但早在这些精确的海拔测量方法被确定之前，地图绘制者就开始尝试在地图上使用相同标高的等高线来显示地形特征。这些都有助于找到穿越山脉的道路，也有助于军事防御。

除了寻路和路线导航之外，**专题地图**还利用地理特征来展示更多内容：对于某一关注点，不同地方的数量如何变化。巴尔比和盖里的图 3.3 是一个很好的例子，它使用法国的地区分布（以不同程度阴影表示）地图来显示犯罪的地理分布，并将其与识字率分布进行比较。

但是这张地图和类似的地图将地理区域视为离散的，并简单地将整个区域与相关变量关联起来。

随后，地图的语言和象征意义得以扩展，以显示更抽象的定量现象，这些现象在地理空间上系统地变化。从技术上讲，这与使用颜色阴影或等参曲线（等量线）显示地形高程的地形图相比只是一小步，但对科学研究产生了深远的影响。这基本上就是高尔顿在绘制整个欧洲的气压等高线时所做的工作（见彩图12）。

这种在地图上绘制等高线或等值线来显示数据变量的想法萌发得更早。也许第一个完整的例子[3]是埃德蒙·哈雷1701年绘制的地图，它显示了世界的磁偏角等值线（**等磁偏线**），如图8.2所示。它的标题，《一种新的、正确的全球海图使用指南——展示罗盘的变化》(The Description and Uses of a New, and Correct Sea-Chart of the Whole World, Showing Variations of the Compass)，几乎就传达了整张图的信息。

哈雷绘制地图的目的是帮助解决海上经度确定的问题，这也是范·朗格伦所面临的问题。随着探险家们进一步冒险，他们发现罗盘并不总是指向真正的地理北；1°的异常意味着数百英里范围内的巨大差异。地理北和磁北之间的这一角度差被称为**磁偏角**。更糟糕的是，磁偏角的大小在全球范围内各不相同。哈雷的想法是，在世界地图上标出不变磁偏角的线，可以让水手们修正他们对经度的估计。

但一个长期困扰地图历史学家的问题是，他是如何做到的？他是如何绘制出这样一幅精细而详尽的地图，用一个等磁偏角的精细网格（以1°的间隔）覆盖了世界上大部分地区的？事实证明，哈雷的地图可以被视为数据插值和插补的一个经典示例。1698—1700年，他作为英国皇家海军"帕拉莫尔"号的船长，在两次科学考察中收集了数据。[4]

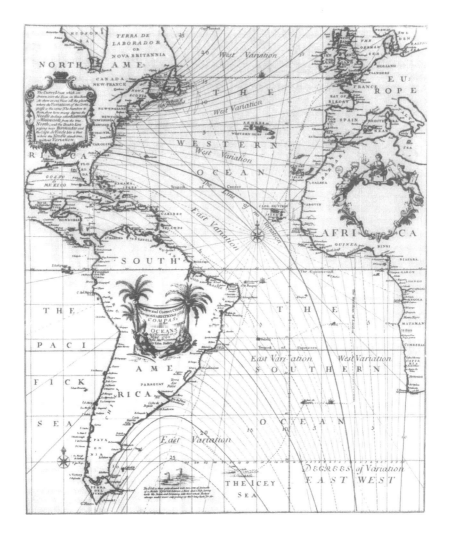

图 8.2　磁偏角等高线图：埃德蒙·哈雷在地图上画了等磁偏角线，这可能是基于数据变量的第一张等高线图

注：图中所示为大西洋的海图。曲线是等磁偏角线，磁偏角的度数以数字形式沿每条线标出。粗线是罗盘读数，为真，无变化的无偏线；有船的虚线显示了哈雷第二次航行的轨迹。

出自：埃德蒙·哈雷，《一张正确的新海图，显示了 1700 年由他的马蒂斯司令部观察到的西大洋和南大洋罗盘的变化》（*A New and Correct Chart Shewing the Variations of the Compass in the Western & Southern Oceans as Observed in ye Year 1700 by his Maties Command*），1701 年。

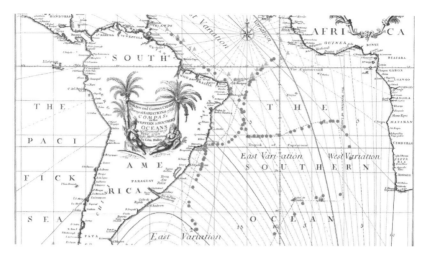

图 8.3 哈雷地图的细节放大

注：这张图显示了哈雷地图的中心部分，以及他观察到的位置。三角形符号代表第一次航行的观察位置；圆圈符号代表第二次航行的观察位置。

出自：洛里·L. 默里（Lori L. Murray）和大卫· R. 贝尔豪斯（David R. Bellhouse）的细节，《埃德蒙·哈雷的磁偏角地图（1701 年）是如何构建的？》（"How Was Edmond Halley's Map of Magnetic Declination (1701) Constructed?"），《国际地图史杂志》（*Imago Mundi*），2017 年第 69 卷第 1 期，第 72—84 页，图 10。

图 8.3 显示了大西洋地图的中心部分，在哈雷观察的地理位置上有三角形和圆形符号。很明显，实际数据很少。

2017 年，洛里·默里和大卫·贝尔豪斯[5]展示了一个令人印象深刻的统计史学例子。他们将哈雷的地图数字化，并试图从他的观察中重建他的方法，只使用他那个时代可用的数学工具。他们得出的结论是，哈雷利用平均值进行平滑处理，并将其与牛顿的均差法相结合，以通过数据拟合多项式曲线。例如，给定 3 个或 4 个具有相同读数的大间距观察值（如顺方向的 5° 的偏角），他可以拟合多项式曲线并插入地图上应该给出相同读数的所有位置。实际上，哈雷这些操作都基于磁偏角的一个合理规律：无论这种现象的原因是什么，他相信它在世界各地都会平稳变化。

另一个有趣的等高线图和平滑的例子是高尔顿1881年的出行时间等时图，如彩图15所示。目的是展示从伦敦到世界上任何一个目的地所需时间。[6] 高尔顿的数据来源很多，但其中最具独创性的是一个实验。在这个实验中，他给他在各地的多位通信对象发送带有日期的信件，并要求他们在回信中注明信件到达的日期。他认为一封信的传递时间可以等价于旅行者的旅行时间，而且在跨越区域边界的过程中可能存在某种程度的近似或简单的猜测。不过，他的图表有效回答了一个问题，并提供了高尔顿所开发方法的另一个例子——将基于地图的二维平面的第三维信息可视化。

今天，在二维 (x, y) 平面上求某种响应变量 z 的等高线轮廓的问题有相对直接的计算解决方案，但在我们讨论的这段时期肯定还做不到。高尔顿和其他人使用基于平均处理及通常为可视化进行的平滑操作的凭直觉处理法。现代计算机方法通常需要在等间距的二维网格上测量 z，并在这些值中使用插值来找到相等 z 值的位置。[7] 为了研究3个变量之间的经验关系，并找到可能的数学规律，这个问题十分重要。

在法国国立路桥学校工作的法国工程师团队中，一种计算等高线的可行通用方法由莱昂·拉兰纳开发，路易·勒格尔·沃捷（Louis-Léger Vauthier, 1815—1901年）对其进行了完善。和米纳德一样，拉兰纳主要在西班牙、瑞士和法国担任铁路建设的土木工程师。在后来的职业生涯中（也和米纳德一样），他越来越多地专注于图形方法在解答数学问题上的应用。1876年，他成为法国国立路桥学校的主管，并于1878—1880年出版了一部短篇作品《三变量图解法》（*Méthodes Graphiques... à Trois Variables*）[8]。英文标题表明了该作品的主要内容：

应用于工程艺术和一定程度的数值方程的三变量经验公式或数学定律的图形可视化。

图 8.4 显示了该方法的一个早期示例，发表于 1845 年。[9]拉兰纳将数据视为一个双变量表，该表代表一个三维表面，给出与日期和一天中的小时相关的土壤温度。最高温度出现在 7 月初的下午 3 点左右，图中可见，大致呈椭圆形的等高线在一天中的变化比其在其他日期的变化更大。

拉兰纳在顶部按日期显示了单独的温度图，每张图中给出当天不同时间的单独曲线，就好像这些是投影在"温度—日期"墙上三维表

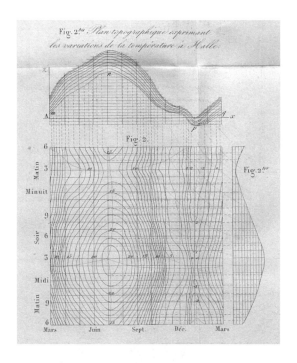

图 8.4　双变量表的等高线图

注：该图显示了一年的某几个月（横轴）按一天中的小时测量的土壤温度随时间变化的记录等高线。最高气温出现在 7 月上旬下午 3 点左右。

出自：L. F. 卡姆茨（L. F. Kaemtz），《气象学综合课程》（*Cours complet de météorologie*），巴黎：保兰，1845 年，附录图 2。

面的侧视图。在右侧，他展示了一张温度与一天中时间的关系图。

路易·勒格尔·沃捷通过很多应用也对该方法做出了贡献。在图 8.5 中，他解决了在地图上显示人口密度的问题。这张图显示的是 1874 年巴黎的人口密度。他在这里没有使用阴影或其他修饰，只是用象征性的符号展示了一些地标（如圣母院、荣军院）。人口密度的各种曲线类似于地形图上的高程曲线，并用数字标记（从 200 到 1200）。可以看到，塞纳河右岸的人口很集中，左岸某些区域也是。这张图将人口密度的等级展现得十分清晰。

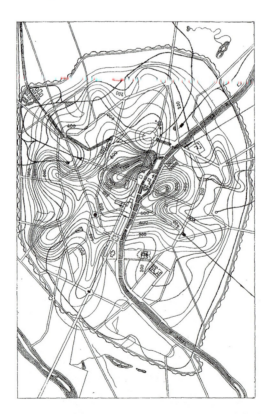

图 8.5　巴黎的人口密度：路易·勒格尔·沃捷通过很多等高线展示了巴黎的人口密度（每单位面积 200—1200 人）

出自：路易·勒格尔·沃捷，1874 年。

三维图

等高线地图和其他等高线图当然有用，但它们只能表示某一时刻的二维静止图像，最多使用阴影或等高线来显示第三维信息。驾车或徒步旅行时，在二维地图（用等值线显示海拔）和在三维地形图（在背景中显示海拔）上导航有很大的区别。要得到精美且更有用的三维地形图需要使用透视、逼真的照明（"光线跟踪"）、颜色（"地形颜色"）、纹理映射和其他技术。[10]

几个世纪以来，艺术家们都知道在平面上以深度和透视渲染三维视图的技术，但早期的风景画缺乏真实感。第一个大致正确透视的例子是1473年莱奥纳尔多·达·芬奇（Leonardo da Vinci）绘制的《阿诺河谷》（*View of the Arno Valley*），这是他第一幅已知的画作，但这只是艺术家的视角。对于数据图形，在由 (x, y) 坐标定义的平面上绘制响应变量 z 的三维表面的精确技术细节直到19世纪晚期才发展起来。到1869年，在研究热力学的过程中，德国物理学家古斯塔夫·措伊纳（1828—1907年）提出了被称为轴测投影的数学方法：一种绘制三维坐标系的方法，使坐标轴看起来成直角，且平行的切片或曲线具有适当的外观。措伊纳将笛卡尔带进了三维研究领域。

图8.6所示是一个示例。坐标轴 X、Y、Z 以三条互相垂直的粗线条显示两条平行曲线代表此三维空间截下的曲面的两边。此图的目的是展示所截平面在三维空间底面和左侧平面上的矩形投影（阴影矩形）是如何得到的。

已知的第一张运用这些想法的三维数据图形是由意大利数学家、统计学家路易吉·佩罗佐（Luigi Perozzo, 1856—1916年）设计的，

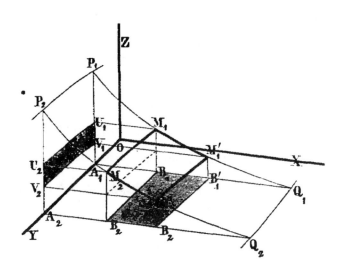

图 8.6　三维表面的轴测投影： 标记的点和连接线旨在说明，空间曲面投影到由坐标轴形成的平面上的结果

出自：古斯塔夫·措伊纳，《数学统计学》(*Abhandlungen aus der mathematischen statistik*)，莱比锡：阿瑟·费利克斯出版社，1869 年，图 4。

他最终成了人口统计学的主角，主要是因为他对年龄随时间分布的研究做出了贡献。

　　1870 年，美国人口普查地图集上出现了关于这一主题的图表创新，弗兰西斯·沃克率先提出了年龄—性别金字塔的概念，以显示按性别划分的人口年龄分布。它之所以被称为金字塔，是因为它以一种类似金字塔的方式，在背对背的直方图中按年龄对男性和女性的人口进行比较。在很多插图中，这些数据进一步按州和其他因素进行了细分，这样保险机构就可以为年金或寿险保单设定具体年龄、性别和地区的费率。对人口学家来说，这种方法提供了一种描述生育率、预期寿命和其他关于人口变化问题的方法。但这些仍然只是二维图。

　　佩罗佐通过考虑人口的年龄分布可能如何随时间变化，将这一图形向前推进了一步,进入了第三维度。他从瑞典获得了 1750—1875 年相当完整的数据。[11] 他的目标是超越沃克,展示 125 年来预期寿命和年龄分布的变化。图 8.7 显示了 1880 年佩罗佐三维人口金字塔立体

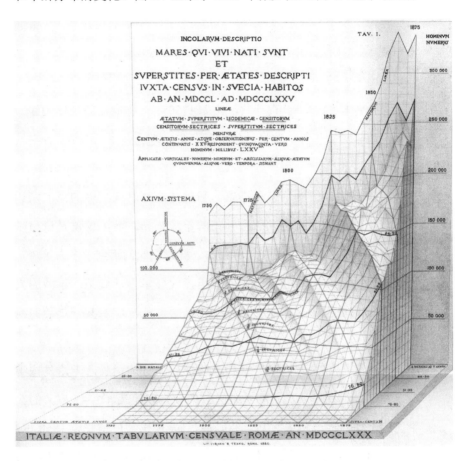

图 8.7 三维人口金字塔文体图

注:路易吉·佩罗佐将 1750—1875 年瑞典人口的年龄分布显示为三维曲面。人口普查年份从左到右,年龄从后(年轻)到前(年长)显示,曲面的高度代表该年龄的人口数量。

出自:路易吉·佩罗佐,《人口立体图——路易吉·佩罗佐第二份备忘录》("Stereo-grammi Demografici—Seconda memoria dell'Ingegnere Luigi Perozzo. (Tav. V)"),《统计年鉴》(*Annali di Statistica*)第 22 卷,第 2 册(农业、工业和商业部,统计局),1881 年,第 1—20 页。

图的最初版本，这可能是数据的第一个三维表示。

在这张图中，年龄是从里（后）向外（前）增加的，最小的年龄组（0—5岁）在后面，最大的年龄组（>80岁）在前面；人口普查的日历年份从左至右显示（1750—1875年）；图中的高度是具体年龄的人口规模。图形后面从左到右的线（"Linea della Nascite"）给出了这些年的出生人数。

具体年份的人口普查计数，比如1750年，由向左下延伸的线条显示，与年龄轴平行。这里的每个深度切片即沃克在具体年份针对具体人口的展示。

但佩罗佐让图的细节更丰富。另外两个"时间"轴的添加能让人们以不同的方式查看、思考并理解年龄分布，而不仅仅是日历时间。这里，以群组指代某一年出生的一群人。他们活到了多大年龄？具体群组的分布由向右下延伸的较粗黑线显示。活到某一年龄的人数会随时间发生什么样的变化？这可以通过从左到右某一年龄的线条来显示。

在这张图中，人们可以看到预期寿命的总体增长，无论是按年份还是按群组均是如此。随着时间的推移，婴幼儿（0—5岁）的数量急剧增加，而老年人（75—80岁）只表现出缓慢增长至1850年，然后开始小幅上升至1875年。其他年龄组在这些趋势中处于中等水平。对于在某一年份出生的群组，轨迹线大致平行，但最小的年龄组除外。这张图有个独特特征，那就是1850—1870年，婴幼儿的人数有所下降，看起来就像有人从这座人口分布山上砍下了一大块。可能是什么原因？几位人口学家朋友猜测：可能是战争或是疾病暴发。事实证明，原因没有那么戏剧化：瑞典在那个时期有大量人口移民到其他国家。[12]

和其他新颖图解法的作者一样,佩罗佐仔细地解释了构建他的三维图表的方法。在名为"轴系统"(Sistema d'Assi)的小图例中,他指出了三个轴分别代表什么。在1881年的第二篇文章中,佩罗佐[13]描述了措伊纳的轴测投影的细节,并将其与其他例子进行了比较。他还展示了一个更详细的三维人口图表版本。

佩罗佐认识到了实体三维雕塑的价值。他用纸浆或石膏将其图表的一部分制作成有形物体,用线条显示年龄群组和人口普查年份的痕迹(见图8.8)。如果不是法国作家、超现实主义艺术运动的倡导者安德烈·布雷顿(André Breton)在巴黎圣旺区的跳蚤市场发现了这件

图 8.8 · 三维统计雕塑:佩罗佐创造了这个人口数据三维模型的有形物体,也许是第一个统计雕塑

出自:蓬皮杜中心。

物品，它可能一直不为人所知。他认为这基本上是一个超现实主义作品，因为它以艺术家那种用一类新的方式描绘平凡事件的创意来呈现统计学家的数据。[14]

发展

佩罗佐的图表放在今天仍然值得赞赏，部分原因在于它们的表现力，也因为它们引入了一种新的方式，从不同侧面呈现"时间"：年龄、时期和群组。在人口统计学中，这些关系现在更常用莱克西斯图（Lexis diagram）[15]来研究，这是一个关于年龄与时间周期的二维图，群组用对角线表示。

在当今的科学文献中，用立体图来呈现三个变量关系并不常见，可能是因为很难像佩罗佐那样手工绘制吧。不过，现在可用的其他重要工具能使此类数据更容易理解：动态计算机方法可以使用"运动"（随时间变化）来旋转三维图像，以便观者从不同角度查看它；交互式图形方法使观者能够随意调整他们看到的视图。我们将在下一章中介绍这一点。

第9章

将时间和空间可视化

1950—1980年,人们对数据可视化的开发更进一步深入,使之呈现得越来越精细。可以说,这30年是数据可视化发展的加速期。在此期间,它的一个发展主题涉及统计和计算,即在低维空间中表示高维数据的降维方法[1],这主要用于二维问题。此外,另一个主题展现了新的图解法,它们随计算能力的提升而层出不穷,使图形显示的动态化和互动性越来越强。这样的显示能够呈现随时间变化的动画,将图形的性质从静态图像变成观者可以直接编辑、缩放或搜索的图像。随着新方法的不断出现,这些新方法能呈现更高维度的数据,解决一系列重要问题,让人们得以继续逃离平地。

这些发展再一次说明了技术进步(计算机显示和软件工程)与科学问题之间的相互作用,而可视化方法有望实现这一点。如今,我们在数据记录者的作品中看到了这种影响,他们现在经常使用影响较大的在线交互式图形应用程序来呈现重要新闻(如英国脱欧公投、气候变化、新型冠状病毒感染实时动态等）背后的细节。本章追溯了这些观点的起源，以及推动运动、时间和空间可视化创新的一些科学问题。

运动定律

在自然界中，也许没有比运动更古老的东西了，哲学家们所写的关于运动的书籍既不少也都不薄。然而，我通过实验发现了运动的一些性质，这些性质迄今为止还没有被观察到或证明过，值得一探究竟。

——伽利略，《关于两门新科学的对话与数学演示》（1638 年）

伽利略 17 世纪的观察预示了一般形式电影、计算机动画电影，以及与这种叙事方式最相关的动态数据图形的起源。现代动态数据显示的流行可以追溯到关于人类和动物运动性质的科学问题。随着技术的发展，运动及其可视化的研究，从一种令人愉快的消遣发展成为好莱坞和网飞[①]的庞大产业，同时在空气动力学（风洞）、医学成像（心脏和大脑中的血流）和生态学（动物物种的迁移模式）等领域也有重要的科学应用。

亚里士多德的《论动物的运动》（*De Motu Animalium*）是第一部阐述动物运动原理的著作；尼科尔·奥雷姆 1360 年的"管道"图（见图 2.2）旨在显示时间和行驶距离之间一些可能的数学关系；1517 年前后，莱奥纳尔多·达·芬奇对运动的猫、马和龙进行了详细的解剖学研究；伽利略后来在 1633—1642 年进行了关于运动和重力的实验。

---

① Netflix，美国公司，会员订阅制的流媒体播放平台。——译者注

当新的记录技术可以提供新的见解时，19世纪晚期人们对这些问题产生了新的兴趣。

对物理学家来说，运动最有趣的莫过于位置随时间的变化而变化。它可以简化为简单而优雅的方程，给出速度（一阶导数）和加速度（二阶导数）。一匹马以每小时45英里（约72.4千米）的速度疾驰，其速度 v 可以表示为 $v=dx/dt=45$。地球上的重力加速度 g 几乎可以简化为常数[2]，$g=9.8m/s^2$ 或 $32ft/s^2$。

对芭蕾舞演员来说，艺术在于让身体的每一个动作与配乐同步，完全通过位置随时间的变化来讲述一个无言的情感故事[3]。在数据可视化中，就像在物理学和芭蕾中一样，运动是时间和空间关系的表现，因此运动的记录和显示将时间作为**第四**维添加到抽象的数据世界中。在此，我们将重点关注运动可视化的某些发展，这些发展促成了对时变现象的可视化描述、理解和解释。

运动中的马

现代科学对运动可视化的兴趣可以追溯到19世纪末关于马匹运动的一些简单而令人困惑的问题。

- 在行走、小跑、慢跑和飞奔中，马蹄的移动方式**究竟**有何不同？
- 每种步态中四条腿的确切顺序是怎么样的？
- 在任何给定时间里，每个步态中有多少只马蹄离开地面？
- 在每个步态中，是否有某一时刻，马至少瞬间悬在空中，四只马蹄**都**离开地面？

在19世纪60—70年代,最后一个问题被称为"无支撑通过",很多作家就问题的各个方面进行了辩论。[4]但没有"数据",没有足够精确的信息令人信服地回答这个问题。一匹疾驰的马的运动速度太快,无论是从视觉上还是声音上都无法辨认其每一步,甚至在专门准备的跑道上留下的马蹄位置记录也不能用来辨别它们在时间和空间上的确切模式。在某种程度上,关于这一问题的纸上谈兵式讨论类似于盖里时代如何处理法国的犯罪(见第3章),或法尔和斯诺时代霍乱的传播(见第4章)。

关于马匹运动的争论对利兰·斯坦福(Leland Stanford,铁路大亨,加利福尼亚州州长,养马人)来说非常有趣,他聘请了埃德沃德·迈布里奇(Eadweard Muybridge,1830—1904年),一位热衷于技术的著名摄影师,试图利用摄影来回答这个问题。

当时的照相机在涂有亚硝酸银溶液的玻璃板上记录图像;每张新照片都需要一张新底片。迈布里奇花了几年时间设计了一套系统,将多个摄像机排成一条线,它们的快门由平行的线触发,这些线横跨一匹奔跑的马经过的路线。图9.1显示了一匹名为"萨莉·加德纳"("Sally Gardner")的马在帕洛阿尔托赛道(现在的斯坦福大学校园)疾驰的12帧连续画面的著名例子。第3帧清楚地显示了四只马蹄都离开了地面,问题的答案水落石出。在其他画面中,只有一只马蹄与地面接触,其余画面揭示了前腿和后腿不同运动的详细情况。他找到了一种解决"无支撑通过"问题的视觉解决方案。传说斯坦福曾赌2.5万美元,认为四只马蹄都离开了地面,因此他对结果感到很高兴。

几乎同样令人惊讶的是,四只蹄子全都离地的情况出现在马的前腿和后腿在身下弯曲时的画面中,并且显示出从用前腿拉动(第10、

图 9.1 运动中的马：马"萨莉·加德纳"飞奔的照片，1878 年 6 月 19 日
出自：美国国会图书馆，印刷和照片部，LC-DIG-ppmsca-06607。

11、1 和 2 帧）到用后腿推动（第 4—6 帧）的转换。当代艺术家们充满想象力地绘制了像第 7—9 帧这样的图像——前腿向前伸展，后腿向后伸展，以尽可能说明"无支撑通过"。

在后来用更高清晰度摄像机重拍[5]时，迈布里奇终于让人们清晰地看到马的臀部肌肉在快速推动马前进时产生的强大收缩。到此，终于有了对疾驰骏马的视觉解释，但更重要的是，这类照片可以作为问题答案的科学支撑。

视觉错觉

为了进行科学研究，图 9.1 画面中的背景线条是为了对比给出马腿在不同时间的位置。虽然这些信息回答了关于这匹马那些运动的问题，但对于任何更精细的分析来说太不精确了。此外，在不同的画面中观看运动并不能很好地替代实际**看到**的活动图像。

迈布里奇认识到了后一个问题，并发明了一种他称为"动物实验镜"的装置。在这圆盘上，按顺序排列着动物如前面飞奔的"萨莉·加德纳"那一帧帧的独立图像（见图 9.2），它在旋转时会给观者动物在运动的错觉，可以被认为是第一台电影放映机。[6]

迈布里奇已经因拍摄约塞米蒂山谷令人叹为观止的全景照片而闻名西海岸，此时他开始演讲，展示这些早期的运动图像。这些图像放在今天可能没什么了不起的，但他的观众看到平常的动作以这种方式被放慢和捕捉时，都着迷了。他解释说，这只是视觉错觉的效果：眼睛愚弄大脑，让大脑认为一系列相连的图片代表着运动。这种错觉被称为**视觉暂留**：落在视网膜上的图像"粘"在上面大约 1/10 秒，这让

图 9.2 "动物实验镜"：显示了一匹奔跑的马的 13 张图像，底部的画面显示了后腿伸展和前腿支撑的瞬间

出自：维基共享资源。

一系列分离的图像产生一种连贯运动的错觉。这种视觉错觉的概念在当时很新颖，因为它提供了**一种新的方式**来观察和理解运动。

现在我们知道，图9.1中的独立画面是一种**隐式**动画，描绘了单个静态二维图像随时间的变化。人们在动物实验镜或动态图形交换格式（GIF）图像中看到的是**显式**动画，图像随着时间叠加，所以大脑将之理解为运动。马是如何飞奔的，这很容易确定，但很难准确地看到它所有蹄子都离地的那一刻。

迈布里奇在费城的演讲引起了宾夕法尼亚大学富有且有影响力的赞助者们的注意。有人给了迈布里奇一块地（正好是在兽医医院），于是他搬到了那里，此外他还得到一笔赠款，他用这些钱设立了一个户外工作室，里面有一排电子控制摄像机，用来系统地研究动物的运动。在19世纪80年代，迈布里奇和他的助手制作了超过10万张动物（来自附近的动物园）和人体模特的图像，并对其中两万张作进一步处理，形式近800张插图，发表在《动物运动》（*Animal Locomotion*，1887年）上。这次大规模的采集可以被认为是动物运动摄影研究的现代开端。此外，他与人体模特相关的工作启发了马塞尔·杜尚（Marcel Duchamp）在1913年创作了《下楼梯的裸女》。

最后，迈布里奇还有一项引人注目的成就：1893年，在芝加哥举行的世界博览会上，他在为此目的而建的动物实验室大厅里发表了一系列主题为"动物运动科学"的演讲。他用他的动物实验装置将这些投影在屏幕上的运动图像展示给了有鉴赏力的付费公众，这便产生了第一家商业电影院。这些视觉错觉后来成为知觉心理学和视觉科学的重要课题，而迈布里奇的摄影研究为观察和记录运动打开了新的思路。

艾蒂安－朱尔·马雷与可视化时间和运动的科学

大约在同一时间，法国的艾蒂安－朱尔·马雷也开始研究如何使动物和人类的运动更明显地通过图形查看并易于量化。迈布里奇通过他的艺术背景进入了运动的视觉研究领域，并开发了一些记录和显示技术，而马雷则是因医学背景和一种强烈的探索科学的愿望进入这一领域——他希望将运动研究不仅仅作为一种信息和娱乐技术，也作为一种科学发现的途径。马雷还是一位重要的生理学家，一位多产的机械发明家，也是所谓的"图解法"的主要倡导者，该方法提供了同时记录、量化和解释科学现象的途径。

马雷在巴黎的医学院接受过医生培训，但从一开始，他的兴趣就更多地在于临床研究而不是医疗实践。马雷于1857年开始研究心脏病学和血液循环。利用掌握的工程和机械技能，他设计了新仪器并对旧仪器进行改造，用于测量和记录血压及血流。例如，他改进了脉搏记录仪的设计，使用了一套杠杆和砝码，附在手腕袖带（类似于今天使用的血压袖带）和手臂上，放大桡动脉压力产生的脉搏波，并用附带的笔将其记录在纸上。现在，我们可以测量血压的内部状态，跟踪血压随时间的变化，并将其实时显示出来。

这是现代生理学的开端，马雷受机械论信念的引导，即人体在很大程度上是一台有生命的机器，由力学（力、质量、功）、水文学（例如，研究血液流动）中已知的物理定律以及对热力学（能量守恒）的新理解所支配。更重要的是，这些联系可以用来发现类似的生理学定律:"在活的有机体中,我们会发现力的表现形式,它们被称为热、机械作用、电、光、化学作用。在生命现象中,那些可理解的恰恰是一些物理或机械秩序。"[7]

这种对物理定律的类比诉求恰恰与盖里(见第3章)通过研究常数和变化,试图在犯罪率和其他社会变量中发现类似定律的规律性时所使用的逻辑形式完全相同。"数据"对两者都至关重要,但对马雷来说,这意味着首先要发明新技术来精确记录随时间的变化,显示运动,然后才是对那些从图形刻印中研究这一点的方法的关注。

图解法

为了实现他的目标,马雷设计并改进了很多记录运动的仪器,最常用的是用一支或多支笔在旋转的圆柱体或平板上追踪变化的路径。在其他课题中,他用肌动描记器研究横纹肌的功能,以记录肌肉收缩的强度,他还开发了一种"记录鞋"来研究走路时脚部压力的变化,甚至还为一匹马做了皮革记录链,用来记录它的步态细节。

1870年左右,他开始研究飞行昆虫和鸟类的空中运动,使用了如图9.3所示的巧妙装置。他试图回答一些关于飞行的基本问题,包括:各种昆虫翅膀运动的频率是多少?翅膀在周期运动每个阶段的位置顺序是什么样的?而翅膀以空气为反作用力,以身体为支点,通过什么机制产生升力并向前运动?

除了相关学科的学者热衷于研究这些问题之外,那些考虑制造飞行器、有抱负的宇航员也对这些问题产生了兴趣。但对马雷来说,更大的问题是如何将解剖学(骨骼、关节和肌肉)与生理学联系起来,

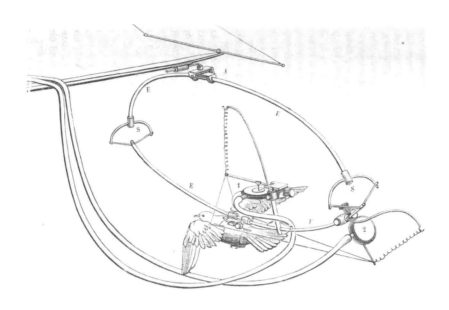

图 9.3　记录飞行：一种用于记录鸟翼飞行轨迹、力量和速度的装置

出自：艾蒂安-朱尔·马雷，《动物机器，地面和空中运动》(*La machine animale, locomotion terestre et aérienne*)，巴黎：热尔梅·贝利埃图书馆，1873 年，图 104。

以及如何使这些过程既可视化又能定量。

马雷制造了很多人造昆虫和鸟类机械模型，以研究真实飞行生物的运动机制，他还设计通过模型翅膀上的一个点与旋转的烟筒摩擦的方法来记录普通家蝇、蜜蜂、黄蜂和其他昆虫翅膀的运动。除此之外，他还计算了每秒钟翅膀扇动的次数：普通家蝇 330 次，蜜蜂 190 次，黄蜂 110 次，菜粉蝶 9 次。

1869 年，《科学美国人》(*Scientific American*)[8] 上的一篇报告——发表在《法国科学院通报》(*Comptes Rendus*)上的一项早期研究——在与基于声音的较早且不太可靠的方法比较中，赞扬了图解法的优点："面对这些不一致，作者寻求一种以明确无误的方式展示昆虫翅膀

每一次扇动的模式,而图解法很好地确定了它们的频率。"(第 242 页)

计时摄影

记录昆虫翅膀的痕迹、人脚的压力,或者用钢笔记录马匹的运动轨迹,确实产生了一些新的见解,但是,用移动笔记录的技术与 200 年前罗伯特·普洛特记录气压的技术并没有本质上的不同(见图 1.4)。马雷对图形记录应用的主要不同在于其机械创造的广泛发明范围——驱动笔并揭示隐藏的现象。这些当然很重要,但它们只捕捉到了动态现象的一部分。迈布里奇精确排序的照片和让这些照片"运动"起来的动物实验镜当然有用且有趣,但它们缺乏让人们以简单直接的方式观察和研究很多单独部分的复杂位置随时间变化的能力。

1882 年,马雷完善了一种用"摄影枪"(见图 9.4)在同一张照片中记录连续帧的方法,这种摄影枪能够在一条感光胶片上每秒实时记录 12 帧。这将所有帧放在一个时间运动全景图中,可以更容易地查看和研究。

这就确定了多张图像在一张照片中按时间顺序排列的原理,同时

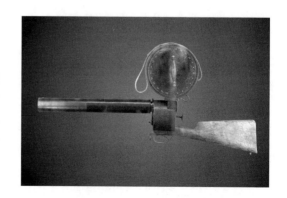

图 9.4 摄影枪:马雷的摄影枪之一,顶部的圆筒夹着胶卷,在两秒钟内记录 24 张图像

出自:维基共享资源。

显示出运动。马雷用它来记录很多图像，包括鹈鹕和其他鸟类、各种条件下的马，以及完成各种任务的运动员。但手持摄影枪很快就被抛弃了，取而代之的是一种带有定时快门的稳定相机，可在一张固定的照相底片上记录多幅图像。至此，一种研究运动和动态现象的新技术出现了。

1882—1888年，马雷和他的助手乔治·德梅尼（Georges Demenÿ，也是一名体操运动员）在巴黎布洛涅森林的**生理研究站**进行了数百项人类和动物运动研究，图9.5只是其中之一。它显示了一名运动员（赤身裸体，让他的肌肉可见）从右侧的蹲伏姿势开始冲刺的瞬间。他用了1/2秒（7帧）达到直立姿势。这是从后肢用力蹬到另一条腿落地之间连续拍摄的画面。其他运动研究显示撑杆跳高、击剑等运动。这是体育摄影分析的开端，现在它被广泛用于帮助运动员在撑杆跳中再跳高1英寸（约2.54厘米），或在100米短跑中再快0.01秒。

图 9.5　开始冲刺：运动员开始冲刺的连续摄影
出自：艾蒂安–朱尔·马雷，WordPress网站。

下落的猫

就像马的"无支撑通过"问题一样，下落的猫几乎总是用脚着地的问题引起了一些著名的数学物理学家的兴趣，如詹姆斯·克拉克·马克斯韦尔(James Clerk Maxwell)和乔治·加布里埃尔·斯托克斯(George Gabriel Stokes)。有人认为猫有"翻正反射",经验丰富的马克斯韦尔和其他人试图确定猫无法自行翻正的最小跌落高度。在这段时间,据传以科学的名义导致不少猫科动物死亡或受伤,这种做法在剑桥大学三一学院被禁止。

但猫正常反应的确切机制和物理解释尚不清楚。对物理学家来说,问题在于猫如何在不违反物理定律的情况下翻正自己。角动量守恒原理意味着旋转变化必须保持不变,除非受到外部力矩的作用。那么,猫是如何在没有外力的情况下在三维空间中旋转的呢?

对马雷来说,这只是他可以用连续摄影来解决的另一个应用科学问题。1894年,他对下落的猫(后来还有鸡和狗)进行了一系列实证

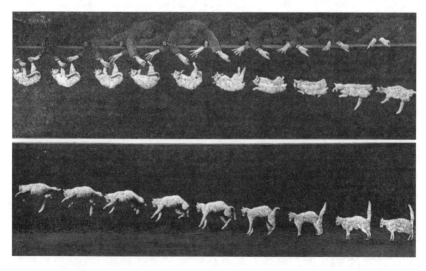

图 9.6 下落的猫:在连续摄影设备上以每秒 12 帧的速度连续拍摄的一张下落的猫的照片,阅读顺序为从左至右

出自:《翻滚的猫的照片》("Photographs of a Tumbling Cat"),《自然》,1894 年第 51 卷第 1894 期,第 80—81 页,图 1。

研究。如图 9.6 所示，猫的双脚被抓住，并在这种姿势时被松开。一把摄影枪用于记录侧视图，如图所示，另一把用于记录端视图。他还将这些画面排成了一部短片[9]，这也是第一部猫影像。

图 9.6 由 19 张连续图像组成，对应于 1/12 秒的间隔。当助手松开手时，猫的垂直姿势在前 5 张图像中几乎相同，直到猫最后自由下落。值得注意的是，猫的翻正反应立即出现，几乎就在第 6—8 帧中完成。

详细查看后可以发现这只猫实现完美着陆的具体过程。在图 9.6 的下面一行，当猫接近地面时，它的腿仍然分别向前后伸展着（第 11—13 帧）。在第 14—16 帧，它做了两件事：它将脚向下伸展以便着陆，并弓起背部来吸收冲击。在最后三帧图像里，它终于竖起尾巴以达到最后姿势的平衡。原来如此！（猫面向摄像机，鞠躬，从舞台左侧退出。）

1894 年，马雷将他对下落动物运动的研究[10]发表在著名的法国杂志《科学院院刊》（*Comptes rendus de l'Academie des Sciences*）上。他得出结论，正是猫自身质量的惯性使其能够通过前半部分和后半部分肌肉的单独动作来翻正自身。

这个例子的重要特点是，其他人也能够"阅读"这些图像，并得出他们自己的结论。《自然》杂志上一位匿名作者表示，"猫身体前部和后部的旋转发生在不同的阶段。起初，翻转几乎只限于前部，但当翻转达到约 180º 时，猫的后部也会转过来。"[11] 他还"一本正经"地总结道："猫在第一阶段结尾处表现出尊严被冒犯的表情，表明它对科学研究缺乏兴趣。"

1969 年，托马斯·凯恩（Thomas Kane）和 M. P. 谢尔（M. P Scher）

图 9.7　视觉证明：计算机根据数学模型绘制的旋转图像，叠加在下落的猫的照片上

出自：T. R. 凯恩和 M. P. 谢尔，《下落的猫现象的动力学解释》("A Dynamical Explanation of the Falling Cat Phenomenon")，《国际固体和结构杂志》(*International Journal Solids Structures*)，1969 年第 5 期，第 663—670 页，图 6。（经爱思唯尔许可转载。）

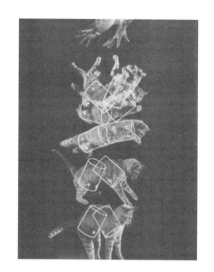

终于提出了一种物理学解决方案，使用"下落的猫运动的显著特征"的数学模型，该模型中间的两个部分能旋转。[12] 他们提供了计算机绘制的猫下落照片的动画，上面覆盖了他们对猫下落过程的运动分解，如图 9.7 所示，以可视化他们的理论。至此，将计算机动画作为复杂动态系统可视化方法的概念开始形成。

计算机图形动画

日益逼真的计算机图形是动态可视化出现下一个重大进展的领域。从 20 世纪 70 年代开始，已获得一些初步进展，包括开发逼真的灯光、纹理和透视效果的物体三维渲染技术。这种渲染以物体的三维模型为基础，使用三维空间中的点集合，由几何实体（例如线、三角形、曲面等）连接。作为数据的集合，物体有时可以由公式计算得出，因此软件可以对其进行旋转、缩放、变形、着色等操作，从而表现其

图9.8 参数苹果：计算机生成的苹果图像，使用三维实体表面的参数方程；表面的渲染使用一些方法来模拟来自观察者前面光源的照明（本书作者提供）

在空间中的移动并有助于讲述故事。

例如，图9.8所示是一个苹果的三维渲染图，带有与彩虹颜色相对应的彩色条纹。它显然不像真苹果的照片那样逼真，但值得注意的是，一个合理的苹果形状可以通过表面上每一个点的三维空间坐标的简单方程计算出来。[13] 一旦完成，就可以给它添加颜色或纹理，然后可以应用算法模拟来自给定光源的光线，从而产生更逼真的图像。最后对苹果进行动画处理，使其在空间中移动。如果它要出现在某个场景（如卡通或电影）中，计算机模型通过一些控制点来操纵它，对这些控制点进行插值计算，从而让它的形状随着施加的力系统地变化。例如，你可以设置苹果被扔到墙上、在撞击时压缩并弹开的动画。

大多数真实物体不能用简单的方程来定义。不过，正如雕塑家可以使用模压金属网为人、鸡或猫创建基本形状一样，三维图形建模器也可以创建任何对象的线框图像：由曲面上的（x, y, z）点和连接这些点的线组成。例如，图9.9在左图中显示了一只猫的当前高质量线框图像。究其本质，数字猫只是一个由（x, y, z）坐标数据以及绘制边缘和面的指令组成的大集合。在右图中，通过对皮毛添加颜色、光源和纹理贴图，猫变得更加逼真。然后，如凯恩和谢尔（图9.7）所解释的，

图 9.9 猫的三维图形模型：左，猫的形状由点和连线组成的线框定义；右，给猫的模型加上毛发，然后设置动画，猫在下落时翻转身体的瞬间
出自：NoneCG 网站。

猫在下落时的翻转运动可以通过将猫的运动方程应用于他们操纵的虚拟猫数据来制作动画。

这些发展创造了场面恢宏的电影，将真人演员与计算机生成的图像无缝结合（从史蒂芬·斯皮尔伯格 1993 年的《侏罗纪公园》到詹姆斯·卡梅隆 2006 年的《阿凡达》）。这项技术的科学效益仍然是人们不断探讨的话题。

动画算法

在运动和动画的开发和使用中，统计和数据可视化是后来才出现的。首先，这是因为用于这些目的的图形显示的使用，依赖于软件和计算机数据分析能力的进步。但更重要的是，可视化需要专门的硬件和其他技术来实现动态和交互式图形显示。

普莱费尔、盖里、米纳德和高尔顿都是用手画出漂亮的图表。米纳德展示了棉花出口随时间的变化（见图7.5），高尔顿描绘了多元天气数据随时间和空间变化的复杂关系（见彩图12）。但面对现代问题，我们需要一些更自动化的东西，尤其是要可视化我们关注的对象随时间的变化，这些对象是从统计模型计算得出的数字，而不是马或猫。

直到20世纪60年代中期，大多数数据分析都使用位于中央计算机中心的大型"主机"：从打孔的"IBM卡"读取程序和数据，并将输出打印在折纸上。输出的统计图——条形图、散点图，甚至地图，在现在看来很原始，可以用程序绘制，程序指示计算机逐行打印。有些创新带来意想不到的效果，使用诸如在打印机上突出很多字符以在地图上创建阴影图案等。计算机驱动的笔式绘图仪很快使高分辨率的静态图形和地图更容易制作。[14]

数据图形硬件的重大发展是阴极射线管（CRT）的发明，这种元件长期以来一直用于电视、示波器和雷达。但是当与计算机连接时，它们可以显示原始的图形，如图9.10所示。1950—1965年，这些早期的计算机显示器只使用黑白两色，分辨率有限，但它们首次提供了制作计算机动画的方法。很快，人们又添加了类似笔的输入设备（见图9.10的下图），允许用户与显示屏上显示的信息进行交互。[15]

多维定标（MDS）电影

据我们所知，这种新技术首次用于统计图是在美国电话电报公司（AT&T）贝尔实验室的约瑟夫·克鲁斯卡尔（Joseph B. Kruskal）于

图 9.10　早期 CRT 显示示例：1950—1965 年的 CRT 显示

出自：（上）国家标准与技术研究所 / 维基共享资源；（下）托德·戴利（Todd Dailey）/ 维基共享资源 / CC BY-SA 2.0。

1962年制作的一部电影,以说明 MDS 统计方法中使用的算法。MDS 的目的是通过最初未知数量的维度(一维、二维、三维……)空间中点之间的距离来表示一组对象(汽车品牌、政治候选人)之间的感知相似性。克鲁斯卡尔的方法要不断迭代,这是因为没有确切的解决方案:它从任意点的配置开始,然后一个接一个,稍微移动它们,以提高相似性顺序和空间中点之间距离顺序的匹配度。

MDS 方法既能发现充分表示数据所需的空间维度的**数量**,又能发现人类的判断或其他反映相似性的数据所依据的维度**性质**。它很快在很多科学领域变得重要起来。在社会科学中,它被用来寻找颜色、味道、面部表情、语音识别中的音素、语义记忆,以及对世界各国的态度的感知或认知空间,仅依靠相似性评级或混淆测量。现在可以通过各种简单的任务来研究"心灵的维度"。在考古学中,它被用来量化一组挖掘地点之间的关系,依据是在这些地点发现的文物所共有特征的数量。在化学中,MDS 开始被用于发现分子的空间结构,这是图形布局方法的早期基础,目前已广泛应用于网络可视化。

克鲁斯卡尔和他在贝尔实验室的同事想要通过在空间中移动点的数学方法,来说明它们的距离反映相似性是可行的。1962 年 8 月,他们制作了一部时长三分钟的影片[16],展示了解决这个问题所采取的步骤,作为他们算法的直观演示。这部影片的大部分内容就像"油管"(YouTube)上的早期视频一样,带有描述其内容的滑动面板。实际的动画只持续 20 秒,并通过将胶片记录器连接到计算机显示器进行录制,类似于马雷的摄影枪连接到计算机。

作为演示,克鲁斯卡尔从色彩感知的心理物理学中选择了一个

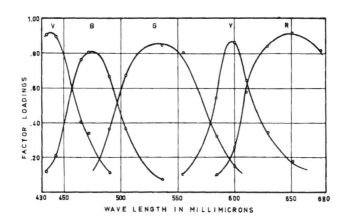

图 9.11　颜色相似性的维度：埃克曼关于颜色相似性的五因素解决方案

出自：戈斯塔·埃克曼（Gosta Ekman），"色觉的维度"，《心理学期刊》（*Journal of Psychology*），38: 2 (1954)，第 467—474 页，图 3。（经泰勒-弗朗西斯有限公司许可转载。）

众所周知的问题：人类对颜色样本相似性的判断能否给出关于观察者如何实际感知颜色的可靠信息？如果相似性判断可以映射到二维空间中，这与标准颜色理论有何关系？

瑞典研究人员戈斯塔·埃克曼在 1954 年进行的一项实验提供了必要的数据。[17] 埃克曼选择了 14 种颜色，波长从紫色到深红色不等。如果感知反映了物理属性，则这些颜色应该类似于标准色环。

然而，MDS 在 1954 年还没有被发明，埃克曼利用他所知道的一种叫作因子分析的方法，试图找到"色觉的维度"。他的结果如图 9.11 所示，其中他绘制了颜色对波长的因子载荷，并绘制了平滑曲线，试图表明他的因子可以解释为与波长有关的紫色 (V)、蓝色 (B)、绿色 (G)、黄色 (Y) 和红色 (R)。

这张图并没有错得离谱，就像托勒密对天体绕地球运行轨道的描述并没有大错特错一样，它或多或少解释了这些数据。埃克曼对这些正弦曲线的解释，描述了一些关于视网膜颜色感受器敏感性或大脑对不同颜色波长反应的不成熟想法。但这个解释不正确，因为这个解释过于依赖他从因子分析中观察实验结果的方法。此外，这个解释也没有通过简约性测试：一个二维色环比 5 个颜色因子要简单得多。

图 9.12 显示了 MDS 视频中的 4 帧画面。从左至右，在第一帧中，14 个颜色样本任意排列成 L 形。在连续的画面中，这 14 个点的位置以这样一种方式改变：其在空间中的相似性顺序和距离顺序之间的差异逐渐减小。视频的 20 秒动画部分涵盖大约 60 帧。在图 9.12 的最后一帧中，点的构型已经稳定收敛到一个解，这意味着点的其他抖动不会使结果更优。

作为一部"电影"，它所呈现的内容极其原始，完全无法令人兴奋。然而，对于贝尔实验室的参与者和那些对 MDS 方法感兴趣的人来说，它的影响是巨大的。如果伽利略在场，他可能会再次惊呼"它还在动！"（Eppur si muove!）。

更重要的是，该结果符合颜色理论，即这些颜色样本应在颜色空

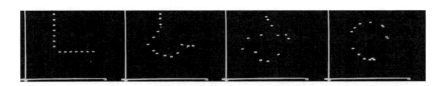

图 9.12　第一部统计电影

注：来自 MDS 电影的 4 帧，统计算法的第一个动画。左，14 种颜色的初始配置；右，最终配置，使点间距离的顺序与相似性判断的顺序最接近。

出自：J. B. 克鲁斯卡尔，MDS，AT&T 贝尔实验室，1962 年。

间中反映简单的二维圆形色调排列。彩图 16 显示了使用相同的 MDS 算法对埃克曼数据进行现代再分析的结果。与埃克曼的因子分析（假设相似性反映了真实的公制测量尺度，如温度）相比，非公制 MDS 结果更简单，因为它只假设了二维空间中点间相似性和点间距离之间的顺序关系。[18]

克鲁斯卡尔认为，原始计算机动画的优点在于，它可以阐明很复杂的算法，不然这些算法只能用数学公式才能表达清楚。还有一种更简单的情况，但需要图形动画和三维视图表示，这种情况后来出现在随机数生成算法的研究中，被称为蒙特卡罗方法。

蒙特卡罗方法

蒙特卡罗方法是一种通过使用随机数进行统计抽样来解决复杂问题的技术。它是由斯坦·乌拉姆（Stan Ulam）和约翰·冯·诺伊曼（John von Neumann），结合洛斯·阿拉莫斯（Los Alamos）的核裂变装置中中子链式反应的高能物理计算而开发的。这种技术促进了热核武器的开发并在此之后有了进一步发展。[19] 假设有一些初始条件和 100 个起始中子，那么在 10^{-6} 秒（1 微秒）之后有多少中子可用？计算涉及数百个中子散射、吸收和碰撞的速度，对于直接的数学分析来说过于复杂。

乌拉姆想出了一个绝妙的主意，他认为每个中子的历史都可以通过随机选择沿途各种相互作用的结果来追踪，就像弹球机中的球一样。在特定实验条件下，这样实验多次将得到中子群体状态的统计分布，从而得出所提问题的合理答案。

1947 年，致力于开发第一台可编程数字计算机的冯·诺依曼为电子数字积分计算机（ENIAC）[①] 编写了一个程序，用于生成从 0 到 9 的随机数字，然后将其转换为给定形式的分布。他估计，使用这种方法，对 100 个主中子中的每一个进行 100 次碰撞之后，计算大约需要 5 小时。通过计算机程序进行这种计算的优势是，这类问题中的任何其他问题都可以通过改变几个数字常量来解决。

蒙特卡罗模拟很快在科学和实践中有了其他用途，包括密码学、晶体和化学分子结构，以及多重积分的数学评估，从而将棘手的问题变成了可以用随机数进行模拟求解的问题，并可对结果进行统计。但这项技术的关键在于一种在数字计算机上生成一组充分随机的"随机数"的方法。[20]

RANDU

到了 20 世纪 60 年代，IBM 大型计算机在大学和企业中广泛使用。这些计算机上安装了很多实用程序，其中有一个名为"RANDU"的随机数生成器，它基于顺序计算的思想，从一些初始"种子"数 v_0 开始，不断对当前数 v_i 按一个简单公式计算得到下一个数 v_{i+1}，这些数将具有真正随机数的所有属性。RANDU 在计算机的二进制运算中使用了一个计算非常简单快速的公式，会产生在 $[1, 2^{31}-1]$ 范围内均匀分布的整数。在实际操作中，将这些数字除以 2^{31}，得到区间 $[0, 1]$ 内的随机数。

[①] 第一台通用计算机，能够重复编程，解决各种计算问题。——译者注

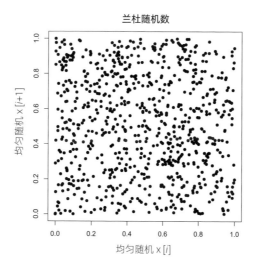

图 9.13 RANDU 生成的随机数：由 RANDU 算法生成的连续 800 个随机数对
注：没有什么不寻常的地方，这些点似乎是随机而均匀地分布在单位正方形中。（本书作者提供。）

算法计算只能给出**伪随机**数，但有些方法在量的表现上比其他方法更接近于真正随机，比如投掷大量骰子获得的事件总数。

RANDU 通过了各种测试，有些是统计测试，有些是图表测试。例如，连续数对的绘制（见图 9.13）——在单位正方形中点的分布——应该没有任何系统性。随机数应该完全没有特征。

然而，RANDU 现在被认为是有史以来设计得最拙劣的随机数生成器。1968 年，乔治·马尔萨利亚（George Marsaglia）在一篇著名的文章《随机数主要落在平面上》（*Random Numbers Fall Mainly in the Planes*）中，从纯粹的数学角度阐明了这一点。[21] 然而，它需要一个三维图，一个可以形成动画或交互式旋转的图，才能查看这些 RANDU 数字的三维结构。

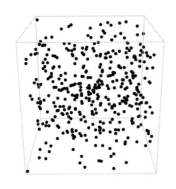 

图 9.14 RANDU 在三维空间中生成的随机数：由 RANDU 生成的 400 组随机数的连续三元组的三维图

注：左图显示了标准单位立方体中点的位置，轴为 $x[i]$、$x[i+1]$ 和 $x[i+2]$；右图显示的是略微旋转的同一图，这些点现在分布在三维空间中的 15 个平行平面上，表明它们的系统（非随机）模式。（本书作者提供。）

图 9.14 的左图显示了 RANDU 生成的连续三元组。同样，没有出现任何异常。然而，当这个图在三维空间中旋转时，突然呈现出完全系统化的特征，就像马尔萨利亚预测的那样：所有的点在 15 个平面上整齐地排成一排。这是一个非常明显的非随机结果，有点像你开车经过一片玉米地时看到的：大多数时间你看到的显然是随机排列的玉米秆；偶尔，短暂的观察会让你发现它们整齐地排列成行。

后来，在将 RANDU 从 IBM 科学子程序资料库移植到其他商用计算机系统，例如数字设备公司 VAX 时，其简单算法出现了。由于 RANDU 在 20 世纪 70 年代早期的广泛使用，很多基于模拟研究的科学结果被认为很可疑，甚至很多研究者会用性能更优的随机数生成器重新计算，看看他们的结论是否成立。

RANDU 缺陷的视觉显示姗姗来迟，原因很简单，因为直到 20 世纪 80 年代早中期,用于三维显示的计算机技术及用于动态和交互式图形的软件才出现。下一步是将显示从三维带到更高的维度。

高维空间中的旅行

在 19 世纪 80 年代的佩罗佐之后,人们对将三维数据投影到二维图像上的主要思想有了很好的理解(见第 8 章)。在三维空间中旋转和变换场景的数学也早已为人所知。更重要的是,从卡尔·皮尔逊和哈罗德·霍特林(Harold Hotelling,1895—1973 年)开始,统计学家们充分完善了在较小的二维平面或三维空间中近似得出高维数据的数学方法,类似于在三维场景上照射灯光,以看到它在二维表面上的影子。统计学家可以很容易地想到 n 维数据,但除了在脑海中设想外,他们实际上无法看到或操纵它。

1973 年,随着 PRIM-9 的发展,这一切都发生了变化。PRIM-9 是斯坦福线性加速器中心(Stanford Linear Accelerator Center)的一个项目,由玛丽·安·费舍克勒(Mary Ann Fisherkeller)、杰尔姆·弗里德曼(Jerome Friedman)和约翰·图基共同开发。PRIM-9 是 "Picturing, Rotating, Isolation and Masking in up to 9 dimensions"("在多达 9 个维度中成像、旋转、隔离和屏蔽")的首字母缩写,在当时是高端产品:图形硬件包括一个 40 万美元的图形显示系统和一个自定义键盘控制器。它的计算由一台 IBM 360/91 大型计算机完成,价格为 500 美元/小时。

即使是现在,也很难用文字来描述如何使用一些昂贵的硬件和新颖的软件来探索九维数据空间并与之交互[22]——你必须现场演示。在

TED 演讲出现之前，图基就在一部电影中做了演示，这部电影现在保存在 ASA 视频档案馆中。[23]

键盘控制在特定时间显示特定变量：基本散点图中的两个主要变量，以及数据围绕其轴实时旋转的第三个变量。通过投影和旋转，九维数据的任意子空间可以实时呈现。

其他控件提供隔离和屏蔽，以选择或查看数据的子集。图基对这些特性附加影响的描述很含蓄保守："总之，通过选择和旋转自由度，我们能得到的信息比二维视图所呈现的更多。旋转的动态效果让我们看到了静态视图中没有的三维结构。"（图基，PRIM-9 电影）

这些想法在当时具有革命性，它们突出了视觉理解在图基所谓的**探索性数据分析（EDA）**中的核心作用。当时，统计学的研究大多是用数学语言表述：重要的结果用定理表述，数值结果计算到小数点后很多位。图基改变了这一现状，他认为，"对正确的问题给出近似的答案要比对错误的问题给出精确的答案好得多，正确的问题往往很模糊，而错误的问题总是可以给出精确的答案。"[24]

随着 PRIM-9 的出现，新的数据分析研究方法可以被视为人机交互问题。复杂问题的分析结果可以在一部电影中加以解释和记录。更重要的是，它使动态和交互式统计图形成为一个多产的研究领域，吸引了计算机科学家的注意并不断产生与数据交互相关的新技术。20 世纪 70 年代末，哈佛大学和瑞士联邦理工学院也开发了类似的大型系统，如 PRIM-H 和 PRIM-ETH。这些数据分析及其可视化技术所带来的科学影响力在这个例子中就可见一斑：借助高维可视化，人们发现了糖尿病分类。

糖尿病分类

糖尿病是一类代谢性疾病，患者长期处于高血糖状态。它是最早发现的人类疾病之一：大约公元前1500年的一份埃及手稿提到它的主要症状是"排尿过多"。1889年，约瑟夫·冯·梅林（Josef von Mering）和奥斯卡·明科夫斯基（Oskar Minkowski）[①]，发现了胰腺在糖尿病中的作用。但是糖尿病的机制和形式仍不清楚。

弗雷德里克·班廷（Frederick Banting）和查尔斯·贝斯特（Charles Best）证实，正是胰腺分泌的胰岛素控制了血糖水平。

两人的这一发现现已家喻户晓，他们也因此获得了1923年的诺贝尔奖[25]。当他们手术切除一只狗的胰腺时，它很快就表现出糖尿病的症状，并变得越来越虚弱。他们通过注射从磨碎的胰腺中提取的物质将它从死亡中拯救出来。

1968年，斯坦福大学的内分泌学家杰拉尔德·M. 里文（Gerald M. Reaven, 1928—2018年）和统计学家鲁珀特·G. 米勒（Rupert G. Miller, 1936—1968年）发表了一篇关于正常人和不同程度高血糖（血糖水平升高）患者血液中葡萄糖水平与胰岛素产生之间关系的论文。他们在这种关系中发现了一种奇特的"马蹄"形状（见图9.15）。对此他们只能推测：也许葡萄糖耐受性最好的个体对口服葡萄糖的反应，即胰岛素的产生水平最低，也许那些葡萄糖反应低的人可以分泌更高水平的胰岛素，也许那些葡萄糖和胰岛素反应都低的人受其他一些机

[①] 著名数学家赫尔曼·明科夫斯基（Hermann Minkowski）的兄弟，赫尔曼首创了时空图。——译者注

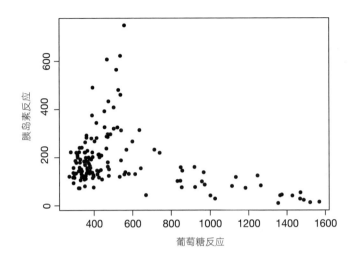

图 9.15　糖尿病数据：转载类似于里文和米勒（1968 年）关于葡萄糖和胰岛素产生水平对口服葡萄糖反应之间关系的图表（本书作者提供）

制的影响。二维图无法揭示这个问题的答案。

10 年后，当里文和米勒能够使用 PRIM-9 系统在三维空间中可视化类似的新数据时，他们的问题得到了解答。在一项仔细对照研究中，他们还测得了稳态血糖（SSPG），一种衡量体内胰岛素使用效率（值大意味着胰岛素抵抗）的指标，以及一些其他变量。他们通过 PRIM-9 探索三个变量的不同集合，更重要的是，在三维空间中旋转特定的图以搜索有趣的特征。图 9.16 显示了血浆葡萄糖反应、血浆胰岛素反应和 SSPG 反应之间的关系。他们对这一发现的重要性采用了典型的保守说法：

> 145 个三维点的……图像就像一个翅膀松软、中间肥大的回旋镖。鉴于这种给定代谢变量之间的三维关系的视觉感知，这 145 名受试者似乎不太可能属于一个群体。（里文和米勒，1979 年，第 18 页）

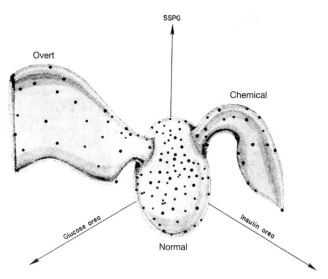

图 9.16　PRIM-9 处理糖尿病有关三变量数据的视图：里文和米勒（1979 年）数据的效果图，使用 PRIM-9 系统以三维方式呈现

注：作者已经添加了标签，以区分这三组患者。
出自：G.M. 里文和 R.G. 米勒，《试图使用多维分析来确定化学性糖尿病的性质》("An attempt to define the nature of chemical diabetes using a multidimensional analysis")，《糖尿病》（*Diabetologia*），1979 年第 16 期，第 17—24 页，图 1。（经施普林格自然许可转载。）

根据这张图表，里文和米勒能够根据葡萄糖和胰岛素的临床水平将受试者分为 3 组。图 9.16 中，处于"回旋镖"左翼的人，他们的空腹血糖水平很高，被认为患有显性糖尿病；处于右翼的人被归为化学性糖尿病患者，而中央肥大部分的斑点被归为正常受试者。

这项研究的可视化图表对确定 2 型糖尿病发展的阶段或类型有影响。显性糖尿病是最晚期，以空腹血糖浓度升高和典型症状为特征。人们一直认为显性糖尿病是糖尿病潜伏期或化学性糖尿病阶段的恶化阶段，没有糖尿病的症状，但口服或静脉注射葡萄糖耐量明显异常。

然而，从图 9.16 中可以清楚地看出，要从右翼的化学性糖尿病患者过渡到左翼的显性糖尿病患者，唯一的"路径"是通过正常受试者所在的中央区域。这种模式表明，通常所说的糖尿病"自然史"——从化学性糖尿病到显性糖尿病的平稳过渡是错误的。事实上，纵向研究表明化学性糖尿病患者很少发展为显性糖尿病。相反，这项研究和其他研究的证据表明，除了这两类糖尿病患者以外，相关患者至少还有两类人——"那些仍有分泌大量胰岛素能力的人和那些缺乏胰岛素的人"[26]。

杰拉尔德·里文仍将是糖尿病最重要的研究人员之一。在 1988 年班廷的一次演讲中，里文提出糖尿病、高血压和男性"苹果型"肥胖的共同原因是胰岛素抵抗和葡萄糖耐量异常。他称之为"X 综合征"（现称为"代谢综合征"），而这些症状的组合现在已被确定为心血管疾病的有力预测因子。这就是交互式三维图形的力量。

硬件和软件

作为一个示范项目，PRIM-9 的意义远比借助它所取得的成果要大。除了功能最强大的专用计算机外，创建动态旋转的三维图形对于较大的数据集来说非常缓慢。在时间和空间上，可视化数据的思路拓展需要专门的三维图形硬件和计算机软件，以促进交互式探索。

到 20 世纪 70 年代初，计算机动画和视频游戏的发展促使电气工程师开发专用硬件芯片，以加快图形显示速度。这些"大规模集成"芯片执行了所有在二维空间中表示对象，并使它们在计算机屏幕上平滑移动所需的计算。至此，使图像运动的技术已被植入硅电路。

1972年，诺兰·布什内尔（Nolan Bushnell）和特德·达布尼（Ted Dabney）创立了雅达利（Atari）公司，并开始开发后来被称为雅达利视频计算机系统（Atari Video Computer System）的产品，这是一款带有操纵杆和其他输入设备的专用视频游戏计算机。诸如《Pong》[①]之类的街机游戏可以编程并存储在只读存储器（ROM）芯片上。机器变成了游戏，通过插入新芯片，它可以变成一个新游戏。

在接下来的10年里，计算机工程师将这一技术提升到了更高的水平，开发了专用的图形处理单元（GPU），能够在三维空间中进行高速图形渲染，并使用硬件支持的"帧缓冲器"来支持动画图像的多个场景计算，从而产生更逼真的视觉显示。

1982年，斯坦福大学的电子工程师和计算机科学家詹姆斯·克拉克（James Clark）创立了硅谷图形公司，提出了"几何流水线"的概念，这是一种硬件和软件的组合，用于提升三维图像的动画程度和渲染度。到了20世纪80年代中期，硅谷图形公司工作站采用了高性能三维图形，以供数据可视化研究人员使用，这使得PRIM-9背后的最初理念得到更广泛的发展——这种娱乐发展的起源没有被忽视。到1991年，硅谷图形公司已成为好莱坞电影视觉特效和三维成像制作领域的世界领军者。

---

① 网球运动游戏《Pong》是最早的街机电子游戏之一，具有简单的二维图形。——译者注

软件

图基和其他人已经确定了 PRIM-9 中计算机交互的 4 个关键方面。"投影"和"旋转"具有在二维显示器上查看高维数据的能力，并使之逐渐形成动画，同时选择第三个变量作为旋转轴。"隔离"意味着能够选择有趣的点的子集。例如，里文和米勒将其确定为显性和化学性糖尿病患者的群集。"屏蔽"是现在被称为条件作用的一种早期形式，用不同的颜色或绘图符号显示数据的连续子集，逐渐形成动画，或者在空间中划分的单独的较小视图中显示。

20 世纪 70 年代初，艾伦·凯（Alan Kay）和施乐的帕洛阿尔托研究中心（Xerox PARC）等地的其他研究人员开始在计算机软件中将图形用户界面（GUI）[27]背后的想法付诸实践，用于现代人机交互（窗口、图标、下拉菜单、拖放）。在很短的时间内，这些想法被运用于早期的个人计算机（施乐之星、苹果"丽萨"电脑和苹果麦金塔电脑），从而为视觉数据分析开辟了新的可能性。

在这 10 年和接下来的 10 年里，随着定制软件系统的开发，很多地方加快了交互式和动态数据可视化的研究，以支持分析师探索和可视化复杂数据的新方法。卡罗尔·牛顿（Carol Newton）和后来的约翰·麦克唐纳（John McDonald）、安德烈亚斯·布亚（Andreas Buja）等人为这些系统开发了一种新的范例，其基础是现在所谓的"多视图链接刷"（"linked brushing in multiple views"）。[28]

尽管 PRIM-9 只有一个绘图窗口，但后来的图形软件的一个关键功能是能够在图形显示器的不同面板中显示多个绘图。"刷"是使用

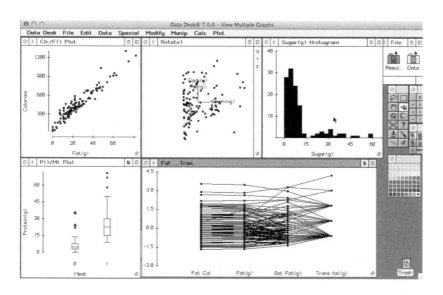

图 9.17　DataDesk：苹果麦金塔电脑的一个多窗口图形系统，提供动态图形、链接绘图和画笔功能

注：绘图窗口显示散点图、可绕任何轴旋转的三维绘图、直方图、箱形图和平行坐标绘图。图中右侧显示了一组绘图控制按钮。

出自：DataDesk / YouTube（油管）。

指向设备（现在是鼠标）在任何图中选择一个区域，并突出显示该区域中的数据以进行进一步操作（更改颜色、隐藏等）的能力。"链接"是其主要新思想：查看者无论在一个图或数据窗口中选择什么，都会在所有其他窗口中自动选择相同的对象。

早期的研究和开发大多使用高端图形工作站，其成本超过10000 美元，大小相当于一个小冰箱。随着台式个人电脑的推出，这种情况在 1978 年左右开始发生改变。最值得注意的是苹果麦金塔电脑，它采用自下而上的设计，以复杂的图形用户界面作为整个操作系统的基础。多窗口、鼠标选择和拖放成为内置操作，可用于所有应用程序。

1984—1985 年，斯坦福大学的安德鲁（Andrew）和大卫·多诺霍（David Donoho）开发了 MacSpin[29]。这是一个用于动态显示多变量数据的程序，将 PRIM-9 和其他新颖的交互技术理念引入台式计算机。大卫·多诺霍在 1986 年美国统计协会的会议上展示了它，表明动态图形已经变得像 25 磅（约 11.34 千克）的麦金塔电脑一样常见了。大约在同一时间，图基现在在康奈尔大学的学生保罗·维勒曼（Paul Velleman）开发了 DataDesk[30]（见图 9.17）。它的功能与 MacSpin 相似，但具有更精细的图形用户界面，用于与多个链接视图进行交互。

大约在这个时候，另一个有影响力的想法又出现了。想象你是一个在高维世界中的探险家，寻找有趣的特征，就像来自平地的生物试图理解立方体、金字塔或太阳系。1974 年，杰尔姆·弗里德曼和约翰·图基[31]试图用一种被称为"投影追踪"的算法捕捉 PRIM-9 的视觉洞察力，以发现高维数据的二维投影。到 1985 年，丹尼尔·阿西莫夫（Daniel Asimov）已经开发出他所谓的"大漫游"[32]，它被设计成通过移动一个平面来展示二维视图动画中的多元数据集，数据点根据某种"趣味性"的标准投射在平面上。如果点云显示"集群"（簇）、"密集"或显示突出的异常值，则它是有趣的。这些特征可以量化（使用称为"scagnostics"的测量方法）[33]，并且这些图片可以促使研究人员思考他们以前没有考虑过的可能性，就像糖尿病数据带来的研究一样。

使用动画图形讲故事

整个 20 世纪 90 年代，用于动画图形的软件包和软件库的开发一直在加速进行，至今仍在继续。其中，由斯德哥尔摩卡罗林斯卡医学院（Karolinska Institute）加普明德基金会主任汉斯·罗斯林（Hans Rosling, 1948—2017 年）设计的移动气泡图引起了大众的普遍兴趣。该基金会的目的是促进公众对经济（收入、贫穷、不平等）、健康（预期寿命、婴儿死亡率、艾滋病毒/艾滋病）、教育（识字、两性平等）、环境（污染、水质）等社会问题的关注，方法是以广大公众容易理解的方式，即用动画图形来展示公共数据。

这些数据最初包括世界上所有现有国家从各种来源（世界银行、经合组织、世界卫生组织和类似组织）得出的 200 多个指标的时间序列，其中一些指标早在 19 世纪初就有记录。此外，这之中很多类似于可以用世界地图绘制器（WorldMapper）可视化为比较统计地图的变量，但仅适用于特定的时间点，并且一次只能用于一个变量。

从本质上来说，移动气泡图是在两个变量（x 和 y）的散点图之上，将第三个变量（z）描绘为气泡符号的大小，根据第四个类别变量（k）为其着色，然后呈现为显示随时间（t）变化的动画电影。使用下拉菜单，可以选择数据集中的任何变量作为 x、y、z 或 k。此外，可以从列表中选择一个或多个国家，以突出它们随时间的变化。

普莱费尔只能考虑根据时间绘制两个或更多变量的时间序列（y_1, y_2,...），而移动气泡图的"x 轴不再表示时间"[34]。更重要的是，它为罗斯林提供了一种工具，可以让其讲述各类重要社会问题的可信故事，

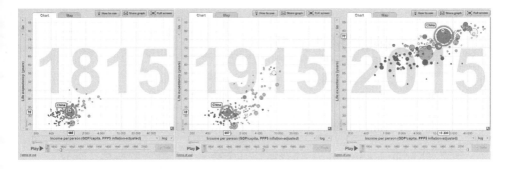

图 9.18　移动气泡图：动画序列的 3 帧，绘制了 1809—2015 年 142 个国家的预期寿命与人均收入的关系

注：收入按对数比例绘制，气泡面积与总人口成比例，在原图中按地理区域着色。中国被选中跟踪其长期位置。

出自：Gapminder 网站。

用 5 个变量的动画图形即可。

图 9.18 给出了一个例子，罗斯林在几个视频演示中使用了这个例子，包括一个名为"改变世界的 200 年"的视频演示。它用动画显示了出生时预期寿命与每隔 100 年的人均收入之间关系的 3 帧画面。在 1815 年拿破仑对俄战争期间，几乎所有国家的预期寿命都在 40 岁以下，而且大多数国家的人均收入都在 2000 美元以下。到 1915 年，有些国家的预期寿命上升到 50 多岁，其中大多数国家的收入都有所增加；但大多数国家的预期寿命仍然低于 40 岁，收入更低。到 2015 年，大多数国家的预期寿命上升到 70 多岁，这与较高的收入有关，但收入差距仍然很大，这与预期寿命又密切相关。

汉斯·罗斯林于 2017 年 2 月辞世，留下了大量视频，利用全球公共卫生问题数据为公众讨论其中的很多主题提供信息，其方式让人眼前一亮。罗斯林是一位完美的视觉解释追随者，有时有点过头，他在现场演示中用夸张的手段来表达自己的观点。然而，他展示的关于健康和收入不平等的视觉故事，有震撼力、有说服力并令人难忘。

罗斯林的演示所隐含的信息是，有震撼力、有说服力及令人难忘的图形演示有一个关键点，那就是可视化。它可以在构成现象的数据和这些数据所代表的真实人类故事的后续影响之间，建立直接联系。在接下来的最后一章中，我们用3个真正发人深省的启示来结束这本书。这3个启示揭示了我们对数据图形与重要数据结合所能实现目标的更广泛认识。

第 10 章

如诗般的图形

经验信息的视觉显示往往被认为只是简明扼要的总结,充其量也就是拨开迷雾,还原真相。就目前而言,这种说法有一定的道理,但它忽略了视觉显示的魔力。在前面的章节中,我们已经展示了数据可视化是如何成为"炼金术士"的——它可以使优秀的科学家变得伟大,并将伟大的科学家变为科学巨擘。

在本书最后一章中,我们认为,尽管很少,但有时重要数据所解决的关键问题和令人回味的展示所阐明的关键问题组合,可以带来突出的,而且往往是完全出乎意料的结果。在理想情况下,除了展示冷酷无情的事实之外,可视化还可以传情达意。

美国诗人罗伯特·李·弗罗斯特(Robert Lee Frost, 1874—1963年)的一句名言是这样说的:

当情感找到了思想,而思想又找到了语言时,

诗歌便产生了。(弗罗斯特,1979年,第283页)

我们可以反过来推断,诗人的创作目标之一就是写出能够激发情感的文字。

情感交流是一项艰巨的任务,也是很多其他交流方式的目标。当然,音乐是最明显的:在《欢乐颂》中,贝多芬把他的情感转化为思想,进而转化为音乐;听众欣赏的是音乐,却感到兴奋。视觉艺术家长期以来一直采用这种方式:毕加索在他的壁画《格尔尼卡》中表达了他对巴斯克地区的格尔尼卡镇轰炸遇难者的哀悼。这次轰炸发生在1937年4月西班牙内战期间,有数百人遇难。《格尔尼卡》在轰炸发生仅两个月后即创作完成。对感受力强的观众来说,"这种情绪是如此强烈,以至于接下来要么是精神错乱,要么是自杀。"[1]

当然,并不是所有的音乐都像《欢乐颂》那样具有感染力,也不是所有的绘画都像《格尔尼卡》那样发人深省,大多数作品并无诗意可言。但是,令人高兴的是,根据弗罗斯特的定义,很多媒体上都有诗人,我们可以为他们的创作而欢欣鼓舞。歌德称"建筑是凝固的音乐"(Goethe,2018年,第864页),这表明我们可能会在很多建筑师身上找到诗人的影子。其中不得不提的一个例子便是林璎(Maya Lin),她设计了华盛顿特区那令人心碎的越战纪念碑(Vietnam Memorial):将57661名阵亡士兵的名字按简单的时间顺序雕刻在抛光的黑色花岗岩块上。

我们可以在数据可视化这一同样精湛的作品中加入一些基于数据的图表,从而对观者产生非常深刻的影响,完全可以用"诗意"来形容。要达到这一水平,需要结合具有影响力的数据和简洁明了的设计。

套用弗罗斯特的定义,即情绪找到了数据,而数据又找到了设计。随着最后一章的徐徐展开,让我们首先介绍两首可能因为朴实无华而被忽视的图形诗。然后,我们会描述想象分属两个领域的大师进行合作会产生怎样合理的结果:查尔斯·约瑟夫·米纳德使用流动地图来表达战争的恐怖,打破了笔墨通常带来的限制;而威廉·爱德华·伯格哈特·杜波依斯(William Edward Burghardt Du Bois),将自己漫长的生涯献给了改善非裔美国人的生活和环境的艰巨任务——通过对一个多世纪以来几乎普遍遭受着奴隶制和种族主义桎梏的非裔美国人的生活进行书写。

两首简单的图形诗

指挥家伊格纳特·索尔仁尼琴(Ignat Solzhenitsyn)在莫扎特专场音乐会序曲中发表了令人惊讶的评论:"莫扎特的音乐经常被低估,这是因为它太美了。"[2] 同样,因为设计太平凡,所以有些图形设计中的诗意往往并没有被观者理解。有米纳德那样的技巧或艺术家眼光的图形艺术家很少,但我们不应该对其他技艺不那么精湛的人创作的"诗歌"视而不见。

年轻人与火灾

退休后,芝加哥大学浪漫主义诗歌教授诺曼·麦克莱恩(Norman Maclean, 1902—1990 年)写了一本书,介绍的是 1949 年 8 月 5 日发生在美国蒙大拿州海伦娜国家森林的曼恩峡谷大火。8 月是最干旱的季节，所以当闪电击中梅里韦瑟警卫站附近的树木时，发生火灾也就不足为奇了。

大火迅速向北蔓延到密苏里河沿岸的曼恩峡谷部分。发现火灾后，林业局的 16 名空降森林消防员跳伞灭火。曼恩峡谷周围的地形非常崎岖，当空降森林消防员能够到足够近的地方来判断火情时，他们意识到这超出了他们的控制能力，他们能否安然脱身取决于行动的快速性。

由于火势迅速向东北方向蔓延，所以空降森林消防员向上坡移动，移动方向与火势方向垂直。他们疯狂奔跑，试图在身后燃烧的大火赶上之前越过曼恩峡谷的山脊。但该地区的地形非常陡峭，消防员需要爬到海拔 4700 英尺（约 1433 米）的山脊上，这是安全边界。后来在这陡峭的悬崖上发现了其中 13 名年轻男子烧焦的尸体，距离曼恩峡谷顶部的安全地不到 200 码（约 182.88 米）。

诺曼·麦克莱恩收集了数据来描述为了仓促脱险而做的最后努力，并绘制了一张总结图，如图 10.1 所示，其简单凝练与它所传达的悲剧形成对比。用麦克莱恩的话说：

> 曼恩峡谷中火与人的遭遇为图表提供了悲剧模型，这是现代科学家最喜欢用的方式，以尽可能清楚地描述他想要表达的东西。沿着时间轴和距离轴绘制的是一条火的燃烧路径和一条消防员逃生路径，而在这两条线的汇合处，便出现了曼恩峡谷故事的悲惨结局。（麦克莱恩，1992 年，第 269 页）

虚线的迅速上升符合火势蔓延特征，蔓延速率与地形坡度的平方

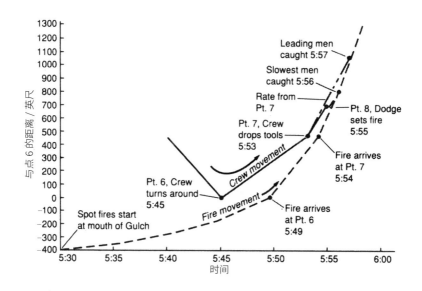

图 10.1 曼恩峡谷火灾悲剧：队员和火灾的估计位置的距离—时间图

注：距离根据消防员相对转向点、点 6 来估算；线的斜率表示移动的速度，线越陡，速度越快。整个悲剧发生的时间不到 30 分钟。

出自：诺曼·麦克莱恩，《年轻人与火灾》(*Young Men and Fire*)，芝加哥：芝加哥大学出版社，1992 年，第 269 页。

成正比，这与陡坡对人类攀登速度的影响形成了鲜明的对比。年轻人遇难的地方非常陡峭。

当我们研究这张图表时，消防员与火之间的竞赛特征变得更加生动。

> 每条线上都有一些数字，这些数字是消防员与火之间赛跑的转折点。如果把这些线看成一场比赛，这些数字就标志着赛段；如果它们也有宗教意义，那么它们就是拜苦路①；如果它们有文学

---

① 拜苦路是天主教教徒们为纪念耶稣基督赴死前受苦难行经之路。苦路共有 14 处，是最常用的小型朝圣之旅，让信徒默想当年主耶稣基督所受的苦难与死亡。——译者注

意义，那么它们就标志着戏剧的几幕情节……但表演很短，因为野火的蔓延并不会等人独白完后再继续。（麦克莱恩，1992 年，第 294 页）

科夫诺犹太区

纳粹占领立陶宛期间，发动了一系列行动，造成 13.6 万多名犹太人死亡。最初，德国人在图文并茂的报告中一丝不苟地记录了这些谋杀，但随着战争的继续，他们的记录也在减少。事实上，1943 年 10 月，党卫军首领海因里希·希姆莱（Heinrich Himmler）在对部下的一次演讲中，给最大限度地减少记录找借口，他说："这是我们历史上未记录也永远不会记录的荣耀篇章。"（布劳恩和魏纳，2004 年，第 46 页）不过，纳粹确实创建了一些文件，将他们的"胜利"记录在案，还记录了他们的暴行。

在很多犹太区，犹太领导人组织了委员会来保存日常生活的官方记录。事实上，在科夫诺犹太区建立之初，犹太委员会主席埃尔卡南·埃尔克斯（Elkhanan Elkes）就要求科夫诺的犹太人书写自己的历史，作为留给后代的遗产。艺术家绘画，作家写故事，音乐家作曲，诗人写诗——他们都利用自己的技能和才能，为后人和他们担心无法直接见面的观众记录了事实和情感。没有这种艺术天赋的犹太区居民则使用他们所掌握的任何技能在记录。那些受过科学训练的人记录了数据，并以各种形式呈现，包括表格和图形。

图 10.2 所示就是这些记录中的一张图表——一个传统的人口金字塔。它看起来如此简单、稀疏平常，其传达的内容却十分可怕。矩

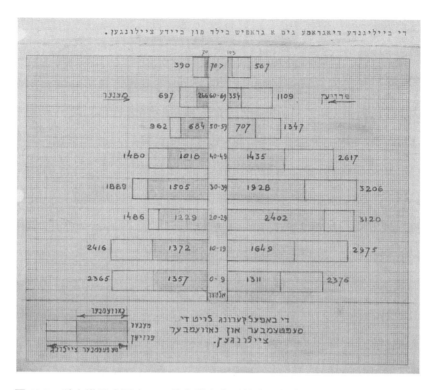

图 10.2　科夫诺犹太区人口：科夫诺犹太区的人口损失主要是由于 1941 年 10 月 28 日的"大行动"造成的

出自：美国大屠杀纪念馆。

形条代表了科夫诺犹太区中按年龄划分的犹太人数量，最年轻的在底部。左边代表男性，右边代表女性。每个长矩形条的长度代表 1941 年 10 月初，该犹太区该年龄段和性别的居民数量；阴影部分代表那些在不到两个月后的 11 月仍然活着的人的数量。

查尔斯·约瑟夫·米纳德的图形诗歌

查尔斯·约瑟夫·米纳德的一生漫长而富有成就。但官方规定迫使他于1851年3月27日，也就是他70岁生日那天，从长期担任的法国国立路桥学校的职位上退休。尽管如此，他在余生中仍继续工作并传道解惑。他退休后享有的自由使他能够全身心地投入到他早先开始但因工作义务而中断的项目中。无公职烦扰，他开发新图形形式和主题的速度在20年内几乎翻了一番。这一工作一直持续到他89岁去世。[3]

在第7章中，我们讨论了米纳德为人著称的拿破仑对俄战争地图（见图10.3）。在这场战争中，最初42.2万人的法国大军越过涅门河进入俄罗斯。在米纳德的图形中，这条最初很宽的进军"河流"（图中灰色部分）逐渐变细，与此并列的则是一条流向相反的最后幸存人数仅1万人的返回军队涓涓细流（图中黑色部分）。1812年10月，当法国军队在只有1万人的情况下抵达莫斯科时，他们发现莫斯科被洗劫一空，大部分人都逃跑了。法国军队只好折返，穿过大草原，经历了俄罗斯的严冬。米纳德将法国军队的回程与气温下降（见下面的折线图）联系在一起。他将气温下降作为一个看似合理的原因变量，将法国军队规模的缩小与俄罗斯士兵狙击之外的其他因素联系起来。当这幅图首次发表时，法国生理学家和计时摄影家艾蒂安–朱尔·马雷[4]惊叹它"以残酷雄辩挑战了历史学家的笔墨"（马雷，1885年，第136页）。

米纳德图形诗歌的灵感来源是什么？这个关于拿破仑对俄战争的视觉故事值得探讨，因为它是已知的唯一一个由一位国家公民对国家失败进行的图形描绘。事实证明，这是与2000年前另一支军队伤亡悲剧的图形故事（见图10.4）一起印刷的。

迦太基将军汉尼拔·巴卡（Hannibal Barca）于公元前218—前201年与罗马人进行了第二次布匿战争。他在公元前218年翻越阿尔

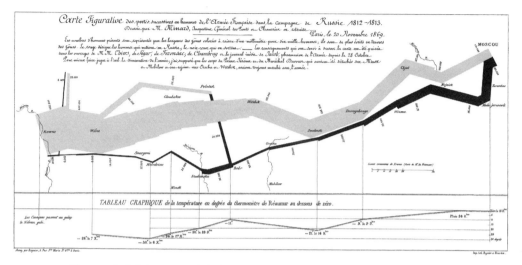

图 10.3 拿破仑行军图：查尔斯·约瑟夫·米纳德描绘的关于拿破仑 1812 年灾难性对俄战争的叙事性地图。灰色"河流"的宽度与拿破仑入侵军队的规模成正比；其黑色延续部分显示了返回军队的规模[①]

出自：经法国国立路桥学校档案馆许可转载。

卑斯山被认为是古代战争中最著名的军事成就之一，这使他能够绕过罗马的陆地驻军和海军，直接进攻罗马共和国的心脏地带。

图 10.4 所示是米纳德描绘的军事行动路线。[5] 汉尼拔的战争始于西班牙南部的伊比利亚。他的军队由 10 万多名士兵和数量众多的战象组成，图 10.4 显示他们越过了西班牙，然后是法国南部。但是公元前 218 年 10—12 月，阿尔卑斯山的积雪和意大利一侧的陡峭山坡让军队陷入险境。所有大象、大多数驮畜和很多人都死了。汉尼拔的军队在意大利的波河流域出现时，仅有 2.6 万名士兵。[①]

死亡情况虽不像拿破仑部队在俄罗斯所遭受的那样严重，但从图 10.4 中人们可清晰地看到汉尼拔军队穿越阿尔卑斯山时相对巨大的损

[①] 该图表与前文图 7.6 一致，为方便读者理解因而重复。——编者注

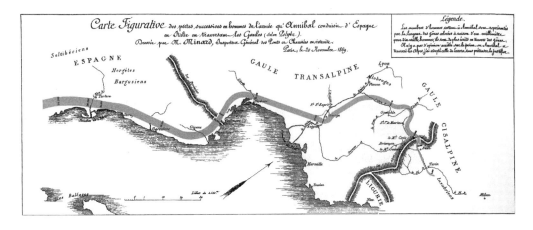

图 10.4　汉尼拔军事行动路线：米纳德对汉尼拔军队的描绘，当时汉尼拔的军队徒步穿越西班牙和法国，开展了一场杰出的军事行动，但随后在试图翻越阿尔卑斯山的过程中遭受了巨大损失

出自：经法国国立路桥学校档案馆许可转载。

失。这两场战争的数据可视化地图都为历史学家和将军们提供了直观的教科书。这些地图的标题可能是"策划军事行动时要避免的一些事情"，但米纳德的标题更直接："军队中士兵连续死亡的形象地图"[如"1812—1813 年对俄战争中法国军队士兵连续死亡的形象地图"（Carte Figurative des pertes successives en hommes de l'Armée Francaise dans la campagne de Russie 1812—1813）]。

米纳德的个人经历说明了他的灵感来源。1813 年，作为安特卫普的一名年轻工程师，他在普鲁士军队的围攻中目睹了战争的恐怖。在他 89 岁那年，即 1869 年，他所预见到与普鲁士之间不可避免的新战争及其对法兰西第二帝国造成的破坏，这让他深感不安。拿破仑和汉尼拔的两幅"形象地图"于 1869 年 11 月 20 日出版。

事实证明米纳德的担心是对的。普法战争于 1870 年 7 月 19 日开始。法国最终战败，经过长时间的围攻，巴黎于 1871 年 1 月 28 日陷落。米纳德也预见到了这一点，尽管他当时身体虚弱，需要拄着拐杖，但他还是于 1870 年 9 月 11 日离开巴黎前往波尔多，留下了几乎所有的书籍和文件。他随身携带的只有一些正在创作的作品，但这些显然已经丢失。遗憾的是，6 个星期后，他因高烧于 1870 年 10 月 24 日去世。

人们对米纳德的个人生活知之甚少[6]，所了解到的他的主要经历源于他的女婿维克托·舍瓦利耶（Victor Chevallier）在 1871 年写的讣告。[7] 他说，"终于……他仿佛能感觉到国家即将毁灭的可怕灾难，他说明了由……汉尼拔和拿破仑造成的生命损失……图形化的表现形式扣人心弦……这引发了人们对渴望赫赫军功所付出的人类代价的痛苦反思。"（舍瓦利耶，1871 年，第 18 页）很可能就是因为这个，米纳德最著名的图形挑战了历史学家的笔墨，这两个图形故事已经成为米纳德图形诗歌的标志性例子。

在叙事论证中使用图表

在米纳德所处的时代，使用一系列的图形显示来构建经验性的叙事并不常见。更多的时候，单一的显示被用来传达单一的想法。拿破仑行军图（见图 10.3）虽然令人叹为观止，但它仍然是一个"短篇故事"，具有这种形式常见的局限性。人们很少在经验性叙事中插入一系列图形。但当有效使用时，这种方法会令人难忘，具有显著影响。

米纳德本人有时也用比较图来讲述故事。举个例子，他绘制了一系列的图来展示美国内战期间联邦政府对南部邦联港口的封锁，如何影响了英国纺织厂的棉花供应。在彩图17（前面图7.5）中，我们复制了他的三部分图（1858年、1864年和1865年），其中明确指出，战前美国南部各州是英国纺织厂的主要供应商。但是，当这种供应被封锁有效切断时，纺织厂老板用来自印度和埃及的棉花取代了美国南部的棉花，即使在战争结束后，这种供应仍在继续，只是水平略有下降。

可以说，最著名的（也可能是第一次）、结合使用一系列图形和文字解释的是，莱奥纳尔多关于人类胎儿如何在子宫中孕育的伟大故事（见图10.5）。它挑战了盖伦（Galen）在1400年前对人类子宫的描述，即人类的子宫是双腔结构（有两个宫腔），可以孕育多胎。

威廉·爱德华·伯格哈特·杜波依斯

威廉·爱德华·伯格哈特·杜波依斯于1868年2月23日出生于马萨诸塞州的大巴灵顿，当时美国奴隶制刚结束不久。1963年8月27日，他在加纳首都阿克拉去世。在95年的生涯中，杜波依斯取得了一系列非凡的成就。他获得了哈佛大学的博士学位，是第一个获得博士学位的非裔美国人。他先后成为社会学家、历史学家、民权活动家和作家。他的著作很多，包括《黑人的灵魂》（The Souls of Black Folk）、《禁止非洲奴隶贸易》（The Suppression of the African Slave Trade）、《黎明的黄昏》（Dusk of Dawn）、《黑水》（Darkwater）和《天才的十分之一》（The Talented Tenth）。他还对数据在叙事中的作用有着敏锐的鉴赏力。

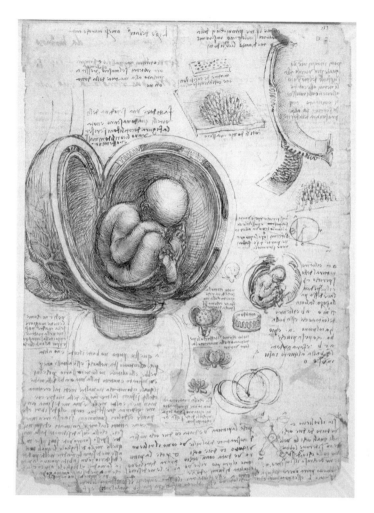

图 10.5　达·芬奇的笔记本：莱奥纳尔多关于胎儿的图形故事用文字和不可比拟的图片讲述，推翻了盖伦关于帕加马的女性双子宫的说法，这一说法在 1400 年的时间里一直没有受到质疑

出自：维基共享资源。

ITT 工业公司极为成功的首席执行官哈罗德·吉宁（Harold Geneen）是一个致力于使用经验信息的人。他指出，"当你掌握了数字，

你实际上就不再是读数字了，就像你在读书时不再是读单词一样。你会读到含义。"[8]

我们自然会问，1985年的吉宁和一个世纪前的杜波依斯是如何能够看着数字而提炼含义的？当然，无论是在当时还是现在，人们的共识都是，从巨大的数字表中提炼含义对眼睛来说很累，对大脑来说很困难；正如美国经济学家阿瑟·布里格斯·法夸尔（Arthur Briggs Farquahr）和亨利·法夸尔（Henry Farquahr）在1898年所说的那样，这是一项类似于从黄瓜中提取阳光的任务。我们可以合理地得出结论，在数字被转化为视觉显示后，杜波依斯最能读懂数字的含义。他在这方面取得了非凡的成就，通过使用一系列图形展示，为基于证据构建叙事论证的现代方法发展做出了贡献。因此，他是继莱奥纳尔多和米纳德之后的第三位图形大师。

1900年，杜波依斯与布克·托里弗·华盛顿（Booker Taliaferro Washington）合作，在巴黎世界博览会（万国博览会）上举办了"美国黑人展"，展出了400项非裔美国人的专利，以及200本非裔美国作者的书籍。此外，杜波依斯将大量关于非裔美国人的事件转化为数据图形，观者看后难以忘怀。[9]

近60张图表（包括专题地图）涵盖了非裔美国人及其生活的广泛特征。展览的这一部分题为"一系列统计图表，说明目前居住在美利坚合众国的前非洲奴隶后代的状况"。

杜波依斯以一张图表开始他的故事，形象地展示了林肯的《解放黑人奴隶宣言》的深远影响（见图10.6）。它描绘了1790—1870年被奴役的与自由的非裔美国人之间的差距。从中我们了解到，在奴隶制时期，自由的非裔美国人的比例一直徘徊在非裔美国人总人口的12%

左右，直到1863年1月，林肯的《解放黑人奴隶宣言》[10]的正式生效才带来巨大的变化。

在确定了非裔美国人在美国的地位后，杜波依斯使用了一个简单的条形图（见图10.7）来显示1750—1890年间美国黑人人口的增长情况：该人口在这150年中呈指数增长，并在1890年达到约750万。尽管当时大多数学者可能会使用普莱费尔风格的简单时间序列折线图来展示数字，但杜波依斯选择了米纳德风格的水平条形图。

为了把当时美国非裔美国人的人口规模放到全球范围内来衡量，杜波依斯绘制了一张图，显示了其他10个国家的轮廓，其大小与总人口成正比；中间是美国的地图，其大小与非裔美国人的人口成正比（见图10.8）。看到这张图，人们很快会发现非裔美国人的数量超过了澳大利亚、挪威、瑞典、荷兰、比利时、瑞士和巴伐利亚的总人口。

杜波依斯用同样的图表形式比较了非裔美国人和美国白人人口的规模（见图10.9），在图中增加了比例数字，显示美国总人口中的非裔美国人数量随时间不断减少，而总人口却在增长。

杜波依斯通过一张精心设计的折线图（见图10.10）明确了不同的增长率，表明尽管非裔美国人的人口一直呈指数增长，但美国其他人口也呈指数增长，而且后者的增长率更大。按照普莱费尔的风格，杜波依斯用文字标签来显示重要的历史事件，如1810年的禁止奴隶贸易，到1865年的《解放黑人奴隶宣言》；按照米纳德的风格，杜波依斯还在每条曲线上标出了每10年的增长百分比。

杜波依斯利用这些展示来回答存在的基本问题：我们有多少人？我们的数量是在增加还是在减少，速度有多快（包括绝对速度以及

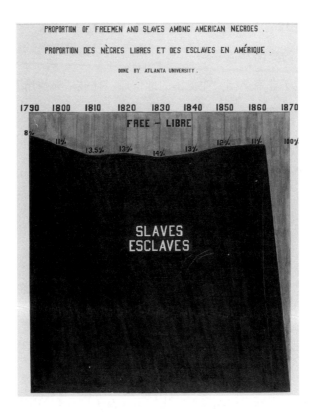

图 10.6 《解放黑人奴隶宣言》的影响:"1790—1870 年,美国黑人中自由人和奴隶的比例"

出自:美国国会图书馆,印刷和照片部,LC-DIG-ppmsca-33913。

与白人的相对速度)?下一个明显的问题是:我们住在哪里?他在图 18 中回答了这个问题,该图显著地表明了非裔美国人高度集中在曾经的邦联各州,但也有迹象表明,非裔美国人从南方腹地向东北部迁移。[11]

杜波依斯继续绘制了其他 52 张图,扩大和丰富了叙述内容。这种基于事实的描述源于 1870 年美国人口普查的扩大——首次将非裔美国公民纳入。

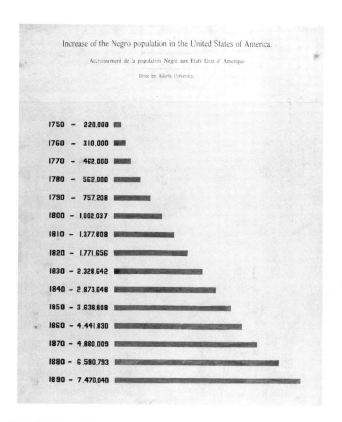

图 10.7 杜波依斯的条形图：1750—1890 年美国黑人人口的增长
出自：美国国会图书馆，印刷和照片部，LC-DIG-ppmsca-33901。

然而，没有任何关于非裔美国人从南方大规模迁徙的动态描述，这一迁徙发生在美国重建时期之后，并持续到 20 世纪上半叶。这种现象本可以通过杜波依斯和米纳德之间的合作完美地表现出来。

大迁徙

如图 10.7 和图 10.10 所示，1890 年有约 750 万非裔美国人，其

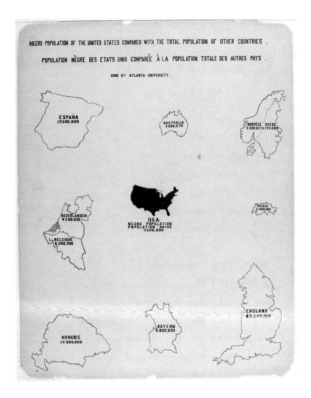

图 10.8 比较统计地图:"美国的黑人人口与其他国家的总人口相比"
出自:美国国会图书馆,印刷和照片部,LC-DIG-ppmsca-33903。

中绝大多数生活在美国南部的农村。1916—1970 年,超过 600 万人迁到工业化的美国北部和西部。尼古拉斯·莱曼(Nicholas Lemann)等历史学家称之为"大迁徙",将其视为一个国家历史上和平时期最大的人口流动。[12]

这样的运动急需描述和解释。当然,最大的首要问题是"为什么?"但在回答这样的解释性问题之前,人们面临着描述性问题:"从哪里到哪里?""什么时候,以及多少?"这些问题完全可以用数据来回答,事实上,这些数据是美国十年一次定期且严格的人口普查

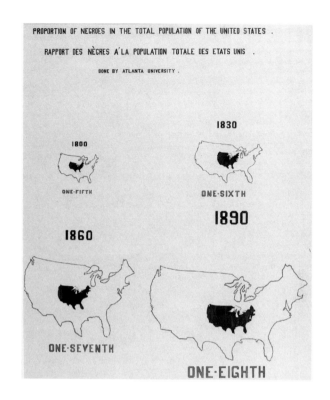

图10.9 比较统计地图："黑人占美国总人口的比例"
出自：美国国会图书馆，印刷和照片部，LC-DIG-ppmsca-33904。

收集的数据。但从它错综复杂的数字表中提取地理结构信息，会让人想起"法夸尔兄弟的黄瓜"。为了向专家以外的人传达包含在这些人口普查表中的信息，将数据以图形可视化的确要好得多。那么，我们如何将表格转换成图形？

为了回答这个问题，我们将这两位巨匠的毕生工作联系起来，他们的工作构成了本章的中心：杜波依斯对改善非裔美国人的生活及广泛传播他们的成就充满热情，而米纳德是天才，能将复杂数据转化为影响理智和情感的引人注目的图片。

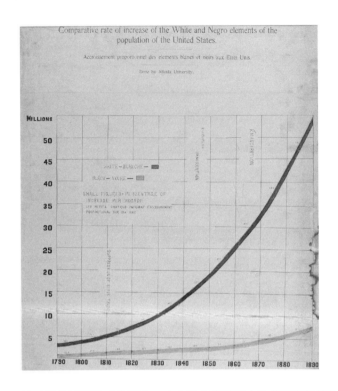

图10.10 相对增长折线图:"美国人口中白种人和黑种人的增长率比较"
出自:美国国会图书馆,印刷和照片部,LC-DIG-ppmsca-33902。

他们的一生都很漫长,虽然两者同时在世的时间只有两年①(甚至在这短暂的时间里,他们语言不通、文化不同并分处大洋两岸),但米纳德和杜波依斯的工作和目标具有互补性。在本章接下来的内容中,我们会展示他们的作品是如何结合并产生一种发人深省的力量,我们可以恰当地称这种叙述为诗意描绘。

美国人口普查的任务一直是统计其所有居民的人数。1863年,美国人口普查的范围扩大到包括那些从奴隶制中解放出来的非裔美国

---

① 米纳德生卒年份为1781—1870年,而杜波依斯生卒年份为1868—1963年,杜波依斯出生两年后米纳德辞世。——译者注

人。因此，在内战刚结束的1870年，美国人口普查首次纳入对非裔美国人的统计。[13] 这些人口普查数据按种族、出生地和居住地进行统计，使研究人们的迁徙模式变得简单明了。

刚刚获得自由的非裔美国人面临着难以想象的困难时期。他们极度贫困，大部分是文盲，并且生活在一个种植园经济几乎没有改善机会的地区。大多数人都是收益分成的佃农、佃户或农场工人。除了经济困境，重建后的南方种族主义和暴力横行：《吉姆克劳法》确立了法律上的种族隔离，而三K党、白人联盟和红衫军等种族主义组织使生活在内战后南部邦联的非裔美国人生活在恐惧中。因此，大量非裔美国人选择迁到北方以获得更多机会也就不足为奇了。第一次世界大战使得北方工厂对工人有巨大需求。北方铁路公司非常需要工人，因此他们为成千上万的南方黑人提供了免费的火车通行证。

想象中的合作

现在让我们想象一下，杜波依斯和米纳德之间的合作：杜波依斯选择了我们关注的主题——人口普查（这提供了数据）；米纳德发明并完善了图解法，让我们能清楚获知大迁徙的特点——1915—1970年的55年间，超过600万非裔美国人离开了南方。[14] 我们猜测，米纳德会欣赏我们根据想象中他俩的合作而绘制的图形，因为它与他1862年创作的令人震撼的图形故事相似，他在那张流动地图中显示了全球移民的模式。[15]

彩图19显示了以米纳德的风格绘制的4个流动地图的复合图。这4张图追踪了20年内非白人（人口普查指定的，主要包括非裔美国人）的流动。箭头表示净移民（流出**减去**流入），箭头的宽度与移民数量成正比。底部的图描绘了非裔美国人的年度私刑数量，其中94%属于前南部邦联。我们使用这个变量的方式与米纳德在他的拿破仑行军图中使用温度的方式相同——作为一个可能的原因变量。

彩图19最左边的图（1880年）显示了重建后人口外流的开始。大多数移民离开了南方，前往北部和东北部的工业城市（芝加哥、底特律、匹兹堡和华盛顿特区），1900年移民增加了一倍多。同时，私刑的数量增加了，在1890年达到顶峰。第一次世界大战期间，对劳动力的需求增加，可以在表示1920年情况的图上看出：1910—1920年的10年间有45.4万人离开南方。在表示1940年情况的图上，可看到有150万人在大萧条和第二次世界大战之前的一段时间离开南方。不过，人口大迁徙的另一个主要原因是，1927年的密西西比大洪水导致密西西比河下游超过20万名非裔美国人流离失所。

大萧条影响了很多人，包括白人和黑人，其中很多人失去了家园（特别是在沙尘暴肆虐的州），前往其他地方寻求更好的生活。这是彩图20上图（彩图19中表示1940年情况图的放大版）中非裔美国人的情况，而下图（白人1940年的数据）则对比鲜明。非裔美国人在大萧条的几十年里逃离南方的模式与他们在大萧条前后的几十年里逃离南方的模式大致相同，而白人往往是农民，他们的经济和生活为沙尘暴灾难所毁［想想斯坦贝克《愤怒的葡萄》中的乔德（Joad）一家，他们把所有家当都堆在卡车上，向西前往加利福尼亚］。

结　　语

于是我们奋力前行，逆流而上，不断地回到过去。
——尼克·卡拉韦令人难以忘怀的最后一句台词
弗朗西斯·斯科特·菲茨杰拉德，《了不起的盖茨比》

这一章就是本书正文的结尾啦。我们发现，每当我们面对一个新问题时，首先回顾过去总是很明智。这有助于我们理解前人的想法。有些狂妄自大的人认为我们比我们的祖先更聪明，但这种狂妄自大很少会产生令人高兴的结果。这本书的动力来自这样一种信念，即通过更好地了解过去，我们才能为步入未知的未来做好最充分的准备。除了阐明过去，我们希望引起人们注意量化现象的视觉描述在有效传达事实和情感方面具有的非凡力量——图表如何成为一首诗。

为了阐明这些观点，我们提供了非裔美国人在摆脱奴隶制后的一个世纪里从美国南部大迁徙的画像,当然,明显的空间限制迫使我们做了一些简化。在此过程中,我们发现密斯·范·德·罗厄(Mies van der Rohe)的格言"少即是多"非常正确,并且在细节层面和忠实程度上,面临着杜波依斯和米纳德在他们的作品中遇到的一些相同选择。

以 10 年为单位的图表几乎没有多给出什么信息,而以 20 年为周期的图表则更是如此;显示 9 个人口普查区域的迁徙目的地,而不是我们构建的 4 个超级区域的,增加了更多的干扰而非完善结构;纳入一张 1960 年外流最后阶段的图(当时将近 350 万人离开南方前往北方和西方),只是增加了我们已经展示的信息的数量,并没有改变展示的整体信息。因此,我们认为这个总结既准确又完整,它是杜波依斯一个多世纪前开始的任务的适当延续。

杜波依斯的图形化叙述展示了关于非裔美国人的事实,即他们是如何开始迁徙的,以及他们发生了哪些变化。我们添加了一些关于他们如何到达那里及他们来自哪里的细节。我们选择开展这项工作的工具来自前人,借鉴了伟大的米纳德的思想。我们直接借用了他对跨越地理背景的货物或人员流动的表现手法。米纳德将温度下降的微妙曲线与拿破仑军队在 1812 年冬天穿越俄罗斯草原的死亡行军中士兵迅速减少相联系,迫使观者感受笼罩着整个法国的巨大悲伤。我们使用私刑这个辅助变量是为了产生一种类似的情感,因为人们对非裔美国南方人在决定离开家并寻求在其他地方重新开始生活时一定会有的恐惧感同身受。

不需要过多的想象力,就可以将这种方法与纳粹德国的犹太人大流散、法老所统治埃及的希伯来人出逃、东欧大屠杀期间的农民崩溃出走、切罗基人的血泪之路或巴丹死亡行军联系起来。美国诗人亨利·沃兹沃斯·朗费罗（Henry Wadsworth Longfellow）在其史诗《伊凡吉林》（*Evangeline*）中纪念了 18 世纪英国将阿卡迪亚人驱逐出加拿大东部的事件，激发了大众的想象力，并为阿卡迪亚人赢得了同情，促使英国政府在 1764 年 7 月 11 日允许流离失所的阿卡迪亚人返回家园。这就是诗歌的力量。

我们将留待其他人来撰写生动描述，以便我们能够更好地理解和记住这些悲剧事件的事实和情感。诗意的数据可视化，可以将了解到的事实与你心中长存的情感相结合，可以帮助你战胜对未来的恐惧，因为

"图表有一种魔力。曲线的轮廓在一瞬间揭示了整体情况——一场流行病的周期、一种恐慌的出现和消失，或一个繁荣时代的发展史。曲线击中心灵，唤醒想象力，令人信服"[1]。

更多信息

本部分包含一些链接和参考资料，可供读者进一步阅读和探讨其可能希望探讨的主题。它们虽然不直接适用于特定章节的叙述，但仍然很有用。

第 2 章

- 本章引用了弗兰德利等人的材料（2010 年）。此论文的补充网页，https://datavis.ca/gallery/langren/，给出了历史来源，包括各种信件中包含的图 2.1 的早期版本、《海洋和陆地的真实经度》的译本，以及范·朗格伦密码的文本。
- 范·朗格伦的密码仍是密码学中最难以捉摸的未解谜题之一。如果你对此感兴趣，那么你可能会喜欢克雷格·鲍尔（Craig Bauer）2017 年出版的《未解之谜》（*Unsolved*）！
- 达娃·索贝尔的经度问题通俗史（1996 年）主要介绍钟表匠约

翰·哈里森的工作。哈里森克服了相当大的困难，才最终被认为解决了这个问题，其精确度足以让经度委员会为其颁发奖项。

- 范·朗格伦并不是第一个也不是唯一一个测绘和命名月球特征的人。埃文·惠特克（Ewen Whitaker）的《月球测绘与命名》（*Mapping and Naming the Moon*，2003 年）展现了一段完整的历史，并用一章介绍了范·朗格伦，包括 1645 年月球地图的其他版本。

- 在范·朗格伦之后的时期，其他可以被称为图表的早期图形通常是由记录一些现象的设备绘制的，比如用笔在移动的纸或筒上记录温度或气压。罗伯特·普洛特的大气压图表（图 1.4）就是一个例子。霍夫（Hoff）和格迪斯（Geddes）详细介绍了这一早期历史，并配有很多精美的插图（1962 年）。

第 3 章

- 伊恩·哈金在《命运的驯服》（*The Taming of Chance*，1990 年）一书中，对经验观测和数据在 18 世纪和 19 世纪科学知识发展中的作用有精彩描述。

- 盖里《法国道德统计论文集》里的故事在弗兰德利 2007 年的作品中讲述得更加详细。弗兰德利的这部作品还描述了他后来的工作，并将他的数据和问题与现代统计和图形方法联系起来。网址 https://datavis.ca/gallery/guerry 上，有提供资源材料，盖里的数据已在 **R** 语言数据包"**盖里**"中提供，https://CRAN.R-project.org/package=Guerry。

- 直到最近，盖里的个人生活和家族史才为人所知。简短的传记（法语）可在弗兰德利的作品（2008c）中找到，英文版可在前面提到

- 的 datavis.ca 网站上找到。
- 在这个过程中，盖里将如此多的数据制成表格，以至于他发明了机械计算器，即**统计学计算器**，来加速完成这项工作。弗兰德利和圣阿加莎（2012 年）描述了该设备的历史，它可能是第一个统计专用计算器。
- 在英国，约瑟夫·弗莱彻（Joseph Fletcher）在探寻道德变量之间的关系以及使用专题地图来展示这些数据方面最接近盖里。库克和魏纳（2012 年）介绍了这些贡献。
- 对专题制图早期发展最全面的论述者仍然是阿瑟·鲁滨孙（Arthur Bobinson, 1982 年）。吉勒斯·帕尔斯基（Gilles Palsky, 1996 年）介绍了 19 世纪定量制图学的详细历史（法语），弗兰德利和帕尔斯基（2007 年）介绍了专题地图和其他图表的历史，旨在探索图形图像和科学问题之间的联系。德莱尼（2012 年）对这一领域的一些里程碑式发展进行了丰富的图解概述。

第 4 章

- 史蒂文·约翰逊（Steven Johnson）的《幽灵地图》（*The Ghost Map*, 2006 年）对伦敦霍乱暴发的背景，以及斯诺和其他人在发现证据并追溯到最初发病的"索引病例"（弗朗西斯·刘易斯，一个 5 个月大的婴儿，住在紧挨着水井的宽街 40 号）中所起的作用进行了令人信服的通俗描述。
- 汤姆·科赫的《疾病地图》（*Disease Maps*, 2011 年）追溯了用制图学来了解疾病暴发和传播的医学应用史。
- ProPublica 的数据记者斯科特·克莱因对纽约《论坛报》（*Tribune*）

的记者如何报道 1849 年 9 月纽约市暴发的霍乱做了有趣的分析，他在头版使用了霍乱死亡人数的时间序列折线图。

- 林恩·麦克唐纳（Lynn McDonald）发起了一个项目，名为"南丁格尔作品集"（The Collected Works of Florence Nightingale），罗列了她现存的所有作品（信件、文章、小册子等），共 16 卷。https://cwfn.uoguelph.ca/ 提供在线目录。

- WorldMapper，https://www.worldmapper.org/，是一个由丹尼·多林（Danny Dorling）和主要在英国谢菲尔德大学的其他人开发的项目。它现在有近 700 张地图，分为 30 个大类，涵盖食品、商品、收入、贫困、住房、教育、疾病、暴力、死亡原因等。他们的口号是"绘制你从未见过的世界"。这个网站很值得一"游"，虽然不是真的旅行。

第 5 章

- 与数据可视化历史上的大多数其他经典作品不同，普莱费尔的主要作品《图解集》和《统计学摘要》可在由霍华德·魏纳和伊恩·斯宾塞（Ian Spence）编辑和介绍的现代再版中获得，此版本 2005 年由剑桥大学出版社出版。现代读者可能有兴趣阅读普莱费尔的作品，以了解他在 1800 年左右如何面对向观众描述他的新颖图表的挑战。同样，重印和展示普莱费尔插图的质量可能会给人留下深刻印象，其中一些印在折叠式插页上。

- 伊恩·斯宾塞收集的普莱费尔的研究论文和传记研究可以在相关网络上找到。

第 6 章

- 本章的部分内容基于弗兰德利和丹尼斯 2005 年作品中介绍的材料。

- 弗兰德利等人在 2013 年的作品中对椭圆及其高维近亲（椭球体）特点做了描述。相关演讲的幻灯片可在 https://datavis.ca/papers/EllipticalInsights-2x2.pdf 上找到。

- 读者可以在泰勒·维根（Tyler Vigen）的网页 https://www.tylervigen.com/spurious-correlations，以及配套书《虚假相关性》（*Spurious Correlations*，2015 年）中找到更多虚假相关性的例子。这些例子大多是将两个不同的时间序列绘制在同一张图中，即在 y 轴上使用不同的刻度。这在现在通常被视为"图形罪恶"，用在不同情况下可产生或严重或轻微的后果。

第 7 章

- 本章大量引用了弗兰德利（2008b）的《统计图形的黄金时代》。此论文包含了更多的图，并对这里讨论的一些主题进行了更深入的探讨。

- 弗兰德利（2002 年）评论了米纳德的图形作品。一个有大量图片的完整参考书目可在 https://datavis.Ca/gallery/minbib.html 上找到。伦根（Rendgen，2018 年）最近的一部作品《米纳德系统》（*The Minard System*），提供了米纳德所有统计图形的精美复制品，其中一些以前并不为人所知。

- 雷蒙德·安德鲁斯（Raymond Andrews）更进一步，推出了一份米纳德作品的视觉目录，带有缩略图、时间轴并按内容主题分类。
- 几年前，其中一位作者对现代软件设计者提出了挑战，要求他们根据米纳德的数据用软件再现他的拿破仑大军命运图或是进一步演绎这个图形故事。其中一些作品呈现在 http://www.datavis.ca/gallery/re-minard.php 上。最近新增的一例是由诺伯特·兰德施泰纳（Norbert Landsteiner）制作的交互式图表，https://www.mass-werk.at/minard/，这是我们见过的最出色的交互式复制品之一。
- 在这一时期，基于数据图形的很多发展源于专题制图，即在地理背景中呈现量化信息。对 19 世纪法国图解法在这一背景下的兴起进行了最完整讨论的仍然是吉勒斯·帕尔斯基 1996 年的著作《数字和地图》(*Des Chiffres et de Cartes*)。弗兰德利和帕尔斯基（2007年）对使用地图和统计图表，将自然和社会可视化的发展做出了更广泛的概述。

第 8 章

- 关于专题制图发展最全面的资料来源是阿瑟·鲁滨孙的《地图学史中的早期专题制图》(*Early Thematic Mapping in the History of Cartography*, 1982 年)。
- 弗兰德利和帕尔斯基（2007 年）描述了科学发现、视觉解释、专题地图和统计图表之间的一些历史联系。
- 斯洛克姆（Slocum）等人（2008 年）编写的现代文本涵盖了专题制图和地理可视化。
- 长期以来，人们将三维曲面作为数学对象来研究，用方程或（x, y, z）坐标数据来描述，并通过灯光和阴影来真实地渲染。

第 9 章

- 玛丽亚·布劳恩（Maria Braun）的《拍照时间》（*Picturing Time*, 1992 年）是对艾蒂安–朱尔·马雷作品最全面的收录。它包含了 300 多张马雷的机械装置、计时照片和电影作品的图片。
- 美国统计协会统计图形部的图形视频库，在过去 50 年里记录了用于数据分析的动态图形的大部分历史。它包括克鲁斯卡尔的 MDS 视频，图基的 PRIM-9 视频，以及更多说明和解释现代数据可视化方法中一些重要早期发展的视频。
- 弗里德曼和斯图茨勒（Stuetzle, 2002 年）对约翰·图基在 PRIM-9 和交互式图形开发方面的工作进行了历史性评价。库克和斯韦恩（Swayne, 2007 年）使用 R 语言和 GGobi 软件提供了一些交互式和动态图形的现代示例。
- 汉斯·罗斯林的视频演示集可在相关网络上找到。最先介绍移动气泡图作品之一的是 TED 演讲，题为"你见过的最好的统计数据"。这些都非常值得一看。

第 10 章

- 米纳德对 1812 年战争的图解激发了很多人尝试丰富这段历史的图形描绘，其中一些和更多背景的收录可在 http://www.datavis.ca/gallery/re-minard.php 上看到。
- 最近，俄罗斯塔斯社（https://1812.tass.ru/）发布了一张令人印象深刻的展示俄罗斯历史战争的交互式地图，并附有很多插图。该作品入围了"凯度信息之美奖"（the Kantar Information Is Beautiful

Awards）决选名单。
- 米纳德的全部图形作品现在可在桑德拉·伦根（Sandra Rendgen）策划的一本精彩书籍中找到（2018年）。
- 关于1900年巴黎万国博览会上杜波依斯的图表及其更广泛选择的讨论可以在网上找到。
- 图19和图20的绘制需要比标准图形软件更多的工具。要了解这些图形发展背后的完整故事，请参阅 https://infowetrust.com/picturing-the-great-migration/。
- 相关文章是安德鲁斯和魏纳2017年写的。

注　释

引　言

1. GBD 2016 Alcohol Collaborators (2018) 于 2018 年 8 月 23 日在线发布。https://doi.org/10.1016/S0140-6736(18)31310-2。

2. 这句引语出自美国商人约翰·奈比特。

3. 我们无法找到引用这一点的引文，但这是图基肯定支持的观点。凭借其作为统计学家的地位，他彻底改变了该领域，认识到数据分析是一门包括统计学在内的广泛学科，就像**数据科学**这个术语现在被用来重塑当前的实践和思维一样。在其他语境中，这一观点还有其他措辞，将目的与洞察力联系起来。著名计算机科学家理查德·哈明（Richard Hamming）表示，"计算的目的是洞察力，而不是数字"（哈明，1962 年，前言）。数据可视化专家本·施奈德曼（Ben Shneiderman）经常写道："可视化的目的是洞察力，而不是图片。"［卡德（Card）等，1999 年］这是我们衷心赞同的观点。

4. 贝尼格和罗宾，1978 年。

5. 贝尔坦，1973 年，1977 年，1983 年。

6. 塔夫特，1983 年，1990 年，1997 年，2006 年。

7. 最初的版本仍然能在 http://euclid.psych.yorku.ca/SCS/Gallery/milestone/

上找到。

8. 当时，唯一用一本书的篇幅全面介绍基于数据的图形历史的是霍华德·格雷·芬克豪泽，他于 1937 年在《奥西里斯》杂志上发表了长达 137 页的文章。专门研究传播学的社会学家詹姆斯 R. 贝尼格（James R. Beniger）在 1975 年前后的一系列会议演讲中恢复了对这段历史的研究。1978 年，贝尼格和罗宾出版了一本颇具影响力的书，介绍的是统计学中的定量图形简史，激起了现代人对这一主题的兴趣。其他关于图形历史的连贯描述往往集中在更狭隘的范围内，其中一个例子是阿瑟·鲁滨孙于 1982 年对专题制图史的权威介绍，这在制图史中享有盛誉。另一个是吉勒斯·帕尔斯基在 1996 年对 19 世纪专题制图发展同样权威的描述，目前它仅提供法语版本。

9. 弗兰德利（2005 年，2008a）描述了这种方法，但其基本思想是由恩斯特·鲁宾（Ernst Rubin）于 1943 年首次提出的。一些历史学家更喜欢用"定量历史"这个词，现在有很多历史期刊都关注这个话题。更广泛的术语是历史动力学和历史计量学（以司掌历史的缪斯女神克里奥命名），它们也将历史视为一个可以定量研究的主题，以探究事物如何以及为什么随时间发生变化。

10. 这些方法的细节和例子见弗兰德利等，2015 年。

第 1 章

1. 语言学家更仔细地区分表意文字（其中图形符号表示概念或思想）、象形文字（其中符号是象征性的图片）和语标文字（其中字形表示声音或语素）。埃及象形文字最初被认为是表意文字，但它们实际上是语标文字，因为它们使用视觉符号来表示口语的声音和音节。

2. 巴希，1968 年。

3. 图基，1977 年，第 17 页。

4. 亨利·布勒伊（Henri Breuil）是一位法国耶稣会神父、考古学家、人类学家、民族学家和地质学家。他以研究索姆河和多尔多涅河谷，以及西班牙、葡萄牙、意大利、爱尔兰、中国和其他地方的洞穴艺术而闻名。

5. 哈拉里（Harari），2015 年。

6. 参见相关新闻报道。

7. 在罗马神话中被称为尤利西斯。

8. 制图的历史有很多来源，其中威斯康星大学的同名项目非常著名。现在有六卷，其中一些由芝加哥大学出版社以在线和印刷形式出版。

9. 有关图形记录的历史，参见霍夫和格迪斯（1962 年）。

10. 然而，纯粹的经验主义和仅仅将数字转成图片并没有得到普遍认可。直到 1847 年，被称为"气象学之父"的卢克·霍华德（Luke Howard, 1772—1864 年）为他的方法论道歉并称其为"曲线的亲笔签名……承认它更适合自然哲学中的业余爱好者，就像普通学生那样"[霍华德，《气压计》(*Barometrographia*)，1847 年]。

11. 普洛特提出的众包天气数据方法，以及他对其潜在价值的评估，后来在弗朗西斯·高尔顿 1863 年对北半球天气模式的惊人发现中取得了巨大成果，正如我们在第 7 章所描述的。

12. 这种实际应用促使像埃德蒙·哈雷（1693 年）和亚伯拉罕·棣·美弗（Abraham de Moivre，1725 年）这样的数学家开发出计算预期寿命的方法。

13. 比德曼，1978 年。

14. 有趣的是，普莱费尔最早的效仿者之一是银行家塞缪尔·特修斯·高尔顿（Samuel Tertius Galton，弗朗西斯·高尔顿的父亲，也是现代统计学的"亲祖父"），他在 1813 年发表了一份关于流通中的货币、外汇汇率，以及黄金和小麦价格的多线时间序列图表（1813 年）。具有讽刺意味的是，如果高尔顿对自己的图表给予足够的关注，他也许能够预见 1831 年的金融危机，这场危机给他自己的银行带来了毁灭性的挤兑。

15. 如想了解更多关于威廉·普莱费尔不同寻常的生活和非凡成就，包括他试图勒索阿奇博尔德·道格拉斯勋爵（Lord Archibald Douglas）的精彩故事，读者可以自行搜索相关文献（斯宾塞和魏纳，1997 年，2005 年；魏纳，1996 年；魏纳和斯宾塞，1997 年）。

16. 哈金，1990 年。

17. 这种热情并不普遍。在英国，有影响力的统计学家自豪地称自己为"统计学者"，这意味着他们认为自己的角色是"事实"的编纂者，这些事实通常以表格而不是图形的形式呈现。

第 2 章

1. 如此多的发现和发明都是以原发明人以外的人命名的，以至于科学史上的这一现象现在被称为"施蒂格勒的同名词定律"，以斯蒂芬·施蒂格勒的名字命名（斯蒂芬·施蒂格勒，1980 年）。斯蒂芬·施蒂格勒以自我为参照阐述了这一定律，并将这一观点归因于有影响力的科学社会学家罗伯特·默顿（Robert Merton）。

2. 芬克豪泽，1937 年，第 277 页。

3. 杜卡特是一种金币，每枚含有约 3.545 克黄金。当时 6000 个杜卡特相当于 21.27 千克或 47.6 磅黄金，这在当时是一笔巨款，约为现在的 200 万美元。

4. 施蒂格勒，2016 年，第一章。

5. 施蒂格勒，1986 年。

6. 塔夫特，1997 年。

7. 参见 https://www.mathpages.com/home/kmath151/kmath151.htm，可以找到使用代码描述科学发现的这个或其他例子。

8. 这些发现归功于古斯塔沃·维埃拉（Gustavo Vieira）的细致档案工作。

第 3 章

1. 他的解释是，可能是在危险的情况下，必须劳动觅食的男性更容易意外死亡。因此，聪明的造物主创造出的男性多于女性。

2. 坎贝尔（Campbell）描述了阿巴斯诺特的数据和逻辑中的一些局限性（坎贝尔，2001 年）。

3. 哈金，1990 年，第 64—66 页。

4. 哈金，1990 年，第九章。

5. 参见弗兰德利和帕尔斯基（2007 年）、鲁滨孙（1982 年），可以找到全面的历史信息。德莱尼（2012 年）展示了一系列不同学科具有里程碑意义的专题地图。

6. 鲁滨孙，1982 年，第 55 页。

7. 可以在相关网页上找到高分辨率可缩放图像。

8. 塔夫特，1983 年，1990 年。

9. 塔夫特，1990 年，第 67 页。

10. 关于疾病地图的历史，参见科赫（2000 年）；关于专题制图的发展，参见帕尔斯基（1996 年）。

11. 盖里在 1831 年初写信给凯特尔，描述了他的初步发现和结论。凯特尔后来引用了盖里信件的部分内容，但声称这些信件只是支持他自己的论点。安德烈·米歇尔·盖里是个谦虚的人，他本可以公开捍卫自己发现犯罪统计规律的权利，反对人脉广布的凯特尔——凯特尔只为自己争取荣誉，但他没有这样做。凯特尔是一位著名的天文学家和数学家，他有着更广阔、更大胆的视野，也是一位不知疲倦的自我推销者；而盖里是一位孤僻的年轻律师和业余统计学家，他只会埋头继续自己的工作。利昂·拉齐诺维奇（Leon Radzinowicz）爵士这样说，"凯特尔就像一棵大树，使周围的其他人相形见绌。两者的品质确实是互补的，而且实际上他们的贡献几乎不相上下。因此，可以公平地断言，犯罪社会学的诞生既归功于盖里，也归功于凯特尔。"（拉齐诺维奇，1965 年，第 1048 页）

12. 埃米尔·迪尔凯姆（Émile Durkheim，1897 年）采用这种方法来研究自杀，但没有将大部分功劳归因于盖里或其他道德统计学家。

13. 迪亚尔，1866 年。

第 4 章

1.《出生和死亡登记法》(The Births and Deaths Registration Act)，1836 年。

2. 发表于 J. R. 麦卡洛克编著的《大英帝国统计报告》(*A Statistial Account of the British Empire*，伦敦，1937 年)，第二卷；第 567—601 页。

3. 威廉·法尔致登记总局的信，在《登记总局的第一份年度报告》(*First Annual Report of the Registrar* General，伦敦：皇家文书局，1839 年)中。也可以在 M. 怀特黑德 (M. Whitehead) 的相关文献中找到这一内容 (M. 怀特黑德，2000 年)。

4. J. N. 海斯 (J. N. Hayes)，2005 年，第 214—219 页。

5. "评论"，《柳叶刀》，1852 年，第 1 期，268 页。另见约翰·艾勒 (John Eyler) 1973 年的相关文献，这里讨论的一些内容基于此。

6. 塔大特，1983 年，第 8 章。

7. 已知的第一次出现是在盖里一篇鲜为人知的论文 (1829 年) 里，发表在《公共卫生与法医学年鉴》(*Annales d'hygiène publique et de médecine légale*) 上，展示了这种天气和生理现象的图表。

8. 来自登记总局的记录 (1852 年，第 152—157 页)。这些数据作为霍乱数据集包含在 R 语言的 HistData 数据包中。

9. 在现代统计 R 语言中，这会被表示为"霍乱～水 * 海拔"，其中水是一个分类因素。

10. 对这些数据的现代分析不会使用简单的线性回归或每万人霍乱死亡率的经典线性模型。广义线性模型更合适，例如死亡人数相对于人口的逻辑回归或泊松回归模型。

11. 斯诺，1849b，《关于霍乱的病理学和传播方式》。

12. 斯诺，1849a。斯诺在 1855 年对其进行了扩展并再版。

13. 登记总局，1852 年，第 76—77 页。

14. J. 詹姆森 (J. Jameson)，《孟加拉霍乱报告》(*Report on Cholera in Bengal*)，法尔引用 (1852 年)，第 76 页。

15. 参见 https://www.hetwebsite.net/hct/schools/rss.htm，可了解皇家统计学会的早期历史。威廉·法尔于1839年当选为该学会会员，并于1871—1873年担任主席。他发表了两次主席演讲，在演讲中他讲述了该学会这段历史中的一些重要里程碑。

16. 斯诺的书可以在网上找到。

17. 有关法尔和斯诺的贡献的详细讨论，参见艾勒2001年的作品。

18. 科赫，2000年，2004年，2011年。

19. 塔夫特，1997年，第27—37页。

20. 这一荣誉通常授予内科医生瓦伦丁·西曼（Valentine Seaman），他绘制了1789年纽约市黄热病爆发的地图。有关专题制图背景的初步讨论，参见瓦利斯（Wallis）和鲁滨孙的作品（1987年）；有关更广泛的处理，请参见科赫的作品（2011年）。

21. 塔夫特，1997年，第30页。

22. 《关于威斯敏斯特圣詹姆斯教区霍乱爆发的报告：1854年秋天》(*Report on the Cholera Outbreak in the Parish of St. James, Westminster: During the Autumn of 1854*)（伦敦：J. 丘吉尔）。

23. 斯诺，1855年，第109页。

24. 斯诺，1855年，第109页。

25. 参见科赫，2004年的作品，可了解对其中一些尝试增强的调查。

26. 吉尔伯特，1958年。

27. 这些数据包含在 R 语言的 HistData 数据包中，它们于1992年由加利福尼亚大学圣巴巴拉分校国家地理信息和分析中心的罗斯提·多德森（Rusty Dodson）进行了数字化，并由沃尔多·托布勒（Waldo Tobler）公开。数据包中的示例使你能以多种方式复制斯诺的地图。

28. 沃洛诺依多边形的目的是确定人们最可能抽水（最近）的水井。它们很容易计算，这是因为它们使用了欧几里得距离。主要缺点是道路和实际步行距离在井的选择中不起作用：该方法假设人们可以穿过墙壁到达他们喜欢的水井。

29. 我们非常感谢李彼得（Peter Li）在这方面提供的帮助。他的R语言霍乱数据包提供了斯诺的数据集和工具的其他版本，用于对斯诺试图在图4.8中标出的水井所在社区进行更详细的分析。

30. 还有很多其他斯诺地图的复制品，使用现代地理信息系统或统计图形软件。参见四方田（Shiode）等（2015年），可了解使用地理信息系统的一些例子。在交互式版本中，我们最喜欢的版本之一是由ArcGIS开发的。

31. 科赫，2013年。

32. 著名医学权威埃德蒙·帕克斯（Edmund Parkes，1855年）在斯诺的《论霍乱的传播方式》第二版出版的那年对其进行了评价。在很多其他投诉中，他指责斯诺选取了受害者可能取水的水井的传闻，而不是邻近的幸存者的说法，声称这些证据毫无价值。

33. 这一评论出自爱德华·T. 库克（Edward T. Cook）1913年出版的传记《弗洛伦斯·南丁格尔传》(*The Life of Florence Nightingale*)。科普夫（Kopf，1916年）讲述了她作为统计学家的生平。

34. 科普夫，1916年。

35. 这样做的结果是出现了"移动式军队外科医院"（mobile army surgical hospital），其目的是在战场条件下尽可能多地挽救生命。它的首字母缩写MASH，后来成为关于朝鲜战争期间作战医学的电影和电视剧的标题。

36. 南丁格尔，1858年。

37. 南丁格尔，1858年，图K，第47页。

38. 南丁格尔，1858年，第298页。

39. 施蒂格勒，2016年，第7章。

40. 该图由格尔曼（Gelman）和昂温在对"Infovis"和统计图之间的差异进行深入讨论时提出。（格尔曼，昂温，2013年）

第5章

1. 本章在很大程度上归功于伊恩·斯宾塞，部分内容来自斯宾塞和魏纳共同创作的作品，但原创是斯宾塞。我们很感谢他允许我们在这里使用其作品。

2. 如今，随着塔夫特1983年呼吁尽量减少图表中的"非数据痕迹"，这种做法经常被弃用，但仍然保留在图表中显示参考指标的总体思路。

3. 维恩，1880年。

4. 克利夫兰和麦吉尔，1984a。

5. 多伦多心理学家伊恩·斯宾塞在1998年进行的一项调查发现，大众媒体上10%的图表都是饼图。它们在科学和商业出版物中则较为罕见。

6. 法国非常适用于专题地图，因为各省的规模都相当，这绝非偶然：拿破仑下令设定它们的边界，以便任何公民都可以在一天内骑马到达行政中心。

7. 图基，1977年，第6页。

8. 他在关于土耳其的一章里极尽侮辱之能事，他说，"它曾是欧洲最美好和最美丽的部分之一，那里的艺术、科学和文学曾经高度繁荣，现在却被最无知、最懒惰和最卑鄙的人种占有，他们曾经阻碍了世界的一切文明和发展。"（第53页）

9. 斯坦普，1929年，第258—259页。说这句话的人其实是哈罗德·考克斯（Harold Cox），一位英国法官和国会议员。

10. 这幅图是威廉·克利夫兰一幅作品的复制品（1994年，第228页）。数据记录在东印度群岛贸易数据集的R语言数据包GDAdata中。

11. 丹尼尔·罗森贝格（Daniel Rosenberg）和安东尼·格拉夫顿（Anthony Grafton，2010年）在他们的《图说时间》（*Cartographies of Time*）里介绍了将时间线作为可视化历史工具的引人注目的发展史。

12. 参见维基百科。

13. 普莱费尔在这方面不太可能有任何真实的数据，而且他从来没有在文本中说过每个迷你图的纵轴代表什么。这很有可能是仔细并带有想象力地阅读了爱德华·吉本（Edward Gibbon）的《罗马帝国的衰亡》（*Decline and Fall of the Roman Empire*）和亚当·斯密的《国富论》后的感想。

14. 数据来自 https://voteview.com，该网站允许用户在政治意识形态的空间地图上查看美国历史上每一次国会唱名投票情况。DW-NAMMETE 得分是由政治学家肯尼思·普尔（Kenneth Poole，2005 年）和其他人在 20 世纪 80 年代开发的，作为一种基于立法者投票记录的相似性在"政治空间"中定位点的缩放方法。图 9 中总结的分析基于 12000 条立法者年的记录以及 10 万多个唱名投票。

15. 约翰·斯图尔特·米尔（John Stuart Mill）非常有力地论证了这一点："真理，仅仅作为真理，就有一种内在力量来摆脱地牢和木桩桎梏，这是一种谬论……真理的真正优势在于，它虽然可能会被扑灭一次、两次或多次，但随着时代的发展，总会有人重新发现它，直到某一次它再出现时恰逢有利的环境，从而成功逃脱了压迫，再到它经受住了随后所有镇压它的企图而大步前进。"[约翰·斯图尔特·米尔，《论自由》（On Liberty）1859 年，第 2 章]

16. 威廉·普莱费尔，1822—1823 年。未出版，加拿大多伦多约翰·劳伦斯·普莱费尔所有，由伊恩·斯宾塞转录和注释。

17. 汉金斯和西尔弗曼（Silverman），1999 年，第 120 页。

18. 事实上，在《商业与政治图解集》中讨论他的"线性算术"时，普莱费尔用了 6 页的篇幅来解释图表中所代表的内容。他将显示货币的矩形条或线的高度比作一堆硬币的高度。将这些并列在一起几个月或几年，高度将与实际金额成正比。

19. 有关杰文斯作为统计学家的讨论，以及他对统计图形的一些发展，参见施蒂格勒 1999 年的相关作品（第 66—79 页）。

20. 马歇尔，1885 年。

21. 勒瓦瑟，1885 年。

22. 斯宾塞等，2017 年。

第 6 章

1. 塔夫特（1983 年）估计现代科学出版物中使用的 70%—80% 的图表是散点图。另见克利夫兰和麦吉尔的相关作品（1984b），以了解一些现代改进。

2. 感谢斯蒂芬·施蒂格勒，他指出了科茨的作品与散点图历史的联系。

他 1986 年的著作《统计学的历史》（*The History of Statistics*）是统计学历史上关于不确定性测量发展的权威来源。

3. 如果科茨想直观地说明重心，他就会使点 p、q、r 和 s 的大小与它们的重量成正比，这样解 Z 就可以被视为它们的重心。据我们所知，第一次在数据图形中运用这一思想是 C. J. 米纳德在绘制一张巴黎地图时，该地图旨在回答在哪里建造一个新邮局的问题。米纳德的视觉解决方案是他用比例平方表示行政区人口的重心。（弗兰德利，2008b，图 6）。

4. 参见布林克（Bullynck，2008 年）对兰伯特的作品和他的图解法哲学的深入讨论。

5. 兰伯特，1765 年，第 430—431 页。

6. 普莱费尔，1821 年，第 31 页。

7. 有充分的理由，因为在杰文斯的作品中，将一个时间序列与另一个时间序列相关联的想法（或指数数字，例如现在用于以"恒定美元"显示经济数据）在接下来的半个世纪内都不会出现。（1863 年）

8. 施蒂格勒，1986 年。

9. 赫歇尔，1833b，第 199 页。

10. 赫歇尔，1833b，第 171 页。

11. 赫歇尔，1833b，第 178 页，第 14 段。

12. 赫歇尔，1833b，第 188—196 页，第二部分。

13. 赫歇尔，1833a，第 35 页。

14. 赫歇尔的观测数据转自其 1833 年的作品第 35 页的表格（1833a）。他从平滑曲线计算出的数据转自其 1833 年的作品第 190 页的表 1（1833b）。这些数据集在 R 语言的 HistData 数据包中以 Virginis 命名。

15. 汉金斯为这一讨论提供了信息，他对赫歇尔的方法和结果进行了更加详细而充分的讨论（汉金斯，2006 年）。

16. 希尔茨，1975 年，图 5，第 26 页。

17. 高尔顿非常明确地描述了他的绘制过程："我会提请注意数据表（表 I）的编制形式……它是从一张大图推导出来的，这张大图显示了每个孩子的身高,与其双亲身高的一半相对,并且在每种情况下,每个人的身高都精确到了十分之一英寸。然后我数了数每平方英寸的条目数,并将它们以表格呈现。"(高尔顿,1886 年,第 254 页)

18. 在高尔顿最早的作品中,他对每一类 x 值使用了中值 y(施蒂格勒,1986 年),可能是因为它更容易计算。这一想法后来会以各种形式再次出现(抗病株系、抗差估计)。

19. 高尔顿为这个实验选择了甜豌豆,因为正如他后来在《自然遗传》中所描述的那样,"它们不会杂交;……它们耐寒,多产,大小适中,接近球形;当潮湿的空气变干燥时,它们的重量不会发生明显变化。"(高尔顿,1889 年,第 80 页)

20. 这个实验也值得注意,因为他仔细考虑了如何最好地测量母种子和子种子的"大小":通过它们的平均重量或平均直径?在《自然遗传》一书中他给出了一张表格,显示了一包种子的重量(以粒计),以及一粒种子的平均直径(通过将 100 粒种子排成一排,测量其长度,然后求平均的方法,以 1% 英寸为单位)。

21. 这里使用的数据集由斯坦顿(Stanton,2001 年)在一篇教程文章中介绍,然后作为数据集 peas 合并到 R 语言的 psych 数据包中。

22. 这是另一项众包研究。高尔顿给报社发了通知,要求父母记录有关自己和孩子的信息并邮寄给他。他谨慎地指出,妻子的平均身高略低于丈夫,因此他对"中亲身高"的测量是将母亲的身高乘以 1.08,然后再进行平均。

23. 弗兰德利等,2013 年。

24. 皮尔逊,1901 年。

25. 斯蒂芬·施蒂格勒在他的著作《统计学的历史》(施蒂格勒,1986 年,第 8—9 章)中详细介绍了高尔顿发明相关性概念的故事。在一篇短文(施蒂格勒,1989 年)中,他讲述了这项发明背后的完整故事。

26. 网上可搜索到更多相关信息。

27. 斯彭斯和加里森,1993 年,第 18 页。

28. 该数据集在 R 语言的 robustbasc 数据包中以 starsCYG 命名。

29. 菲利普斯曲线具有三参数指数形式，$y+a=b\,x^c$，或（几乎）线性化形式，$\log(y+a)=\log b+c\log x$，其中 y 是通货膨胀率，x 是失业率。菲利普斯可以使用当时所有的曲线拟合方法将此函数应用于所有数据。然而，他显然应用了某种程度的"手眼脑平滑"（就像赫歇尔所做的那样），因为他选择了 6 个代表点，如图 6.19 中的十字所示，用最小二乘法估计 b 和 c，用试错法估计偏移量 a。

30. 17 页中，共有 6 页专门用于散点图，35% 的期刊版面，相当大。

31. 我们发现的最早的同名计量经济学曲线来自恩格尔（Engel），它们描述了个人在特定商品（例如食品或住房）上的支出占总收入的百分比分布（恩格尔，1857 年）。

32. 它的灵感来自阿尔贝托·卡伊罗（Alberto Cairo），《功能艺术》（*The Functional Art*，2012 年）。

33. 大概就像这个话题的其他讨论一样，无法让人信以为真。

34. 具体信息可上网搜索。

35. 散点图矩阵起源于哈蒂根（Hartigan，1975 年）。它随后以多种方式进行了扩展，包括分类变量的成对"马赛克"图（弗兰德利，1999 年），以及广义成对图［埃默森（Emerson）等，2013 年］，以不同格式显示了定量变量和分类变量的组合。

第 7 章

1. 弗兰德利，2005 年；弗兰德利等，2015 年。

2. 有关这些历史时期的描述，参见弗兰德利的相关作品（弗兰德利，2008a）。

3. 芬克豪泽，1937 年；帕尔斯基，1996 年。

4. 阿瑟·鲁滨孙认为，光刻技术对那个时代的影响与以施乐（Xerox）设备为代表的快速复印技术对我们现当代的影响一样重要。（阿瑟·鲁滨孙，1982 年，第 57 页）

5. 我们所知道的收藏这类设备最广泛的是法国国立工艺学院（the Conservatoire des Artes et Métiers）。他们收藏了几个版本的布莱兹·帕斯卡（Blaise Pascal）滚轮式加法器（pascaline），由辐条金属表盘构成，并带有将增量传递到下一个更高的数位的机件。去那里参观一趟很值得。

6. 参见弗兰德利和圣阿加莎 2012 年的作品，可以找到关于这件器械丢失的故事，以及它在法国国立工艺学院档案中的各种新发现。

7. 此图可在 https://www.datavis.ca/gallery/images/Lalanne.jpg 上获得。

8. 这些在桑德拉·伦根的非凡著作《米纳德系统》（2018 年）中得以再现。

9. 塔夫特，1983 年，第 40 页。

10. 米纳德这幅最伟大的图的中部显示的波罗底诺战役是法国这场入侵的一个重要转折点。此时，柴可夫斯基的配乐中有俄国大炮的五响，与法国国歌《马赛曲》的片段相呼应。

11. 斯蒂芬·施蒂格勒的个人通信，魏纳（2005 年）引用。

12. 我们感谢斯蒂芬·施蒂格勒提供他个人的《计量学》（*Meterographica*）副本中高尔顿图表的高分辨率扫描件。

13. 高尔顿，1866 年。

14. 很难推翻高尔顿的观点：你确实需要一个气象员来告诉你风向的作品。有关气象图历史的制图观点，参见蒙莫尼尔 1999 年的作品。

15. 虽然不同国家的统计图册各有不同，但值得注意的是，法国（埃米尔·勒瓦瑟、埃米尔·谢松）、德国［格奥尔格·冯·迈尔（Georg von Mayr）、赫尔曼·施瓦贝］、英国（威廉·法尔、约瑟夫·弗莱彻）、美国（弗兰西斯·沃克、亨利·甘尼特），以及其他地方都非常熟悉彼此的工作，包括国际博览会、一般会议和非正式交流。其中，1857 年由凯特尔和其他人组织的国际统计大会很快成为一个国际论坛，大会讨论图解法的使用，并尝试制定国际标准（国际统计大会，1858 年；施瓦贝，1872 年；帕尔斯基，1999 年）。

16. 舍瓦利耶，1871 年，第 17 页；另可参见雷蒙德 J. 安德鲁斯的说明，https://infowetrust.com/seeking-minard，其中包含法国里奥姆博物馆的欧仁·鲁埃（Eugène Rouher）部长的动画肖像。

17. 福雷（Faure），1918 年，第 294 页；另可参见帕尔斯基的讨论（1996 年，第 141—142 页）。

18. 1998 年左右，作者和其他朋友首次获得了整套《统计图册》。最近，大卫·拉姆齐（David Rumsey）又买了一套，并将它的电子版放到了网上。参见 https://www.davidrumsey.com/luna/servlet/s/nl72bu 上的整套作品。

19. 这个名字源于贝克尔（Becker）等人（1996 年），导致类似网格的图形排列。其他软件将这些称为"点阵图"或"多面显示"。

20. 例如，1650 年骑马从巴黎到图卢兹的时间为 330 小时；随着铁路的不断发展，到1814年，这一时间缩短到 104 小时；到 1887 年，仅需 15.1 小时。今天，乘坐高速列车穿过波尔多，同样的旅程大约需要 5 个小时。蒙彼利埃和马赛与巴黎的地理距离大致相同，但因出行时间变短感觉上与巴黎越来越近。如今，乘坐高速列车从巴黎到马赛约需要 3.25 小时。

21. WorldMapper 项目，http://worldmapper.org，提供了大量关于健康、社会和经济主题的比较统计地图。在政治和选举报道中，现在更喜欢用比较统计地图来显示选票的分布，而不受区域的视觉印象影响。

22. 这些人口普查地图集的光盘副本包含高分辨、可缩放的图像，可从历史印刷和地图公司获得，https://www.ushistoricalarchive.com。

23. 来自第 42 届国会第 9 号示例文件，1871—1873 年（沃克，1874 年，第 1 页）。

24. 霍夫曼（Hofmann）从现代角度对该图表进行了详细的分析。（霍夫曼，2007 年）

25. 达曼，Dahmann，2001 年。

26. 统计局，1897 年，1914 年。可从瑞士联邦统计局购买光盘（订单号 760-0600-01），可见图注与图形相结合的形式。

27. 达曼，2001 年。

28. 这个术语由弗兰德利和丹尼斯提出（2000 年）。

29. 当然，高尔顿、皮尔逊，甚至费希尔都是热衷于图表的人，但很多将他们的思想发扬光大的人，如弗朗西斯·伊西德罗·埃奇沃思（Francis Ysidio Edgeworth）、乔治·乌德尼·尤尔（George Udny Yule），甚至皮尔逊本人将注意力转向了相关、回归的数学和分析方面，以及统计分布一般理论。后来基于可能性的推理、决策理论和度量理论的发展扩大了更正式的数理统计的影响力。"的确，多年来，在学术统计学家及其学生中，对图形这样一个不受欢迎、庸俗和初级的话题存在着一种具有传染性的势利感。"（克鲁斯卡尔，1978 年，第 144 页；原文强调）

30. 科学历史学家可能会避免使用"现代黑暗时代"这一名称，而将其称为仅仅是托马斯·库恩（Thomas Kuhn，1970 年）所称的某种科学革命之后的正常科学时期的一个进程。就目前而言，这很好，但忽略了这里的要点：将理论转化为大众实践和理解。

第 8 章

1. 同样，德莱尼（2012 年）将他对专题地图发展的描述起名为《先是 X，然后是 Y，现在是 Z》，表明最初只有地名（X 表示点），然后标出经纬度坐标（X，Y），最后使用着色、阴影和符号来表示出主题，即 Z 层次信息。

2. 卡西尼·德·图里有时被称为卡西尼三世，是著名天文学家雅克·卡西尼（Jacques Cassini）的儿子。雅克编制了第一批土星卫星轨道运动表。雅克是天文学家吉安·多梅尼科·卡西尼（Gian Domenico Cassini）的儿子，后者于 1718 年完成了对敦刻尔克和佩皮尼昂之间子午线弧长（经线）的测量，以确定地球的形状。3 位卡西尼都曾任巴黎天文台的台长。

3. 地磁线地图的一个较早例子由法国卡斯特法朗（Castelfranc）天文学家和地理学家的纪尧姆·德·诺托尼耶（Guillaume de Nautonier，1557—1620 年）于 1602 年发表，也是为了帮助测定经度。然而，它并非来自充分的数据。标题是《从专业编辑的资料中描述整个世界》（*The whole world described from expertly compiled sources*）。曼代亚（Mandea）和马约（Mayaud）

2004 年从历史角度给予了评价。诺托尼耶建立了欧洲最早的天文观测站之一，至今仍矗立在他位于法国塔恩市蒙特雷顿－拉贝松尼镇附近的庄园内。

4. 由于哈雷的科学地位和这个项目的重要性，皇家海军授予他指挥"帕拉莫尔"号的权力，尽管他之前在海上的经历只是一名乘客。有关哈雷航行的完整记录，可参见思罗尔（Thrower）1981 年的相关作品。

5. 默里和贝尔豪斯，2017 年。

6. 说明文字如下："为旅客提供的等时通行图，显示从伦敦出发的最快路线和不涉及不合理费用的不同交通工具所需的最短天数。当然，前提是各种准备都已提前做好，其他外部条件也很有利。"

7. 我们在增强约翰·斯诺的霍乱地图中使用了这种技术（参见图 3）。

8. 拉兰纳，1879 年。

9. 该方法已于 1845 年 2 月 17 日上报法国科学院。这里显示的版本出现在 L. F. 卡姆茨主编的《气象学综合课程》的附录中。

10. 当前一些用于显示现实的三维地图和曲面的软件精彩示例使用的是 R 语言的 rayshader 数据包。

11. 1751 年之前没有详细的人口数据。瑞典的人口统计在 1860 年左右开始系统、科学化，故从 1861 年开始其数据情况有了实质性的改善。1860 年之前，人口普查中的年龄分布存在问题，后来古斯塔夫·桑巴格（Gustav Sundbärg）在 1908 年对其进行了修正。佩罗佐在绘制他的图表时没有这个修正的数据。达娜·盖勒（Dana Glei）等人的报告，参见 https://bit.ly/3c7y-q0y。

12. 这是人口统计学家蒂姆·里夫（Tim Riffe）和塞巴斯蒂·安克鲁斯纳（Sebastian Kluesner）的"最佳猜测"（个人通信，2017 年 9 月）。

13. 佩罗佐，1881 年。

14. 关于 19 世纪后期科学文化、概率理论和超现实主义之间联系的讨论，参见布赖恩（Brian），2001 年相关作品。

15. 莱克西斯（Lexis），1875 年。

第 9 章

1. 主成分分析法、因子分析法、多维标度法和对应分析法,只是其中的几种方法。

2. 重力的确切值实际上随地球上的位置而变化,南北纬度和海拔是偏离恒定值的主要因素,但即使是局部地形和地质也可能导致异常。美国国家航空航天局的 GRACE(重力恢复和气候实验)卫星项目于 2002 年开始精确绘制重力变化和异常的地图。关于这个,美国国家航空航天局制作了精彩的可视化动画,里面的地球凹凸不平,通过颜色和形状显示了与标准重力的偏差。可在网上搜索到上此图。这很好地说明了本章要讨论的主题。

3. 美国芭蕾舞剧院的安东尼·图德(Antony Tudor, 1909—1987 年)以"让运动讲述故事"这句话提出了这个想法。他被称为心理舞蹈编剧家。

4. 布劳恩,1992 年,第 45 页。

5. 迈布里奇,1887 年,《人类和动物的运动》(*Human and Animal Locomotion*),图 626,展示了骑着马"安妮 G."疾驰的骑手。你可以在网上看到这张图,还可以跟踪马脚的运动。

6. 如今,等效视图是由这些画面构成的动态 GIF 图像,这些画面按顺序重复显示。

7. 马雷,《动物机器》(*La machine animale*,1873 年;英译本名为 *Animal Mechanism*,1884 年,第 6—7 页)。

8. 匿名,1869 年。

9. 《下落的猫》,https://www.imdb.com/title/tt2049440/。

10. 马雷,1894 年。

11. 匿名,1894 年。

12. 凯恩和谢尔,1969 年。

13. 摘自迈克·威廉斯(Mike Williams)2004 年的一个网页,"逼真的形状",现在已经不在了。

14. 就在 1989 年，我们中的一个人（MF）开始写一本关于统计图形的书（弗兰德利，1991 年），在四色 Calcomp 笔式绘图仪上生成了数百个图形。每张图都要经过多次修改才能达到想要的效果，而且这项工作耗损了几个绘图仪，更不用说维护它们的计算机操作员的耐心了。

15. 参见相关网页。

16. 可在网上获得。

17. 埃克曼，1954 年。这些数据是基于 31 名色觉正常受试者的平均评分，他们对 91 对颜色按 5 分制（0 = 不相似，4 = 相同）进行评分。

18. 如果你想知道这个光谱两端之间的巨大差距，那就要明白其实紫色通常是存在的，但与蓝色和红色两端不同的是，紫色是一种复合色，由红光和蓝光组成。

19. 早期历史由罗杰·埃克哈特描述，"斯坦·乌拉姆、约翰·冯·诺依曼和蒙特卡罗方法"，《洛斯阿拉莫斯科学》（*Los Alamos Science*，1987 年），特刊。

20. 某些种类的电子噪声可以用来产生随机数序列，但这些序列永远不能精确地复制。数字计算机可以根据算法生成确定性序列，但它们不可能是真正的随机序列。因此，这项技术的挑战就在于构建足够接近随机的确定性序列。

21. 马尔萨利亚，1968 年。

22. 弗兰德利等，1974 年。

23. 读者可在网上查看。

24. 图基，1962 年。

25. 这个诺贝尔奖故事在网上有详细介绍。

26. 里文和米勒，1979 年，第 22 页。

27. 图形用户界面的第一个想法是由伊万·萨瑟兰（Ivan Sutherland）在 1963 年麻省理工学院的博士论文（萨瑟兰，1963 年）中提出的。图形用户界面的丰富历史参见相关网页；杰里米·赖默（Jeremy Reimer），https://ars-technica.com/features/2005/05/gui/，对历史的描述更具论述性，侧重于思想和技术的发展。

28. 牛顿，1978 年；麦克唐纳，1982 年；布亚等，1988 年。

29. 多诺霍等，1988 年。

30. 维勒曼和维勒曼，1985 年

31. 弗里德曼和图基，1974 年。

32. 阿西莫夫，1985 年。

33. 图基和图基创造了这个术语，用来指散点图诊断（1985 年）。

34. 罗斯林和约翰松（Johansson），2009 年。

第 10 章

1. 芒福德（Mumford），2000 年，第 12 页。

2. 伊格纳特·索尔仁尼琴，2004 年 4 月 10 日，摘自他在美国宾夕法尼亚州费城威瑞森音乐厅指挥的莫扎特专场音乐会的介绍。

3. 参见弗兰德利关于米纳德时间轴的作品（2002 年）。

4. 我们在第 9 章讨论了艾蒂安–朱尔·马雷的精彩电影《下落的猫》。他还因为巴黎和里昂之间设计的易于使用的列车时刻表图解而闻名，如图 1.7 所示。

5. 这里的细节来自希腊历史学家波里比阿（Polybius，约公元前 200—前 118 年）的《历史》（*The Histories*）。它是米纳德和后来学者的创作依据的内容。

6. 米纳德的遗产和个人历史是数据可视化历史学家不断探讨的话题。米纳德的完整图形作品集最近由伦根出版（2018 年）。我们的一群同人最近发现了他在巴黎的最后地址以及他在蒙帕纳斯公墓的墓地。这个话题将是后续文章的主题。

7. 舍瓦利耶，1871 年。道恩·芬利（Dawn Finley）将之翻译成英文。有关米纳德生活的更多详细信息，参见弗兰德利 2002 年的作品和一部传记，http://datavis.ca/gallery/minard/biogra phy.pdf。

8. 吉宁，1985 年，第 9 章，第 151 页。

9. 杜波依斯对此展览的描述参见杜波依斯 1900 年作品。几乎所有的藏品，包括 200 多张照片和大量图表，都已被国会图书馆数字化。

10. 尽管 1863 年林肯的宣言释放了南方邦联各州的所有奴隶，但直到 1865 年 12 月 6 日第十三修正案获得批准，美国才真正废除了所有奴隶制。

11. 很难赞同杜波依斯在这张专题地图中的颜色选择。他试图展示各州黑人的相对数量，用图例中的"每平方英里黑人"表示。他用黄色、蓝色、红色、棕色和黑色分别代表相对数量小于 1、1—4、4—8、8—15 和 15—25。但大于 1 的类别的视觉印象是模糊的。蓝色代表的 1—4 类别在显示中占主导地位，红色代表的 4—8 类别与此形成鲜明对比，最高类别的黑色代表的 15—25 在蓝色和棕色（8—15）中变得不明朗。这不能怪杜波依斯，当时的数据图形并未普遍使用颜色，颜色只是用来表示离散、无序的类别。对有序数量类别色标的理解到后来才发展起来。

12. 莱曼，1991 年。

13. 以前的人口普查只把奴隶归为不同类别（如年龄和性别）的奴隶主家庭物品的一部分。

14. 本节借用了安德鲁斯和怀纳（2017 年）的观点。

15. 米纳德，1862a。

结　语

1. 亨利 D. 哈伯德（Henry D. Hubbard）在序言（1939 年）中对布林顿（Brinton）所说。

参 考 文 献

此参考文献列表中的一些作品用以下图书馆的书架号或索引号标识：

BeNL：比利时国家图书馆。

BL：大英图书馆，伦敦。

BNF：法国国家图书馆，巴黎（托比亚克）。

ENPC：法国国立路桥学校，巴黎。

LC：国会图书馆。

UCL：伦敦大学学院。

Achenwall, G. (1749). *Staatsverfassung der heutigen vornehmsten europäischen Reiche und Völker im Grundrisse*. N.p.

Andrews, R. J., and Wainer, H. (2017). The Great Migration: A graphics novel featuring the contributions of W. E. B. Du Bois and C. J. Minard. *Significance*, 14 (3), 14–19.

Anonymous. (1869). The velocity of insects' wings during flight. *Scientific American*, n.v. (16), 241–256.

Anonymous. (1894). Photographs of a tumbling cat. *Nature*, 51, 80–81.

Arbuthnot, J. (1710–1712). An argument for divine providence, taken from the constant regularity observ'd in the births of both sexes. *Philosophical Transactions*, 27, 186–190.

Asimov, D. (1985). Grand tour. *SIAM Journal of Scientific and Statistical Computing*, 6(1), 128–143.

Bachi, R. (1968). *Graphical Rational Patterns: A New Approach to Graphical Presentation of Statistics*. Jerusalem: Israel Universities Press.

Bauer, C. P. (2017). *Unsolved!: The History and Mystery of the World's Greatest Ciphers from Ancient Egypt to Online Secret Societies*. Princeton, NJ: Princeton University Press.

Becker, R. A., Cleveland, W. S., and Shyu, M.-J. (1996). The visual design and control of trellis display. *Journal of Computational and Graphical Statistics*, 5(2), 123–155.

Beniger, J. R., and Robyn, D. L. (1978). Quantitative graphics in statistics: A brief history. *American Statistician*, 32, 1–11.

Bertin, J. (1973). *Sémiologie graphique*. 2nd ed. The Hague: Mouton-Gautier. Trans. William Berg and Howard Wainer, published as *Semiology of Graphics*. Madison: University of Wisconsin Press, 1983.

Bertin, J. (1977). *La Graphique et le traitement graphique de l'information*. Paris: Flammarion. Trans. William Berg, Paul Scott, and Howard Wainer, published as *Graphics and the Graphical Analysis of Data*. Berlin: De Gruyter, 1980.

Bertin, J. (1983). *Semiology of Graphics*. Trans. W. Berg. Madison: University of Wisconsin Press.

Biderman, A. D. (1978). Intellectual impediments to the development and diffusion of statistical graphics, 1637–1980. In *Proceedings of the First General Conference on Social Graphics*. Leesburg, VA.

Braun, H., and Wainer, H. (2004). Numbers and the remembrance of things past. *Chance*, 17 (1), 44–48.

Braun, M. (1992). *Picturing Time: The Work of Etienne-Jules Marey (1830–1904)*. Chicago: University of Chicago Press.

Brian, E. (2001). Les objets de la chose. Théorie du hasard et surréalisme au xx siècle. *Revue de Synthèse*, 122, 473–502.

Brinton, W. C. (1939). *Graphic Presentation*. New York: Brinton Associates.

Buja, A., Asimov, D., Hurley, C., and McDonald, J. A. (1988). Elements of a viewing pipeline for data analysis. In W. S. Cleveland and M. E. McGill, eds., *Dynamic Graphics for Statistics*. Pacific Grove, CA: Brooks/Cole.

Bullynck, M. (2008). Presentation of J. H. Lambert's text, "Vorstellung der gröÿen durch figuren." *Electronic Journal for History of Probability and Statistics*, 4 (2), 1–18.

Cairo, A. (2012). *The Functional Art: An Introduction to Information Graphics and Visualization*. 1st ed. Thousand Oaks, CA: New Riders Publishing.

Campbell, R. B. (2001). John Graunt, John Arbuthnott, and the human sex ratio. *Human Biology*, 73 (4), 605–610.

Chevalier, L. (1958). *Classes laborieuses et classes dangereuses à Paris pendant la première moitié du XIXe siècle*. Paris: Plon. Translated by F. Jellinek. New York: H. Fertig, 1973.

Chevallier, V. (1871). Notice nécrologique sur M. Minard, inspecteur général des ponts et chaussées, en retraite. *Annales des ponts et chaussées*, 5 (2), 1–22. Trans. Dawn Finley. https://www.edwardtufte.com/tufte/minard-obit.

Cleveland, W. S. (1994). *The Elements of Graphing Data*. Summit, NJ: Hobart Press.

Cleveland, W. S., and McGill, R. (1984a). Graphical perception: Theory, experimentation and application to the development of graphical methods. *Journal of the American Statistical Association*, 79, 531–554.

Cleveland, W. S., and McGill, R. (1984b). The many faces of a scatterplot. *Journal of the American Statistical Association*, 79, 807–822.

Cook, D., and Swayne, D. F. (2007). *Interactive and Dynamic Graphics for Data Analysis: With R and GGobi*. New York: Springer.

Cook, R., and Wainer, H. (2012). A century and a half of moral statistics in the United Kingdom: Variations on Joseph Fletcher's thematic maps. *Significance*, 9 (3), 31–36.

Cotes, R. (1722). *Aestimatio Errorum in Mixta Mathesis, per Variationes Planitum Trianguli Plani et Spherici*. (n.p.). Published in *Harmonia mensurarum*, Robert Smith, ed. Cambridge.

Dahmann, D. C. (2001). Presenting the nation's cultural geography [in census atlases]. Online at American Memory: Historical Collections for the National

Digital Library Internet. http://memory.loc.gov/ammem/gmdhtml/census.html.

Delaney, J. (2012). *First X, Then Y, Now Z: An Introduction to Landmark Thematic Maps*. Darby, PA: Diane Publishing Co. de Moivre, A. (1725). *Annuities upon Lives*. London: W. P. and Francis Fayram.

Descartes, R. (1637). La géométrie. In *Discours de la méthode*. Paris: Essellier. Appendix.

Diard, H. (1866). *Statistique morale de l'Angleterre et de la France par M. A-M. Guerry: Études sur cet ouvrage*. Paris: Baillière et fils.

Diard, H. (1867). *Discours de M. A. Maury et notices de MM. H. Diard et E. Vinet [On André-Michel Guerry]*. Baillière et fils. BNF: 8- LN27- 23721. I. Discours de M. Alfred Maury. II. Notice de M. H. Diard (*Journal d'Indre-et-Loire*, 13 Apr. 1866). III. Notice de M. Ernest Vinet (*Journal des débats*, 27 Apr. 1866).

Donoho, A. W., Donoho, D. L., and Gasko, M. (1988). Macspin: Dynamic graphics on a desktop computer. *IEEE Computer Graphics and Applications*, 8 (4), 51–58.

Du Bois, W. E. B. (1900). The American Negro at Paris. *American Monthly Review of Reviews*, 22 (5), 576.

Durkheim, E. (1897). *Le suicide*. Paris: Alcan. Trans. J. A. Spalding. Toronto: CollierMacMillan, 1951.

Ekman, G. (1954). Dimensions of color vision. *Journal of Psychology*, 38, 467–474.

Emerson, J. W., Green, W. A., Schloerke, B., Crowley, J., Cook, D., Hofmann, H., and Wickham, H. (2013). The generalized pairs plot. *Journal of Computational and Graphical Statistics*, 22 (1), 79–91.

Engel, E. (1857). Die productions- und consumtionsverhaltnisse des konigreichs sachsen. In *Die lebenkosten Belgischer arbeiter-familien*. Dresden: C. Heinrich, 1895.

Eyler, J. M. (1973). William Farr on the cholera: The sanitarian's disease theory and the statistician's method. *Journal of the History of Medicine and Allied Sciences*, 28 (2), 79–100.

Eyler, J. M. (2001). The changing assessment of John Snow's and William Farr's cholera studies. *Soz Praventivmed*, 46 (4), 225–232.

Farr, W. (1839). Letter to the registrar general. In *First Annual Report of the Registrar General*. London: HMSO.

Farr, W. (1852). *Report on the Mortality from Cholera in England, 1848–49*. London: HMSO.

Faure, F. (1918). The development and progress of statistics in France. In J. Koren, ed., *The History of Statistics: Their Development and Progress in Many Countries* (pp. 218–329). New York: Macmillan.

Fisherkeller, M. A., Friedman, J. H., and Tukey, J. W. (1974). PRIM-9: An interactive multidimensional data display and analysis system. Tech. Rep. SLAC-PUB1408. Stanford Linear Accelerator Center, Stanford, CA.

Frère de Montizon, A. J. (1830). *Carte philosophique figurant la population de la France*. Paris, n.p.

Friedman, J. H., and Stuetzle, W. (2002). John W. Tukey's work on interactive graphics. *Annals of Statistics*, 30 (6), 1629–1639.

Friedman, J. H., and Tukey, J. W. (1974). A projection pursuit algorithm for exploratory data analysis. *IEEE Transactions on Computers*, C-23 (9), 881–890.

Friendly, M. (1991). *SAS System for Statistical Graphics*. 1st ed. Cary, NC: SAS Institute.

Friendly, M. (1999). Extending mosaic displays: Marginal, conditional, and partial views of categorical data. *Journal of Computational and Graphical Statistics*, 8 (3), 373–395.

Friendly, M. (2002). Visions and re-visions of Charles Joseph Minard. *Journal of Educational and Behavioral Statistics*, 27 (1), 31–51.

Friendly, M. (2005). Milestones in the history of data visualization: A case study in statistical historiography. In C. Weihs and W. Gaul, eds., *Classification: The Ubiquitous Challenge* (pp. 34–52). New York: Springer.

Friendly, M. (2007). A.-M. Guerry's *Moral Statistics of France:* Challenges for multivariable spatial analysis. *Statistical Science*, 22 (3), 368–399.

Friendly, M. (2008a). A brief history of data visualization. In C. Chen, W. Härdle, and A. Unwin, eds., *Handbook of Computational Statistics: Data Visualization* (3:15–56). Heidelberg: Springer-Verlag.

Friendly, M. (2008b). The Golden Age of statistical graphics. *Statistical Science*, 23 (4), 502–535.

Friendly, M. (2008c). La vie et l'oeuvre d'André-Michael Guerry (1802–1866). *Mémoires de l'Académie de Touraine*, 20. Read Feb. 8, 2008, Académie de Touraine.

Friendly, M., and Denis, D. (2000). The roots and branches of statistical graphics. *Journal de la Société Française de Statistique*, 141(4), 51–60. (Published in 2001).

Friendly, M., and Denis, D. (2005). The early origins and development of the scatterplot. *Journal of the History of the Behavioral Sciences*, 41 (2), 103–130.

Friendly, M., and de Saint Agathe. (2012). André-Michel Guerry's *Ordonnateur Statistique*: The first statistical calculator? *American Statistician*, 66 (3), 195–200.

Friendly, M., and Kwan, E. (2003). Effect ordering for data displays. *Computational Statistics and Data Analysis*, 43 (4), 509–539.

Friendly, M., and Les Chevaliers des Albums de Statistique Graphique. (2020). Raiders of the Lost Tombs: The Search for Some Heroes of the History of Data Visualization, https://tinyurl.com/friendly-tombs.

Friendly, M., Monette, G., and Fox, J. (2013). Elliptical insights: Understanding statistical methods through elliptical geometry. *Statistical Science*, 28 (1), 1–39.

Friendly, M., and Palsky, G. (2007). Visualizing nature and society. In J. R. Ackerman and R. W. Karrow, eds., *Maps: Finding Our Place in the World* (pp. 205–251). Chicago: University of Chicago Press.

Friendly, M., Sigal, M., and Harnanansingh, D. (2015). The Milestones Project: A database for the history of data visualization. In M. Kimball and C. Kostelnick, eds., *Visible Numbers: The History of Data Visualization*, chap. 10. London: Ashgate Press.

Friendly, M., Valero-Mora, P., and Ulargui, J. I. (2010). The first (known) statistical graph: Michael Florent van Langren and the "secret" of longitude. *American Statistician*, 64 (2), 185–191.

Frost, R. (1979). *The Poetry of Robert Frost: The Collected Poems, Complete and Unabridged*. Ed. E. C. Latham. New York: Henry Holt & Co.

Funkhouser, H. G. (1936). A note on a tenth century graph. *Osiris*, 1, 260–262.

Funkhouser, H. G. (1937). Historical development of the graphical representation of statistical data. *Osiris*, 3 (1), 269–405. Reprint. Bruges, Belgium: St. Catherine Press, 1937.

Galton, F. (1863a). A development of the theory of cyclones. *Proceedings of the Royal Society*, 12, 385–386.

Galton, F. (1863b). *Meteorographica, or Methods of Mapping the Weather*. London: Macmillan. BL: Maps.53.b.32.

Galton, F. (1866). On the conversion of wind-charts into passage-charts. *Philosophical Magazine*, 32, 345–349.

Galton, F. (1886). Regression towards mediocrity in hereditary stature. *Journal of the Anthropological Institute of Great Britain and Ireland*, 15, 246–263.

Galton, F. (1889). *Natural Inheritance*. London: Macmillan.

Galton, F. (1890). Kinship and correlation. *North American Review*, 150, 419–431.

Galton, S. T. (1813). *A Chart, Exhibiting the Relation between the Amount of Bank of England Notes in Circulation, the Rate of Foreign Exchanges, and the Prices of Gold and Silver Bullion and of Wheat*. London: Johnson & Co.

Gelman, A., and Unwin, A. (2013). Infovis and statistical graphics: Different goals, different looks. *Journal of Computational and Graphical Statistics*, 22 (1), 2–28.

Geneen, H. (1985). *Managing*. New York: Avon Books.

General Register Office. (1852). *Report on the Mortality of Cholera in England, 1848–49*. London: W. Clowes and Sons, for Her Majesty's Stationery Office. Written by William Farr.

Gilbert, E. W. (1958). Pioneer maps of health and disease in England. *Geographical Journal*, 124, 172–183.

Goethe, J. W. (2018). *The Essential Goethe*. Ed. M. Bell. Princeton, NJ: Princeton University Press.

Guerry, A.-M. (1829). Tableau des variations météorologique comparées aux phénomènes physiologiques, d'aprés les observations faites à l'obervatoire royal, et les recherches statistique les plus récentes. *Annales d'hygiène publique et de médecine légale*, 1, 228–237.

Guerry, A.-M. (1833). *Essai sur la statistique morale de la France*. Paris: Crochard.

Hacking, I. (1990). *The Taming of Chance*. Cambridge: Cambridge University Press.

Halley, E. (1686). On the height of the mercury in the barometer at different elevations above the surface of the earth, and on the rising and falling of the mercury on the change of weather. *Philosophical Transactions*, 16, 104–115.

Halley, E. (1693). An estimate of the degrees of mortality of mankind, drawn from curious tables of the births and funerals at the city of Breslaw, with an attempt to ascertain the price of annuities on lives. *Philosophical Transactions*, 17, 596–610.

Halley, E. (1701). *The description and uses of a new, and correct sea-chart of the whole world, shewing variations of the compass*. London: published by author.

Hamming, R. W. (1962). *Numerical Methods for Scientists and Engineers*. New York: McGraw-Hill.

Hankins, T., and Silverman, R. (1999). *Instruments and the Imagination*. Princeton, NJ: Princeton University Press.

Hankins, T. L. (1999). Blood, dirt, and nomograms: A particular history of graphs. *Isis*, 90, 50–80.

Hankins, T. L. (2006). A "large and graceful sinuosity": John Herschel's graphical method. *Isis*, 97, 605–633.

Harari, Y. N. (2015). *Sapiens: A Brief History of Humankind*. New York: Harper.

Hartigan, J. A. (1975). Printer graphics for clustering. *Journal of Statistical Computing and Simulation*, 4, 187–213.

Hayes, J. N. (2005). *Epidemics and Pandemics: Their Impacts on Human History*. Santa Barbara, CA: ABC-CLIO.

Herschel, J. F. W. (1833a). III. Micrometrical measures of 364 double stars with a 7-feet equatorial acromatic telescope, taken at Slough, in the years 1828, 1829, and 1830. *Memoirs of the Royal Astronomical Society*, 5, 13–91. Communicated Feb. 8, 1831. Read May 13 and June 10, 1831.

Herschel, J. F. W. (1833b). On the investigation of the orbits of revolving double stars: Being a supplement to a paper entitled "micrometrical measures of 364 double stars." *Memoirs of the Royal Astronomical Society*, 5, 171–222.

Herschel, J. F. W. (1860). *Outlines of Astronomy*. Philadelphia, PA: Blanchard & Lea. Hilts, V. L. (1975). *A Guide to Francis Galton's English Men of Science*, Vol. 65, Part 5. Philadelphia, PA: Transactions of the American Philosophical Society.

Hoff, H. E., and Geddes, L. A. (1962). The beginnings of graphic recording. *Isis*, 53, pt. 3, 287–324.

Hofmann, H. (2007). Interview with a centennial chart. *Chance*, 20 (2), 26–35.

Howard, L. and Geological Society of London. (1847). *Barometrographia: Twenty Years' Variation of the Barometer in the Climate of Britain, Exhibited in Autographic Curves, with the Attendant Winds and Weather, and Copious Notes Illustrative of the Subject*. Richard and John E. Taylor. https://books.google.ca /books?id=NfYKQgAACAAJ.

International Statistical Congress. (1858). Emploi de la cartographic et de la méthode graphique en général pour les besoins spéciaux de la statistique. In *Proceedings* (pp.192–197). Vienna. 3rd Session, August 31–September 5, 1857.

Jevons, W. S. (1863). *A Serious Fall in the Value of Gold Ascertained, and Its Social Effects Set Forth*. London: Edward Stanford.

Johnson, S. (2006). *The Ghost Map: The Story of London's Most Terrifying Epidemic— And How It Changed Science, Cities, and the Modern World*. New York: Riverhead Books.

Kane, T., and Scher, M. (1969). A dynamical explanation of the falling cat phenomenon. *International Journal of Solids and Structures*, 5 (7), 663–670.

Koch, T. (2000). *Cartographies of Disease: Maps, Mapping, and Medicine*. Redlands, CA: ESRI Press.

Koch, T. (2004). The map as intent: Variations on the theme of John Snow. *Cartographica*, 39 (4), 1–14.

Koch, T. (2011). *Disease Maps: Epidemics on the Ground*. Chicago: University of Chicago Press.

Koch, T. (2013). Commentary: Nobody loves a critic: Edmund A Parkes and John Snow's cholera. *International Journal of Epidemiology*, 42 (6), 1553.

Kopf, E. W. (1916). Florence Nightingale as statistician. *Publications of the American Statistical Association*, 15 (116), 388–404.

Kruskal, W. (1978). Taking data seriously. In Y. Elkana, J. Lederberg, R. Morton, A. Thackery, and H. Zuckerman, eds., *Toward a Metric of Science: The Advent of Science Indicators* (pp.139–169). New York: Wiley.

Kuhn, T. S. (1970). *The Structure of Scientific Revolutions*. Chicago: University of Chicago Press.

Lalanne, L. (1844). *Abaque, ou compteur univsersel, donnant á vue á moins de 1/200 près les résultats de tous les calculs d'arithmétique, de geometrie et de mécanique practique.* Paris: Carilan-Goery et Dalmont.

Lalanne, L. (1845). Appendice sur la representation graphique des tableaux météorologiques et des lois naturelles en général. In L. F. Kaemtz, ed., *Cours complet de météorologie* (pp.1–35). Paulin. Trans. and annotated C. Martins.

Lalanne, L. (1879). *Methodes graphiques pour l'expression des lois empiriques ou mathematiques à trois variables.* Paris: Imprimerie Nationale.

Lallemand, C. (1885). *Les abaques hexagonaux: Nouvelle méthode générale de calcul graphique, avec de nombreux exemples d'application.* Paris: Ministère des travaux publics, Comité du nivellement général de la France.

Lambert, J. H. (1765). Theorie der zuverlässigkeit. In *Beyträge zum gebrauche der mathematik and deren anwendungen* (1:424–488). Berlin: Verlage des Buchladens der Realschule.

Lambert, J. H. (1779). *Pyrometrie; oder, vom maasse des feuers und der wärme mit acht kupfertafeln.* Berlin: Haude & Spener.

Lemann, N. (1991). *The Promised Land: The Great Black Migration and How It Changed America.* New York: Knopf.

Levasseur, É. (1885). La statistique graphique. *Journal of the Statistical Society of London*, 50, 218–250.

Lexis, W. (1875). Einleitung in der theorie der bevölkerungsstatistik.

Maclean, N. (1992). *Young Men and Fire.* Chicago: University of Chicago Press.

Mandea, M., and Mayaud, P.-N. (2004). Guillaume Le Nautonier, un precurseur dans l'histoire du géomagnétisme magnetism. *Revue d'histoire des sciences*, 57 (1), 161–174.

Marey, É. J. (1873). *La machine animale, locomotion terestre et aérienne.* Paris: Baillière.

Marey, E. J. (1878). *La méthode graphique dans les sciences expérimentales et principalement en physiologie et en médecine.* Paris: G. Masson.

Marey, E. J. (1885). *La méthode graphique.* Paris: Boulevard Saint Germain et rue de l'Eperon.

Marey, E. J. (1894). Des mouvements que certains animaux exécutent pour retomber sur leurs pieds, lorsqu'ils sont précipités d'un lieu élevé. *Comptes rendus de l'Academie des Sciences*, 119, 714–717.

Marsaglia, G. (1968). Random numbers fall mainly in the planes. *Proceedings of the National Academy of Sciences*, 61 (1), 25–28.

Marshall, A. (1885). On the graphic method of statistics. *Journal of the Royal Statistical Society*, 50 (Jubilee volume), 251–260. Read at the International Statistical Congress, held at the Jubilee of the Statistical Society of London, June 23, 1885.

Maurage, P., Heeren, A., and Pesenti, M. (2013). Does chocolate consumption really boost Nobel Award chances? The peril of over-interpreting correlations in health studies. *Journal of Nutrition*, 143 (6), 931–933.

McDonald, J. A. (1982). Interactive graphics for data analysis. Ph.D. thesis, Stanford University.

Messerli, F. H. (2012). Chocolate consumption, cognitive function, and Nobel laureates. *New England Journal of Medicine*, 367 (16), 1562.

Minard, C. J. (1856). *De la chute des ponts dans les grandes crues*. Paris: E. Thunot et Cie. ENPC: 4-4921/C282.

Minard, C. J. (1862a). *Carte figurative et approximative représentant pour l'anneé 1858 les émigrants du globe*. Regnier et Dourdet. ENPC: Fol 10975.

Minard, C. J. (1862b). *Des tableaux graphiques et des cartes figuratives*. Paris: E. Thunot et Cie. ENPC: 3386/C161, BNF: Tolbiac, V-16168.

Monmonier, M. (1991). *How to Lie with Maps*. Chicago: The University of Chicago Press.

Monmonier, M. (1999). *Air Apparent: How Meteorologists Learned to Map, Predict and Dramatize Weather*. Chicago: University of Chicago Press.

Mumford, L. (2000). *Art and Technics (The Bampton Lectures in America)*. New York: Columbia University Press.

Murray, L. L., and Bellhouse, D. R. (2017). How was Edmond Halley's map of magnetic declination (1701) constructed? *Imago Mundi*, 69 (1), 72–84.

Musée National d'Art Moderne. (1991). *André Breton. La beautéconvulsive*. Paris: Editions du Centre Pompidou. Exhibition Catalog.

Muybridge, E. (1878). TheHorseinmotion. "SallieGardner," ownedby Leland-Stanford; running at a 1:40 gait over the Palo Alto track, 19th June 1878. Cabinet cards, Morses' Gallery, San Francisco.

Newton, C. M. (1978). Graphics: From alpha to omega in data analysis. In P. C. C. Wang, ed., *Graphical Representation of Multivariate Data*. New York:

Academic Press. Proceedings of the Symposium on Graphical Representation of Multivariate Data, Naval Postgraduate School, Monterey CA, Feb. 24, 1978.

Nightingale, F. (1858). *Notes on Matters Affecting the Health, Efficiency, and Hospital Administration of the British Army.* London: Harrison and Sons. Presented by request to the Secretary of State for War.

Nightingale, F. (1859). *A Contribution to the Sanitary History of the British Army during the Late War with Russia.* London: John W. Parker and Son. UCL: UH258 1853.C73.

O'Connor, J. J., and Robertson, E. F. (1997). Longitude and the académie royale. MacTutor History of Mathematics. http://www-groups.dcs.st-and.ac.uk/~history/PrintHT/Longitude1.html.

Oresme, N. (1482). *Tractatus de latitudinibus formarum.* Padova.

Palsky, G. (1996). *Des chiffres et des cartes: Naissance et développement de la cartographie quantitative française au XIXe siècle.* Paris: Comité des Travaux Historiques et Scientifiques (CTHS).

Palsky, G. (1999). The debate on the standardization of statistical maps and diagrams (1857–1901). *Cybergeo,* n.v. (65). Retrieved from http://cybergeo.revues.org/148.

Parent-Duchâtelet, A. J. B. (1836). *De la prostitution dans la ville de Paris.* Bruxelles: Dumont.

Parkes, E. A. (1855). Review: *Mode of communication of cholera* by John Snow. *British and Foreign Medico-Churgical Review,* 15, 449–456. Reprinted in *Int. J. Epidemiol,* 42 (6), 1543–1552.

Pearson, K. (1901). On lines and planes of closest fit to systems of points in space. *Philosophical Magazine,* 6 (2), 559–572.

Pearson, K. (1914–1930). *The Life, Letters and Labours of Francis Galton.* 4 vols.

Cambridge: Cambridge University Press.

Pearson, K. (1920). Notes on the history of correlation. *Biometrika,* 13, 25–45.

Perozzo, L. (1881). Stereogrammi demografici — Seconda memoria dell'ingegnere luigi perozzo. *Annali di Statistica,* 22, 1–20.

Petty, W. (1690). *Political Arithmetick.* 3rd ed. London: Robert Clavel.

Phillips, A. W. H. (1958). The relation between unemployment and the rate of change of money wage rates in the United Kingdom, 1861–1957. *Economica*, n.s. 25 (2), 283–299.

Playfair, W. (1786). *Commercial and Political Atlas: Representing, by Copper-Plate Charts, the Progress of the Commerce, Revenues, Expenditure, and Debts of England, during the Whole of the Eighteenth Century.* London: Debrett, Robinson, and Sewell. Reprinted 2005 in H. Wainer and I. Spence, eds., *The Commercial and Political Atlas and Statistical Breviary*. Cambridge: Cambridge University Press.

Playfair, W. (1801). *Statistical Breviary; Shewing, on a Principle Entirely New, the Resources of Every State and Kingdom in Europe.* London: Wallis. Reprinted 2005 in H. Wainer and I. Spence, eds., *The Commercial and Political Atlas and Statistical Breviary*. Cambridge: Cambridge University Press.

Playfair, W. (1805). *An Inquiry into the Permanent Causes of the Decline and Fall of Powerful and Wealthy Nations ... Designed to Shew How the Prosperity of the British Empire May Be Prolonged.* London: Greenland and Norris.

Playfair, W. (1821). *Letter on Our Agricultural Distresses, Their Causes and Remedies; Accompanied with Tables and Copperplate Charts Shewing and Comparing the Prices of Wheat, Bread and Labour, from 1565 to 1821.* London: W. Sams. BL: 8275.c.64.

Plot, R. (1685). A letter from Dr. Robert Plot of Oxford to Dr. Martin Lister of the Royal Society concerning the use which may be made of the following history of the weather made by him at Oxford throughout the year 1864. *Philosophical Transactions*, 169, 930–931.

Poole, K. T. (2005). *Spatial Models of Parliamentary Voting (Analytical Methods for Social Research)*. Cambridge: Cambridge University Press.

Popper, W. (1951). *The Cairo Nilometer: Studies in Ibn Taghrî Birdî's Chronicles of Egypt: I.* Publications in Semitic Philology, vol. 12. Berkeley: University of California Press.

Priestley, J. (1765). *A Chart of Biography*. London: n.p. BL: 611.I.19.

Priestley, J. (1769). *A New Chart of History*. London: Thomas Jeffreys. BL: Cup.1250.e.18 (1753).

Radzinowicz, L. (1965). Ideology and crime: The deterministic position. *Columbia Law Review*, 65 (6), 1047–1060.

Reaven, G., and Miller, R. (1968). Study of the relationship between glucose and insulin responses to an oral glucose load in man. *Diabetes*, 17 (9), 560–569. American Diabetes Association. http://diabetes.diabetesjournals.org/content/17/9/560.full.pdf.

Reaven, G. M., and Miller, R. G. (1979). An attempt to define the nature of chemical diabetes using a multidimensional analysis. *Diabetologia*, 16, 17–24.

Rendgen, S. (2018). *The Minard System: The Complete Statistical Graphics of CharlesJoseph Minard*. New York: Princeton Architectural Press.

Robinson, A. H. (1982). *Early Thematic Mapping in the History of Cartography*. Chicago: University of Chicago Press.

Rosenberg, D., and Grafton, A. (2010). *Cartographies of Time: A History of the Timeline*. New York: Princeton Architectural Press.

Rosling, H., and Johansson, C. (2009). Gapminder: Liberating the x-axis from the burden of time. *Statistical Computing and Statistical Graphics Newsletter*, 20 (1), 4–7.

Rubin, E. (1943). The place of statistical methods in modern historiography. *American Journal of Economics and Sociology*, 2 (2), 193–210.

Schwabe, H. (1872). Theorie der graphischen darstellungen. In P. Séménov, ed., *Proceedings of the International Statistical Congress*, 8th Session, Pt. 1 (pp. 61–73). St. Petersburg: Trenké & Fusnot.

Shiode, N., Shiode, S., Rod-Thatcher, E., Rana, S., and Vinten-Johansen, P. (2015). The mortality rates and the space-time patterns of John Snow's cholera epidemic map. *International Journal of Health Geographics*, 14 (1), 21.

Slocum, T. A., McMaster, R. B., Kessler, F. C., and Howard, H. H. (2008). *Thematic Cartography and Geographic Visualization*. New York: Pearson / Prentice Hall. Snow, J. (1849a). *On the Mode of Communication of Cholera*. 1st ed. London: J. Churchill.

Snow, J. (1849b). On the pathology and mode of transmission of cholera. *Medical Gazette and Times*, 44, 745–752, 923–929.

Snow, J. (1855). *On the Mode of Communication of Cholera*. 2nd ed. London: J. Churchill.

Sobel, D. (1996). *Longitude: The True Story of a Lone Genius Who Solved the Greatest Scientific Problem of His Time*. New York: Penguin.

Somerhausen, H. (1829). Carte figurative de l'instruction populaire de pay bas.

Bruxelles. n.p.

Spence, I. (2006). William Playfair and the psychology of graphs. In *Proceedings of the American Statistical Association, Section on Statistical Graphics* (pp. 2426–2436). Alexandria, VA: American Statistical Association.

Spence, I., Fenn, C. R., and Klein, S. (2017). Who is buried in Playfair's grave? *Significance*, 14 (5), 20–23.

Spence, I., and Garrison, R. F. (1993). A remarkable scatterplot. *American Statistician*, 47 (1), 12–19.

Spence, I., and Wainer, H. (1997). William Playfair: A daring worthless fellow. *Chance*, 10 (1), 31–34.

Spence, I., and Wainer, H. (2005). William Playfair and his graphical inventions: An excerpt from the introduction to the republication of his *Atlas* and *Statistical Breviary*. *American Statistician*, 59 (3), 224–229.

Stamp, J. (1929). *Some Economic Factors in Modern Life*. London: P. S. King & Son.

Stanton, J. M. (2001). Galton, Pearson, and the peas: A brief history of linear regression for statistics instructors. *Journal of Statistics Education*, 9 (3).

Statistischen Bureau. (1897). *Graphisch-statistischer Atlas der Schweiz (Atlas Graphique et Statistique de la Suisse)*. Departments des Innern, Bern: Buchdruckeri Stämpfli & Cie.

Statistischen Bureau. (1914). *Graphisch-statistischer Atlas der Schweiz (Atlas Graphique et Statistique de la Suisse)*. Bern: LIPS & Cie.

Stigler, S. M. (1980). Stigler's law of eponomy. *Transactions of the New York Academy of Sciences*, 39, 147–157.

Stigler, S. M. (1986). *The History of Statistics: The Measurement of Uncertainty before 1900*. Cambridge, MA: Harvard University Press.

Stigler, S. M. (1989). Francis Galton's account of the invention of correlation. *Statistical Science*, 4 (2), 73–79.

Stigler, S. M. (1999). *Statistics on the Table: The History of Statistical Concepts and Methods*. Cambridge, MA: Harvard University Press.

Stigler, S. M. (2016). *The Seven Pillars of Statistical Wisdom*. Cambridge, MA: Harvard University Press.

Süssmilch, J. P. (1741). *Die göttliche Ordnung in den Veränderungen des menschlichen Geschlechts, aus der Geburt, Tod, und Fortpflantzung*. Germany:

n.p. Published in French translation as *L'ordre divin. dans les changements de l'espèce humaine, démontré* par la naissance, la mort et la propagation de *celle-ci*. Trans. Jean-Marc Rohrbasser. Paris: INED.

Sutherland, I. E. (1963). Sketchpad: A man-machine graphical communication system. Ph.D. thesis, MIT. Available as Computer Laboratory Technical Report, University of Cambridge UCAM-CL-TR-574, September 2003.

Thrower, N. J. W., ed. (1981). *The Three Voyages of Edmond Halley in the Paramore 1698–1701*. London: Hakluyt Society. 2nd series, vol. 156–157 (2 vols.).

Tufte, E. R. (1983). *The Visual Display of Quantitative Information*. Cheshire, CT: Graphics Press.

Tufte, E. R. (1990). *Envisioning Information*. Cheshire, CT: Graphics Press.

Tufte, E. R. (1997). *Visual Explanations: Images and Quantities, Evidence and Narrative*. Cheshire, CT: Graphics Press.

Tufte, E. R. (2006). *Beautiful Evidence*. Cheshire, CT: Graphics Press.

Tukey, J. W. (1962). The future of data analysis. *Annals of Mathematical Statistics*, 33 (1), 1–67.

Tukey, J. W. (1972). Some graphic and semigraphic displays. In T. A. Bancroft, ed., *Statistical Papers in Honor of George W. Snedecor* (pp.292–316). Ames: Iowa State University Press.

Tukey, J. W. (1977). *Exploratory Data Analysis*. Reading, MA: Addison Wesley.

Tukey, J. W., and Tukey, P. A. (1985). Computer graphics and exploratory data analysis: An introduction. In *Proceedings of the Sixth Annual Conference and Exposition: Computer Graphics85*. Fairfax, VA: National Computer Graphics Association.

van Langren, M. F. (1644). *La Verdadera Longitud por Mar y Tierra*. Antwerp: n.p. BL: 716.i.6.(2.); BeNL: VB 5.275 C LP.

Vauthier, L.-L. (1874). Note sur une carte statistique figurant la répartition de la population de Paris. *Comptes rendus des séances de L'Académie des Sciences*, 78, 264–267. ENPC: 11176 C612.

Velleman, P. F., and Velleman, A. Y. (1985). *Data Desk Handbook*. Ithaca, NY: Data Description.

Venn, J. (1880). On the diagrammatic and mechanical representation of propositions and reasonings. *London, Edinburgh, and Dublin Philosophical Maga-*

zine and Journal of Science, 9, 1–18.

Wainer, H. (1996). Why Playfair? *Chance*, 9 (2), 43–52.

Wainer, H. (2005). *Graphic Discovery: A Trout in the Milk and Other Visual Adventures*. Princeton, NJ: Princeton University Press.

Wainer, H., and Spence, I. (1997). Who was Playfair? *Chance*, 10 (1), 35–37.

Walker, F. A. (1874). *Statistical Atlas of the United States, Based on the Results of Ninth Census, 1870, with Contributions from Many Eminent Men of Science and Several Departments of the [Federal] Government*. New York: Julius Bien.

Wallis, H. M., and Robinson, A. H. (1987). *Cartographical Innovations: An International Handbook of Mapping Terms to 1900*. Tring, UK: Map Collector Publications.

Watt, J. (1822). Notice of his important discoveries in powers and properties of steam. *Quarterly Journal of Science, Literature and the Arts*, 11, 343–345.

Wauters, A. (1891). LANGREN (Michel-Florent VAN). *Biographie Nationale*, E. Brulant. Academie Royal de Belgique, 11.

Wauters, A. (1892). Michel-Florent van Langren. *Ciel et Terre*, 12, 297–304.

Whitaker, E. A. (2003). *Mapping and Naming the Moon: A History of Lunar Cartography and Nomenclature*. Cambridge: Cambridge University Press.

Whitehead, M. (2000). William Farr's legacy to the study of inequalities in health. *Bulletin of the World Health Organization*, 78 (1), 86–87. https://www.who.int /bulletin/archives/78 (1) 86.pdf.

Zeuner, G. (1869). *Abhandlungen aus der mathematischen statistik*. Leipzig: Verlag von Arthur Felix. BL: 8529.f.12.Whitehead, M. (2000). William Farr's legacy to the study of inequalities in health. *Bulletin of the World Health Organization*, 78 (1), 86–87. https://www.who.int /bulletin/archives/78 (1) 86.pdf.

Zeuner, G. (1869). *Abhandlungen aus der mathematischen statistik*. Leipzig: Verlag von Arthur Felix. BL: 8529.f.12.

致　　谢

任何酝酿筹划了这么久的项目，必然会欠下导师、合作者、启发者、学生和朋友的一笔债，他们不仅给我们带来灵感，也为我们的工作给出了实质性帮助，其中贡献最大的是大卫·霍格林（David Hoaglin）和斯蒂芬·斯蒂格勒（Stephen Stigler，下面的"史蒂夫"为作者对其爱称）。

大卫担任了本书第一稿法律顾问的角色，仔细阅读了我们的文本，并完善了所陈述的内容，让其更清晰。我们对他真是感激不尽。

世界杰出的统计历史学家史蒂夫·斯蒂格勒是我们的另一个"宝贝"。他用电子邮件给我们提供了一些事实、指导并纠正了错误，而且让我们自叹不如的是，他经常会深入挖掘他浩瀚的个人历史文献收藏，分享一张图或另一张图的高质量扫描件，还会附上最合适的引文，生怕我们的疑问没有人来解答。

毫不夸张地说，如果没有这两位学者的帮助，这本书将会大打折扣。

无论是直接还是间接地，我们都有幸得到了以下各位的指导：雅克·贝尔坦（Jacques Bertin）、阿尔伯特·比德曼、哈罗德·古利斯肯（Harold Gullisken）、乔治·米勒（George Miller）、弗雷德里克·莫斯特勒（Frederick Mosteller）、彼得·奥恩斯坦（Peter Ornstein）、爱德华·塔夫特和约翰·怀尔德·图基。他们是一群睿智善良的人。

这本书在很大程度上还要归功于一群学者（和朋友们），他们被统称为"统计图表专辑骑士团"（以下简称"骑士团"）。"骑士团"成立的初衷是为了集体购买和庆祝法国公共工程部在1879—1899年制作的历史卷册，这也许是有史以来最精致的图解法采样器。该组织的创始成员包括安托万·德·福尔格罗尔斯（Antoine de Falguerolles）、吉勒斯·帕尔斯基、伊恩·斯宾塞、安东尼·昂温（Antony Unwin）、福雷斯特·杨（Forrest Young）和迈克尔·格林纳克（Michael Greenacre）。自成立之后，我们还邀请了几位科学史学家［斯蒂芬·斯蒂格勒、泰德·波特（Ted Porter）、汤姆·科赫］和其他对数据可视化历史感兴趣的人加入。最近，雷蒙德J.安德鲁斯，大卫·拉姆齐和桑德拉·伦根也加入了这个团体。"骑士团"凭借丰富的专业知识和洞察力为本书的创作做出了贡献。

我们的同事、朋友和学生提供了宝贵的帮助、支持和建议。其中最突出的有威廉·伯格（William Berg）、亨利·布劳恩（Henry Braun）、罗布·库克（Rob Cook）、凯西·杜尔索（Cathy Durso）、理查德·范伯格（Richard Feinberg）、李彼得、欧内斯特·奎恩（Ernest Kwan）、山姆·帕尔默（Sam Palmer）、吉姆·拉姆齐（Jim Ramsay）、马修·西加尔（Matthew Sigal）、琳达·斯坦伯格（Richard Feinberg）、大卫·特森（David Thissen）、保罗·维勒曼（Paul Velleman）和利兰·威尔金森（Leland Wilkinson）。

多年来,"里程碑项目"的工作及对数据可视化历史的梳理得到了托拉吉·阿米里(Touraj Amiri)、丹尼尔·J.丹尼斯(Daniel J. Denis)、马修·杜宾斯(Matthew Dubins)、德里克·哈马南辛(Derek Harmanansingh)、朱安李(Joo Ann Lee)、佩雷·米安(Pere Millán)、卡罗来纳·帕特鲁克(Carolina Patryluk)、古斯塔沃·维埃拉(Gustavo Vierira)和贾斯汀·扎齐–阿萨特(Justeena Zaki-Azat)的支持。

我们很感谢前任和现任编辑提供的非常特殊的帮助和鼓励。其中最突出的是剑桥大学的劳伦·考尔斯(Lauren Cowles)和普林斯顿大学的薇琪·卡恩斯(Vickie Kearns),他们提供的出版商资金填补了我们早期书籍撰写的资金缺口。

哈佛大学的托马斯·恩布里·勒比恩(Thomas Embree Lebien)和贾尼斯·奥德特(Janice Audet)在我们的写作和出版过程中提供了指导,使我们的粗略手稿变成了你们现在手中的书籍。此外,我们还要感谢埃蒙雷德·詹森–罗伯茨(Emeralde Jensen-Roberts)、斯蒂芬妮·维斯(Stephanie Vyce),以及哈佛大学出版社的编辑和制作人员,还要感谢韦斯切斯特出版服务公司的麦乐迪·尼格隆(Melody Negron),他们的特殊技能使我们能够更好地表达我们的想法,并使其图文并茂。其中最突出的是埃蒙雷德·詹森–罗伯茨和斯蒂芬妮·维斯,他们在生产和知识产权问题上为我们提供了很大帮助。